CONTENTS

港

磯

ボート

ITEM

OTHERS

ECOLOGY

STAFF

Editor in Chief
真野秋綱

Editor
池田 仁

Advertisement Editor
岡村政宏／平澤裕樹

Contributing Writer
中川貴宣
小林 亮

Assistant
伊藤まき

Art Director
小澤篤司

Designer
松山千穂／永吉国彦

NorthAngler's COLLECTION

根魚釣り 北海道

ロックフィッシュをルアーで釣る！

Cover Photo by Takanori Nakagawa + Hiroki Hirasawa
Cover Design by Tokuji Ozawa

根魚釣り事情

利尻島のボートフィッシングで釣れた50cmアップのクロソイ。道北日本海は超大ものがねらえる

シマゾイは道北日本海に多いが、近年は全道に分布域を広げているようだ。写真の良型は利尻島でキャッチ

道東太平洋やオホーツク海は釣れるカジカの種類が多い。写真は平たい頭部が特徴のオクカジカ

【道北日本海】

一般的に宗谷岬(稚内市)から南側、稚内～留萌管内のエリアをいう。主なターゲットはクロソイ、エゾメバル、ホッケ、アイナメ、カジカだが、昔から宗谷はサハリンや沿海州に分布しているシマゾイの魚影が多いのも特徴。また大型のクロソイが釣れることで道内指折りのエリアで、離島の利尻島と礼文島は根魚ファン憧れの地になっている。とくに前者は2011年、大規模な大会が開催された際、60cmアップの超大ものが優勝を射止めて話題になった。アイナメも大型がねらえる。稚内周辺の港も良型クロゾイの期待大。

留萌～増毛は岩礁帯が目立ち、バラエティに富んだ釣りが楽しめ、良型のハチガラが釣れることで健脚者が通う。根魚ファンの熱視線を浴びるのは、離島の焼尻島と天売島。ハチガラの魚影が多く、港の穴釣りでは頻繁にロッドを絞ってくれる。

●主な魚種：アイナメ・エゾメバル・カジカ・クロソイ・シマゾイ・ハチガラ・ホッケ

【オホーツク海】

根室半島の先端に位置する納沙布岬(根室市)から宗谷岬までの間。尾岱沼周辺はカジカの魚影がすこぶる多く、マカジカのみならずオクカジカ、シモフリカジカなど多種に出会える。全道からアングラーが訪れるのは、クロゾイの漁獲量が道内一の羅臼。最も賑わうのは夏のカラフトマスの時季だが、根魚の楽園としても注目されている。クロゾイはもちろん、エゾメバルの魚影の多さも道内屈指。日中でも良型がロッドを絞る。ウトロ周辺の磯は60cm近い特大のホッケが釣れることで人気がある。

港では網走周辺を訪れる人が多く、夜にクロゾイやエゾメバルがねらえる。またオホーツク海でも道東太平洋と同様、以前よりシマゾイがよく釣れている。

●主な魚種：エゾメバル・ウサギアイナメ・カジカ・クロゾイ・シマゾイ・ホッケ

【道東太平洋】

襟裳岬から東側は、ウサギアイナメが多いことで他エリアと事情が異なる。えりもは磯だけでなく港での釣りも人気。晩秋は大型のカジカも熱い。十勝港は良型クロゾイがねらえることで道央から遠征する人もいるほど。ハイシーズンは夏。

釧路は大型港の釧路港で釣果がよく聞かれる。アイナメ、ウサギアイナメ、ソイ類、エゾメバル、それにカジカの魚影と種類が多いのが当地ならでは。ただ、釧路は以前に比べるとウサギアイナメは減少している。ソイ類はクロゾイがメインで、近年増えているのはシマゾイ。まれにマゾイも見られる。冬窓床(ぶいま)や老者舞(おしゃまっぷ)など、難解地名が知られる釧路町に点在する各港も古くから根魚釣りが盛ん。

根室はウサギアイナメの釣果が比較的安定しており、カジカも含めて大いに期待できる。花咲周辺や近隣の港で実績が高い。

●主な魚種：アイナメ・エゾメバル・ウサギアイナメ・カジカ・シマゾイ・クロゾイ

釧路管内では魚影が少なくなったといわれるが、根室周辺は今でもウサギアイナメが多い

全道 ドコで、ナニが釣れる?

北海道全域でアイナメ、クロソイ、エゾメバルの
主要3魚種は釣れるが、
広大な北の大地では、海域により生息する
根魚に多少の違いがある。
ここではアングラーに人気のフィールドにも触れながら、
各海域に分けて根魚釣り事情を紹介したい。

アイナメほど大きくならないスジアイナメやクジメは、道内でハコトコと総称され各地に生息する

焼尻島や天売島はハチガラの魚影が多い。増毛周辺の磯もハチガラのパラダイス

せたな町大成区の磯であがった大型のマゾイ。水深のある磯の先端では釣れる可能性が高くなる

【津軽海峡】

宗谷岬から津軽海峡の東口に位置する恵山岬(函館市)まで日本海に分類されるが、温暖な津軽海峡に面した福島～函館は、道内では珍しい根魚があがっている。メバルやウスメバルの他、ムラソイ、カサゴ、キジハタ、ベッコウゾイの情報まである。根魚ファンにとって夢のあるフィールドは函館港の沖堤。良型のキジハタはここで釣れている。

数多くある大小の港では、どこも主要なターゲットがねらえるが、磯は知内と函館東部が人気。前者は良型のハチガラ、後者は60cmに迫るアイナメが注目の的だ。また函館山周辺は昔からハチガラの釣果が多い。晩秋から初冬はマカジカだけでなく、恵山周辺ではケムシカジカもよく釣れる。

●主な魚種：アイナメ・エゾメバル・カジカ・クロソイ・ハチガラ・ホッケ・マゾイ

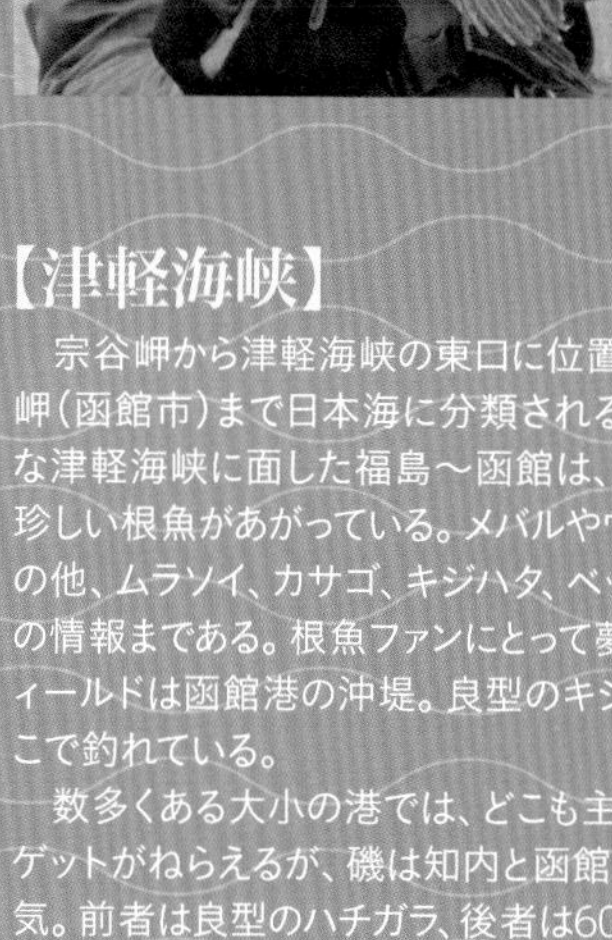

青森が間近の津軽海峡エリアは、本州で人気の根魚が釣れることも。写真のキジハタは函館沖堤で

【道南日本海】

このエリアで注目したいのは、せたなの磯。北部に道南の最高峰である狩場山(1520m)を筆頭に標高1000m級の山々が連なり、一帯の海岸線は変化に富んでいる。アイナメはもちろん大型のクロソイやマゾイ、シマゾイ、ハチガラも釣れる。2013年には北檜山区新成から大成区太田の道路が開通したが、周辺は上記のターゲットに加え、ホッケの特大クラスも実績がある。離島の奥尻島もソイ類、ホッケなど根魚のパラダイス。

南下すると道南のアングラーに人気の江差港鴎島。近年は青ものやアオリイカねらいの人が目立つが、アイナメとソイ類も大いに期待できる。また松前の港と磯も見逃せず、良型のクロソイ、マゾイ、アイナメがねらえる。

●主な魚種：アイナメ・エゾメバル・カジカ・クロソイ・シマゾイ・ハチガラ・ホッケ・マゾイ

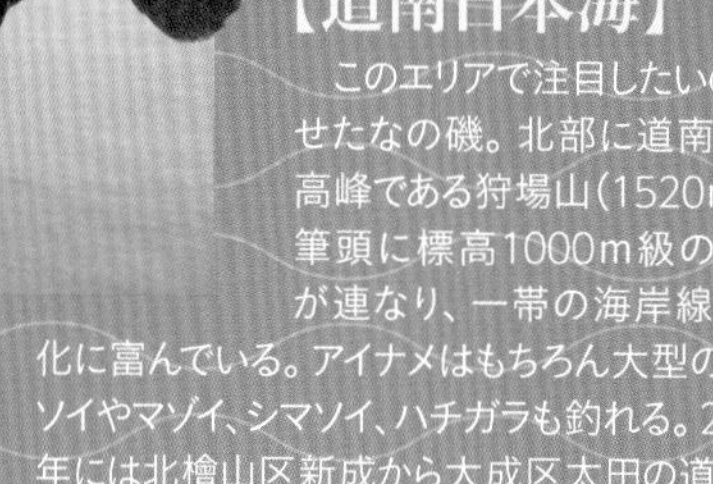

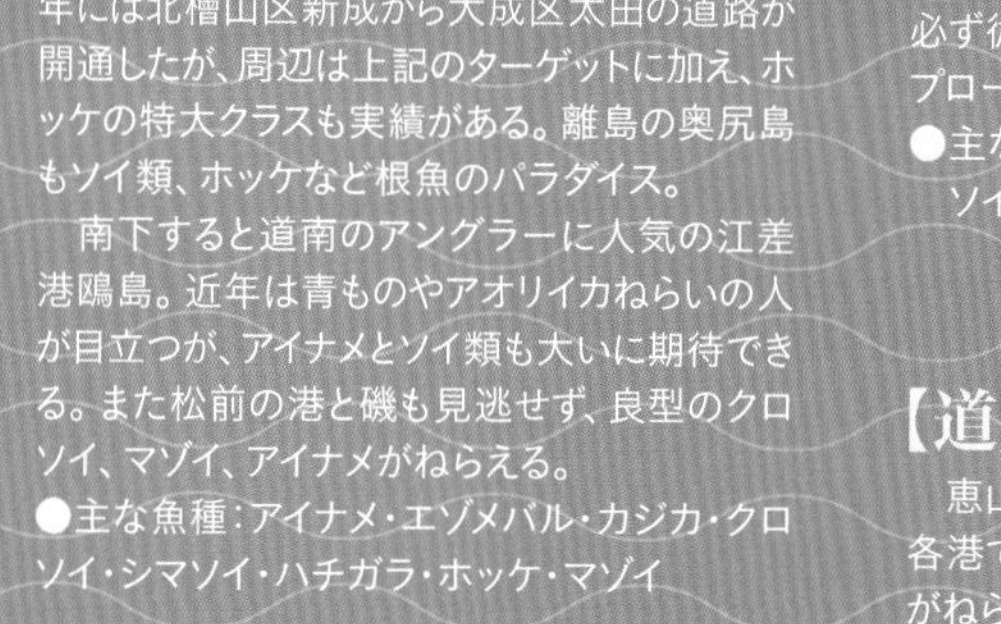

噴火湾の各港では、30cmを超えるエゾメバルがねらえる。真冬でもアングラーが見られる(上)
室蘭や苫小牧は沖堤周りをねらえる遊漁船があり、50cm超えのアイナメを求めてファンが集まる(下)

【道央日本海】

増毛に近い石狩北部は岩礁帯が見られ、アイナメ、エゾメバル、クロソイ、ハチガラ、カジカがねらえる。磯は何といっても積丹半島が有名。東側も西側も"磯ロック"の楽園といえ、大型アイナメを追うアングラーに人気。水深の深い磯の先端では、クロソイだけでなく良型のマゾイも実績がある。寿都～島牧の磯も見逃せない。

このエリアは港のライトゲームが道内で最も盛んなエリア。とくに札幌から近い小樽港、余市港、岩内港には大勢のアングラーが訪れる。メインターゲットはクロソイとエゾメバル。魚はスレ気味とはいえ、状況と釣り方しだいで良型が望める。なお、同エリアに限らないが、大型港は立入禁止区域を事前に確認し、その指示に必ず従うこと。小樽や積丹には港や磯周りにアプローチできる遊漁船もある。

●主な魚種：アイナメ・エゾメバル・カジカ・クロソイ・シマゾイ・ハチガラ・ホッケ・マゾイ

【道央～道南太平洋】

恵山岬から北側の太平洋は砂地が多いとは、各港ではアイナメ、クロソイ、エゾメバル、カジカがねらえる。とくに注目度が高いのは、ホタテの養殖が盛んな森町の各港。過去に開催されたロックフィッシュの大会でウイニングエリアになったこともしばしば。好シーズンの5～11月はアングラーの姿が絶えない。晩秋と春は良型のエゾメバルも釣れる。

砂浜が広がる噴火湾だが、長万部の北端には断崖が見られる。近くに日本一の秘境駅と知られる小幌駅があり、コアなファンは周辺の磯でロッドを振る。一帯は大型アイナメの住み家。さらに東側、伊達市の磯も人気がある。

室蘭港は道内で1、2を争う大型アイナメのメッカ。沖堤とボートフィッシングも熱い。晩秋はカジカ釣りも盛んで、ケムシカジカも生息する。苫小牧港は2022年に開放された通称・一本防波堤など、陸釣りを楽しめる場所は限られるが、沖堤周りにアプローチするボートフィッシングは古くから盛ん。超大型のアイナメ、クロソイなどが期待できる。

●主な魚種：アイナメ・エゾメバル・カジカ・クロソイ・シマゾイ・マゾイ

ケーソン工法

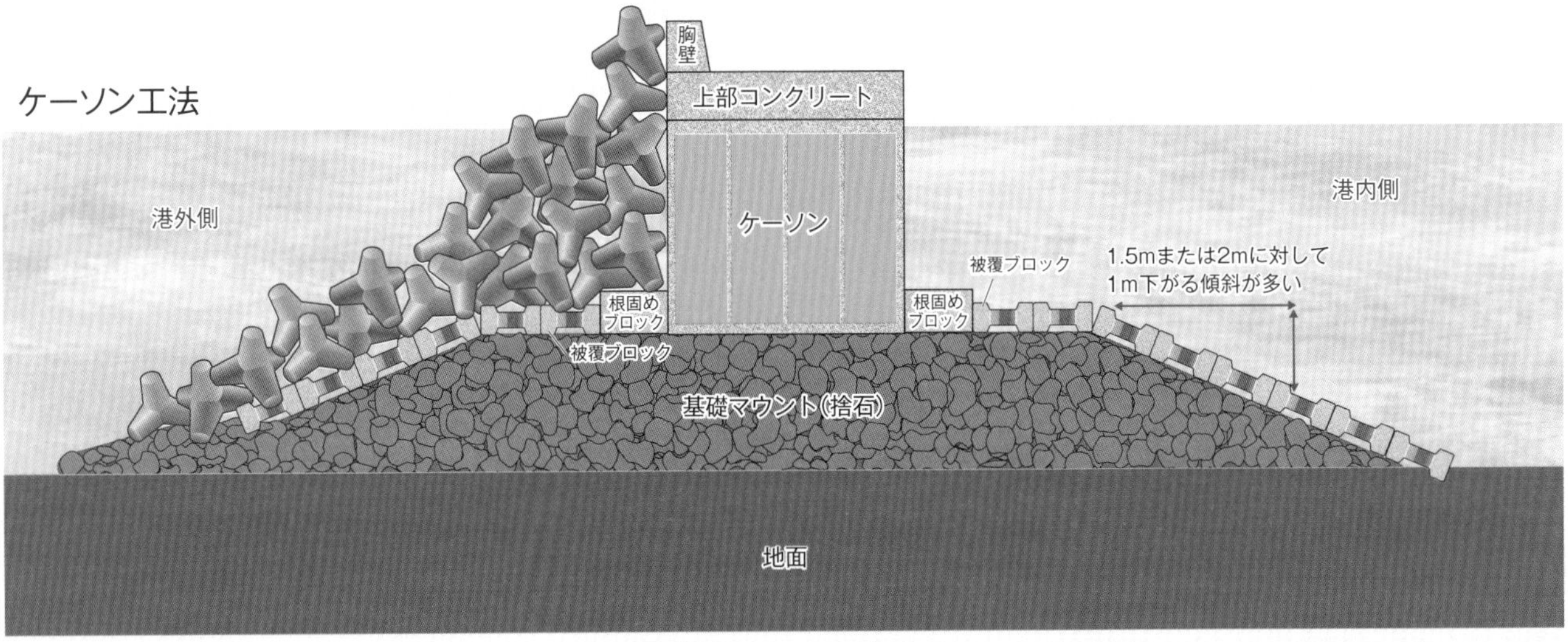

積みブロック工法

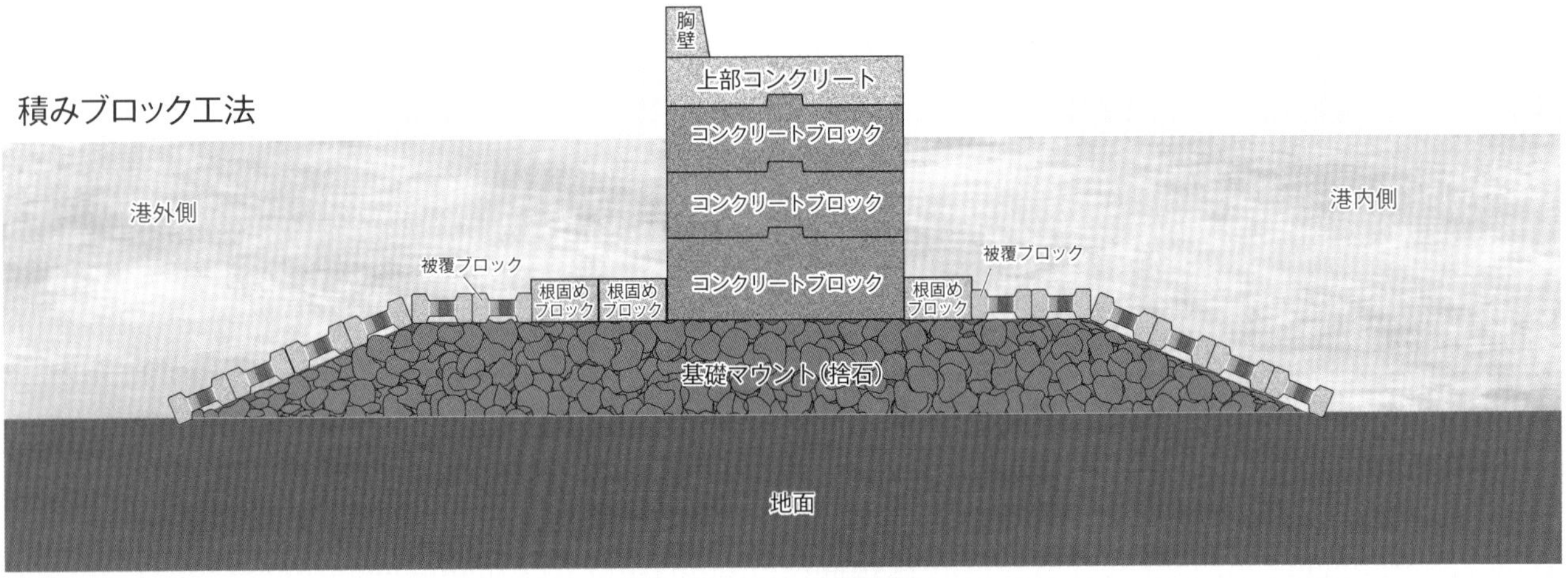

港の構造と造り方

業者さん、教えてください！

手軽に楽しめる港は、根魚に最もアプローチしやすく、多くのアングラーから人気だが、そこで釣果を伸ばすには、港の構造を知るのが一番だ。道南を中心に数々の港工事を施工し、「海の菅原組」といわれる専門業者に造り方までをうかがった。

そこ（底）が知りたい！

港内で釣りをする場合、アングラーがエントリーするのが岸壁と防波堤だ。その定義は、船を係留させたり、漁師さんが荷揚げなどの作業を行なう場所は岸壁。港内の静穏を保つのを目的に造られたのが防波堤で、外海側、港内側の両面が水に接している。

港内に突き出るような突堤や埠頭も、どちらの面も水になっているが、防波堤と岸壁の区別はハシゴの有無でも区別することが可能。岸壁は漁師さんが仕事をする場所なので、万一の落水に備え、50ｍに1ヵ所くらいの割合でハシゴが付いている。一方、防波堤は仕事をする前提になっていないのでハシゴはない。突堤と呼ばれる物でも、ハシゴがあれば岸壁として設計されているようだ。

防波堤や岸壁のほとんどはコンクリートでできているが、沖防波堤などはどのように造られているのだろう？　ロックフィッシュねらいで定番の穴撃ちだが、実際、海底はどうなっているのか？　そこ（底）が分かれば攻略の糸口が見つかるはずだ。

そこで、函館に本社を置き、道内外で多くの港湾、漁港の建設および水産関連施設（魚礁、増殖礁）造成などの海洋土木事業を手がけている株式会社菅原組に、港内の建造物の造り方を教えていただいた。

工事方式は主に3つ

防波堤や岸壁は規模によって工事方式が違うそうだ。一般的なのは大きく分けて3つ。漁港の小規模な岸壁などは、ほとんどが陸上で造った型枠をクレーンで水中に設置し、水中でも固まる水中コンクリートを流し込む『場所打ち式コンクリート工法』。小～中規模の防波堤や突堤などは、陸上で造ったコンクリートブロックを、クレーンを使って積み上げていく『積みブロック工法』。そして、大型港など大規模な場合は、『ケーソン工法』という箱状のコンクリートを造って設置する方法を採用している。ちなみに、ケーソンとはフランス語で「箱」を意味する言葉からきている。

それらを見分ける方法は、釣り人が立っている上部コンクリート部分ではなく、その下に見えている水中から出てきている部分を見て判断できる。凹凸がなく平らであれば枠を使って造る『場所打ち式コンクリート工法』。コンクリートブロックとケーソンの見分けは難しいようだが、1ブロックの長さは『場所打ち式コンクリート工法』で5m、『ケーソン工法』だと10mが多いことから、つなぎ目の間隔が10mで、ブロックの横並びが多少でもズレていればケーソンと判断できる。

株式会社菅原組の社内に展示されていた、ケーソンと場所打ち式コンクリートの模型

ちなみに、室蘭港や函館港の沖防波堤はケーソン。小樽港の南防波堤もケーソンだが、北防波堤は積みブロックの一種である『傾斜ブロック工法』で施工されている。釣り人の会話でもよく耳にするケーソンだが、その設置工事について次から紹介したい。

ケーソン工法を知ろう

工事が行なわれる港に、〝フローティングドック〟といわれる大きな作業台のある凹型船を係留し、その船上で同時に数個のケーソンを製作する。完成したケーソンは、そのまま沖の仮置き場近くまで運ばれて降ろすが、ケーソンは重いためクレーンでは持ち上げることはできない。降ろす方法は何と！ ケーソンが浮くまで船を沈め、ケーソンが浮いたら引船で引っ張り出すのだ。船内のタンクに海水を注排水することで船体を浮き沈みさせることができるそう。

内側が空洞になった箱状ゆえ、ケーソン自体は水に浮く構造になっている。浮いたケーソンは船でえい航され、仮置き場に運ばれる。そのままでは流されてしまうが、内部に水を注入することで沈み、着底させて固定することができるそうだ。その際、満潮時でもケーソンが水没しない水深に仮置き場は調整されている。この作業を繰り返し、必要な個数のケーソンが造られる。

新設する場所には、あらかじめ捨石と呼ばれる石により、基礎マウントが造られる。基礎マウントの表面は、ダイバーによる手作業で平らに石が敷き詰められていて、その上にケーソンを設置する。仮置き場のケーソンは内部の水を抜くことで再浮上させることができ、新設する場所までえい航される。

本設でも、まず内部に水を入れ、沈めて着底させる。その後、比重の高い砂や砕石を投入することで重量が増し動かなくなる。水はあふれるが全部が抜けるわけではなく飽和状態で終了。

よく、ケーソンとケーソンの間に隙間があり、水が通り抜けている場所があるが、もともと設置の際に数cmのクリアランスを設けているため、それが正常な状態とのこと。もし、クリアランスがなければ、設置の際、ケーソンどうしがぶつかり、破損してしまう危険性が高くなる。

設置場所は満潮時でも水没しないよう、マウントによって水深が調整されている。設置後は基礎捨石の流出を防ぐ目的で根固めブロックと被覆ブロックを設置する。

大型の防波堤がケーソンで造られるのは、使われるコンクリートの量が少なく経済的だから。さらに、場所打ち式で造られた物は壊さなければ交換できないが、ケーソンは上部コンクリートを外し、内部の砂を取り除けば再浮上させることができる。交換や補修が容易なメリットがあるのだ。

ケーソンの上部はコンクリートで蓋がされるため、施工後は内部を見ることはできない。私たちが立っている部分は、上部コンクリートと呼ばれる場所で、胸壁もその一部。外海に面している場合は、ケーソンや基礎部分に当たる波の力を弱めるため、消波ブロックが積まれることが多い。また、防波堤も消波ブロックも港内の静穏を保つのが目的なので、多少波が越えても静穏が保たれる計算になっていることが多い。

港内の突堤や岸壁の下が空洞

基礎マウントの捨石

根固めブロックを設置しているところ

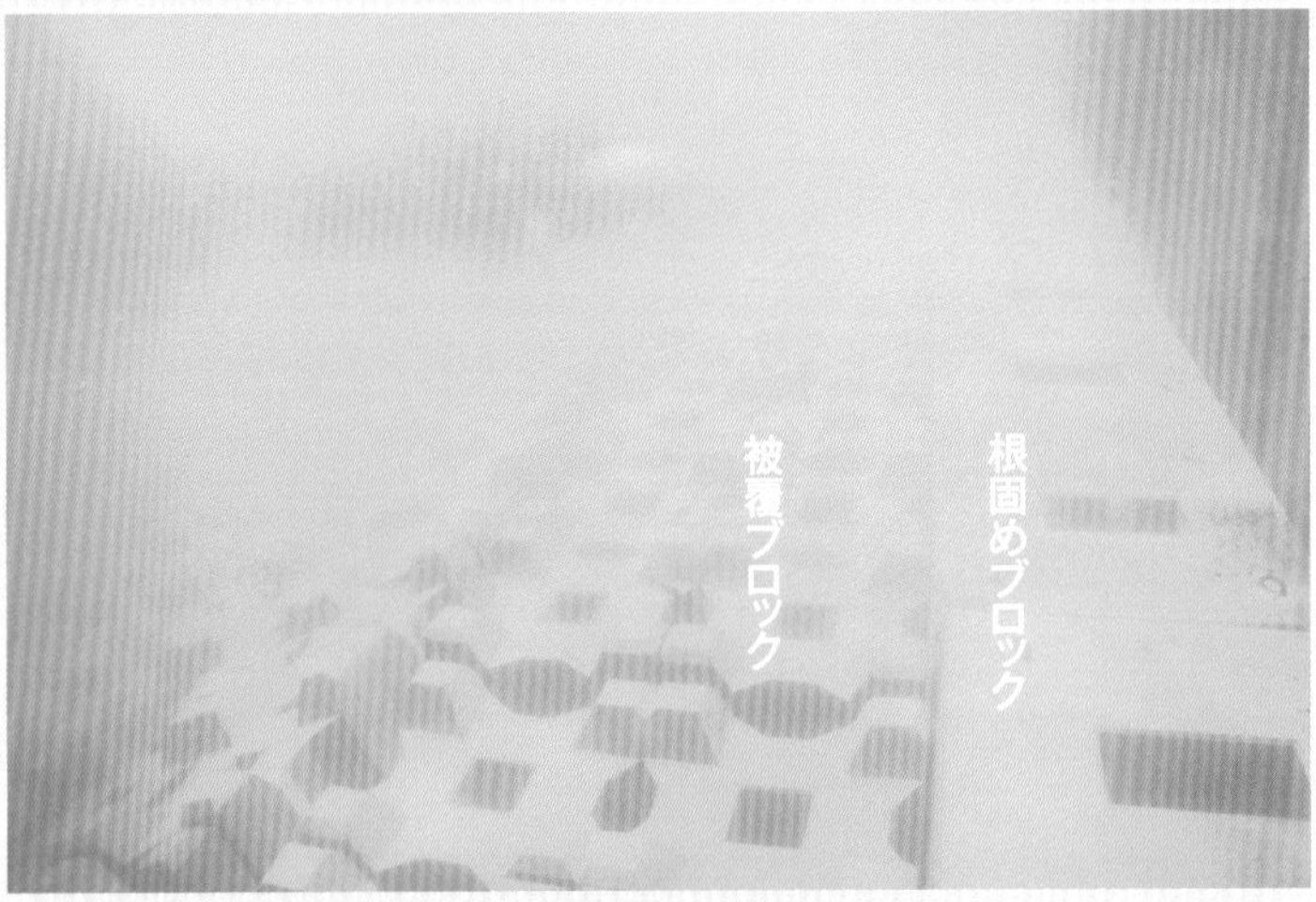

右側の壁がケーソン、根固めブロック、被覆ブロックと設置されている

上から見ると、こんな感じ。左側がケーソンの壁

になっているのを見ることがあるが、あれは波を逃がし、波の衝撃をかわすためで、ケーソンの穴ではない。積みブロックの岸壁に多いという。

魚はどこにいる?

ダイバーさんの仕事は想像以上に大変だ。基礎マウントは手作業で、天端（テンパ）と呼ばれる上部で±5㎝以内の誤差で平らにならしていく。捨石は30～300kgあるが、水中では浮力がはたらき、100kgくらいまでなら1人で動かすことができるそうだ。それ以上だと運搬船のクレーンで補助しながら設置する。

根固めブロックは底が平らで、基礎マウントに密着するように設置される。穴のないただの箱型もあるが、穴の開いたタイプもある。被覆ブロックに比べて大きく、穴も深くなる。穴撃ちをしていて足もとに深い穴が見えることがあるが、根固めブロックの穴である可能性が高い。

被覆ブロックは大抵、脚があり、基礎マウントとブロックの間に隙間ができる。砂で埋まっていない場合は、被覆ブロックの下を魚が通り抜けることができるそうだ。作業で潜っていると、ソイやガヤ、カジカは底の穴（被覆ブロックの穴）の中にいることが多いと感じるそうだ。

一方、アイナメは泳いで行けるスリットを好むことが多く、岩の間や、被覆ブロックの隙間で見かけるという。隙間をスーッと泳いでいて、行き止まりになったら、ブロックの上を泳いで、また隙間に潜っていく。また、コンブは下まで生えていると思っている人が多いかもしれないが、じつは底までびっしり生えていることはなく、岸壁などでは潮の満ち引きで出たり入ったりする部分に上下1mほどの幅でしか生えていない。その下をアイナメが泳いでいることも少なくないそうだ。

なお、場所打ち式コンクリート工法で新しく防波堤や岸壁を造った場合、コンクリートの内部が完全に冷え固まるまでの1ヵ月くらいは熱を発生しているらしく、微生物やアワビなどが集まりやすい。それを捕食するために魚も集まるのか、新しくできた場所はすぐに魚が釣れることが多い。

施工場所や規模、工法によって違いはあるものの、あくまでも標準的な漁港の防波堤工事で20m造ると仮定すると、石を敷き、コンクリートブロックやケーソンを造って設置して仕上げるのに施工時間として半年ほどの時間がかかるそうだ。ケーソンの設置所要時間だけだと3時間ほど。午前1個、午後1個のペースで設置できる。途中で止めることはできず、その日のうちに固定までの作業を行なわなければならない。

被覆ブロックを設置しているところ

左側の一段高い部分が根固めブロック

株式会社 菅原組

函館市浅野町4番16号

TEL.0138・44・3710

「海洋土木北海道No.1を目指す」をモットーに、1956年に松前町で創業。現在、4隻の作業用船舶を保有し、熟練作業員による高い技術力と豊富な工事実績を誇る。その技術力が認められ、農林水産大臣からの表彰をはじめ、北海道開発局、北海道知事など多方面から表彰や感謝状を授与されている。地域貢献や環境保全にも力を入れていて、函館市大森浜の海岸清掃や、創業地の松前町では植樹を行ない、地域住民からの信頼も厚い

アングラーが立つ所は、ケーソンまたは積みブロック

魚種ごとの泳層イメージ

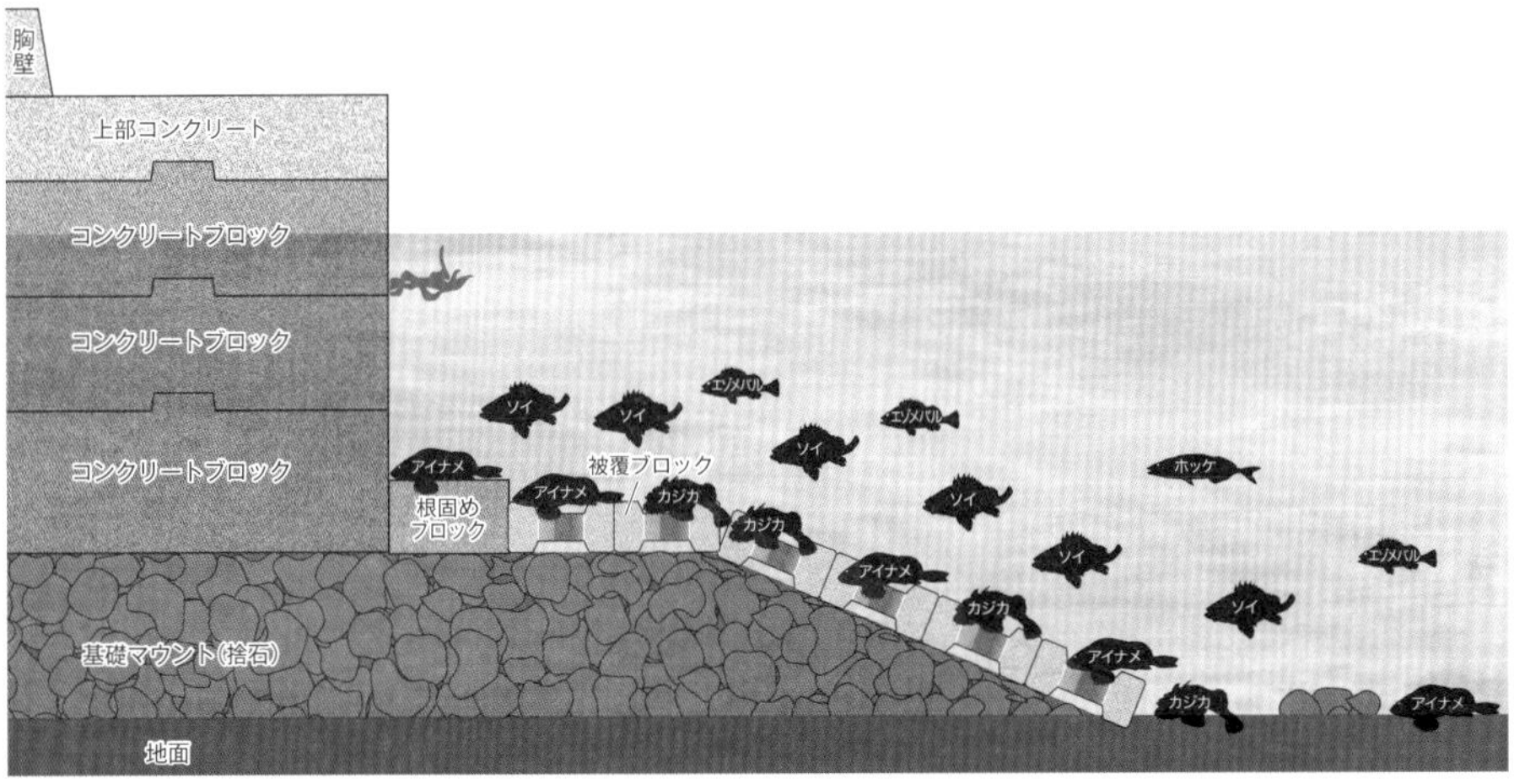

アイナメの付き場イメージ

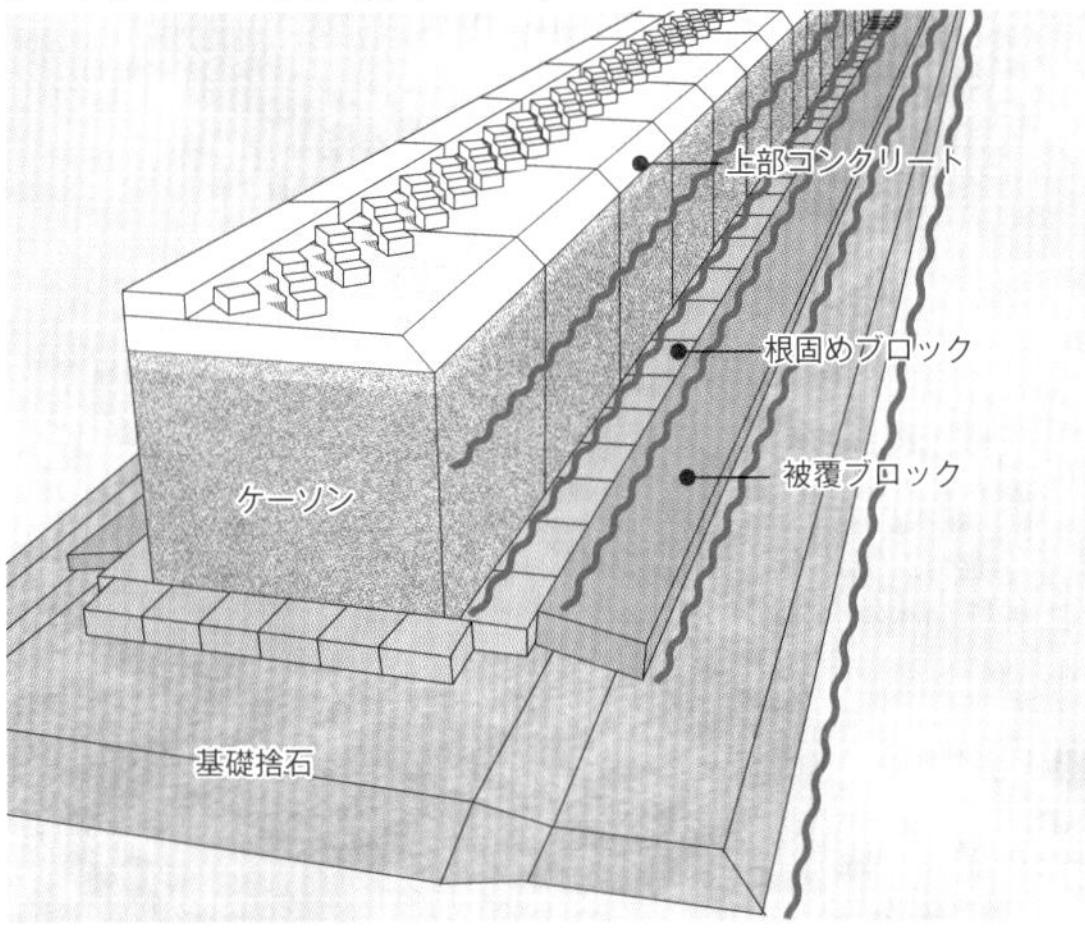

●赤線がとくにヒットが望めるライン

ケーソンの俯瞰図

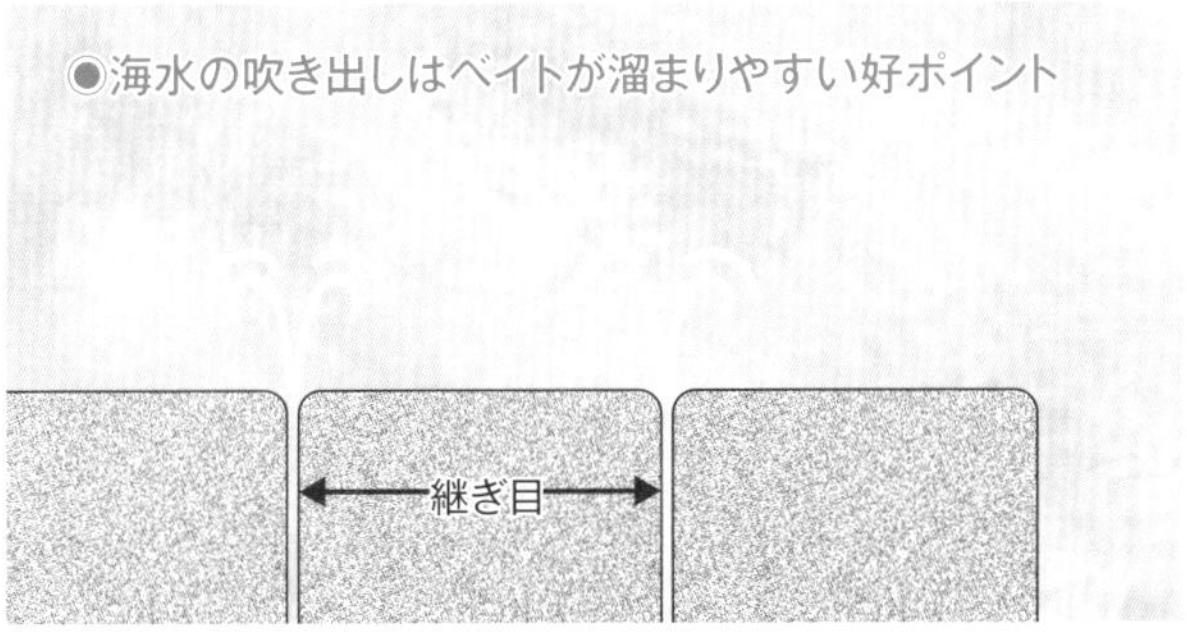

●海水の吹き出しはベイトが溜まりやすい好ポイント

港の二大メソッドを名手がレクチャー

〝穴撃ち〟徹底解説

港の釣りでよく出てくるワード「穴撃ち」。とはいえ、どれだけ理解しているだろうか？突き詰めると底のない穴のように深い穴撃ちを道内屈指のトーナメンターが詳しく解説。これを読めば釣果アップ間違いなし！

近年は遠投が人気だが……

港のロックフィッシュねらいでは足もとの壁際、堤防の被覆ブロックや消波ブロック、遠投した先の飛び根周りなど、魚が身を隠せる変化のある場所を探るのが基本だ。近年はロックフィッシュブームにより、どこの港もプレッシャーが高く、ロングロッドで遠投して釣るのが流行のスタイル。〝他のアングラーより飛距離を伸ばす→スレていない沖に潜んでいる魚にアプローチ→価値ある一尾をゲット〟、そんな図式が成り立つ。

とはいえ、遠投で釣果が期待できるのは時季や水温、魚の活性などの条件がハマった場合が少なくない。そうでなければノーバイトということも……。条件は一日のなかでも大きく変わる。たとえハイシーズンでも、朝イチの水温の

三上顕太
1985年、白老町出身

【過去のロックフィッシュ大会戦歴】
2009 P.O.C マスターズクラシック北海道 優勝
2012 POC 北海道ツアー第2戦 小樽ランガン 優勝
2012 POC 北海道ツアー第3戦 噴火湾ランガン 優勝
2012 P.O.C マスターズクラシック北海道 優勝
2013 POC 北海道ツアー第2戦 噴火湾ランガン 優勝
2013 P.O.C マスターズクラシック北海道 準優勝
2014 POC 北海道ツアー第2戦 室蘭ランガン 3位
2014 POC 北海道ツアー第3戦 函館ランガン 優勝
2015 POC 北海道ツアー第1戦 函館沖堤 優勝
2015 POC 北海道ツアー第3戦 室蘭ランガン 3位
2016 POC 北海道ツアー第3戦 室蘭沖堤　2位
2018 P.O.C マスターズクラシック北海道　3位
2018 P.O.C スーパーロックフィッシュ　優勝
2019 POC 北海道ツアー第2戦 室蘭ランガン　優勝
2022 P.O.C マスターズクラシック北海道 優勝
ウエルエフ主催『パワーオーシャンカップ』から

◎アイナメはココを釣る！

根固めブロック
被覆ブロック
深い穴はチャンス大！　ブロック下の捨石に隙間があり、居着きの魚がねらえる
根固めブロックの際を探る
被覆ブロックの隙間はアイナメの回遊コース
根固めブロックのつなぎ目と被覆ブロックとの間が1級ポイント
根固めブロックの穴は単独。被覆ブロックの下は隙間があるので、魚は周りの穴と行き来できる

潮が澄んでいるとブロック帯がはっきりと見える。穴の位置はもちろん、「水深がある」、「濁っている」などがよく把握でき、釣りの組み立てをしやすい（上）右の根固めブロックの際は、岸壁と同じで垂直な壁になっている。左の被覆ブロックとの間の穴に対し、壁撃ちの要領でフォールを重視してねらう（中）ブロックの穴撃ちではキャストの正確性が問われる。オーバーヘッドだけでなく、ピッチングやフリッピングといったキャストも習得したい（下）

低い時間帯は被覆ブロックの下で休んでいて、水温の上昇とともにベイトを求めて移動する……そうした魚の動きも推測できる。岸壁や堤防の壁撃ちも条件しだいの面があり、最終的にアタリがなければブロックの穴撃ちを試すしか手がなくなる。

港は結局のところ足もとから数m範囲の穴撃ちが定番のねらい方。ただ、一口に穴撃ちといっても、入れ代わり立ち代わりでアングラーが訪れる港で、何も考えず穴の中にリグを入れるだけだと魚は微笑んでくれないだろう。

道内で開催されている数々のロックフィッシュ大会において、入賞多数の実績を誇る苫小牧市の三上顕太さんは穴撃ちを最重要視する一人。「釣り方や誘い方によりキャッチ率は飛躍的に伸びます」と言う。では、気になる三上さんの穴撃ちメソッドとは？

同じ根魚でも行動は違う

ところで、被覆ブロックの穴撃ちで釣れるロックフィッシュといえば何だろう？

ソイやエゾメバルは穴の中というより少し浮いて回遊している一方、アイナメとカジカは穴の底や壁にへばりついているイメージがある。これは浮き袋が関係しているようで、ソイやメバルは浮き袋があるのでサスペンド（＝沈みも落ちもしないで漂って、浮遊してなどの意味）できても、浮き袋が退化したアイナメやカジカはできないらしい。壁際に見られるアイナメやカジカは泳いでいるか、エラを動かして壁に体を押し付けるようにジッとしている。アイナメとカジカにとっては壁も底と同じ感覚なのだろう。

以前、ダイバーから「カジカは穴の中でジッとしています。アイナメも穴の中にいますけど、ブロックの隙間を泳いでいることのほうが多い」と聞いたことがある。スリット状のポイントはアイナメがよく釣れると思っている人は多いのでは？

三上さんは「根固めブロックと被覆ブロックの間もねらいめ」と

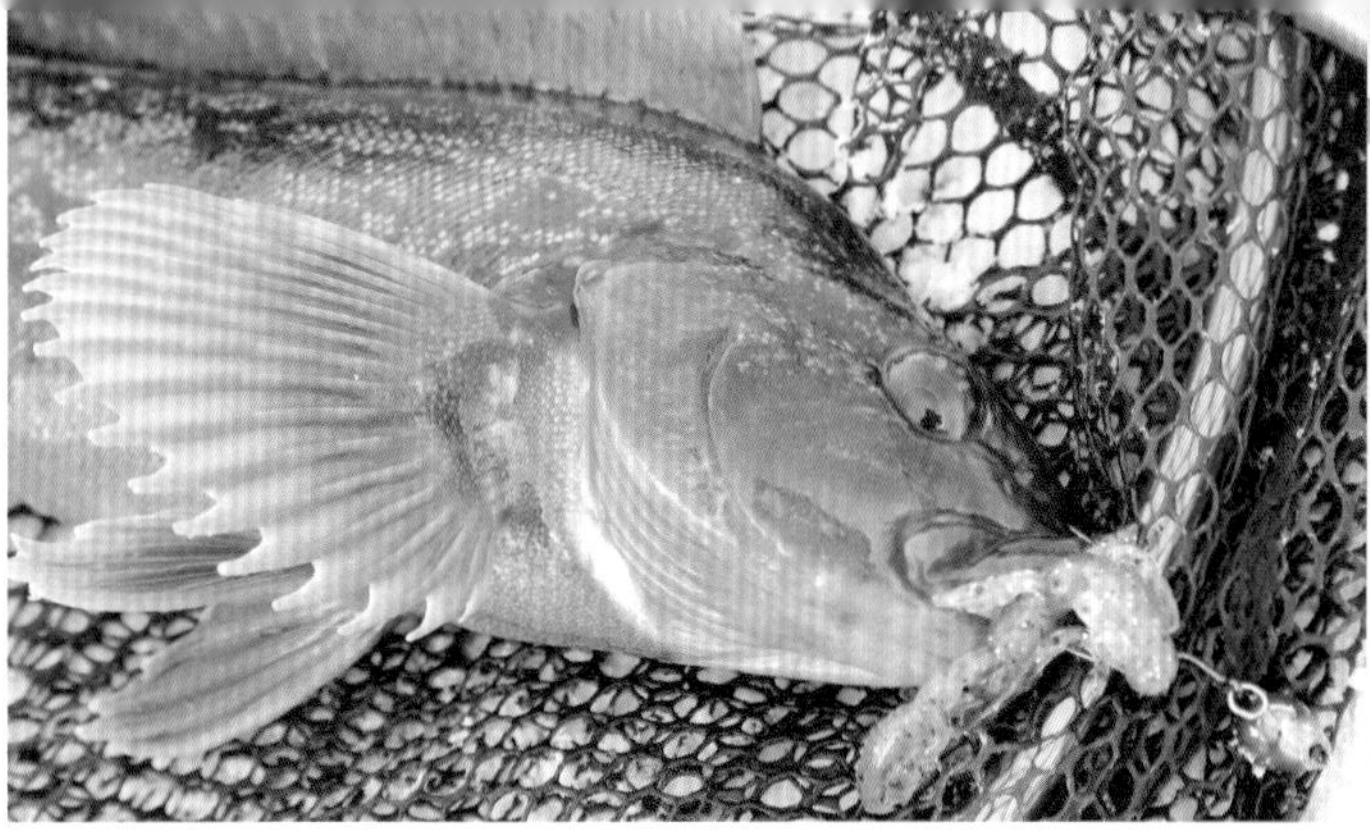

1尾目から40㎝アップの良型をキャッチ。足もとのブロック帯を的確なアプローチで探った結果。ヒットワームはエコギア『ロッククロー』2インチのウォーターメロンバグ

根固めブロックの際でヒット！穴の奥の魚を上手に誘い出し、穴の入り口付近で食わせた。ブロックのエッジにラインが擦れないよう、注意しながら一気に抜きあげる

話す。その理由は根固めブロックの際が壁になっていて、その壁に沿うように魚が回遊したり、居着いたりすることがあるため。壁に沿うように被覆ブロックとの隙間にワームを送り込むことで、壁から落ちてきたベイトを演出するのだ。これはアングラーが立っている足もとの壁際を釣るような感覚だ。

イメージすることが大事

取材時は潮が澄んでいて、底のブロックが丸見えだった。こうした状況はイメトレするのにもってこい。なぜならワームやシンカーが穴に入ったとき、穴から出して次の穴に入るとき、穴ではなくて隙間に入ったときなど、手もとに伝わる〝感覚の違い〟を覚えられるため。「ブロックや穴のエッジ（角）にワームがぶら下がる感覚を覚えたら、さらなるレベルアップが望めます」と三上さんは言う。

穴撃ちといってもブロックの下には捨石が敷き詰められ、穴の奥深くでヒットした場合、捨石の隙間に魚が入り込んで引き出すのに苦労する。つまりラインブレイク

2尾目も1尾目と同じワームでゲット。手前から数えて2番目の隙間にねらいを定め、ワームを穴から出さない程度にワンアクション加えた後、一瞬の間で食ってきた

3尾目はスリムな魚体の割によく引いた。ワームはボリュームのある『バグアンツ』3インチ。鉛シンカーとのセッティングでスローに誘ってキャッチ

当日の最大魚となった4尾目は、3尾目をヒントに根固めブロックと被覆ブロックの間の深い穴だけをねらった結果。根掛かりの少ないポイントでは、鉛シンカーと『バグアンツ』3インチの組み合せでスローに落とし込むのが有効

3大テクニック

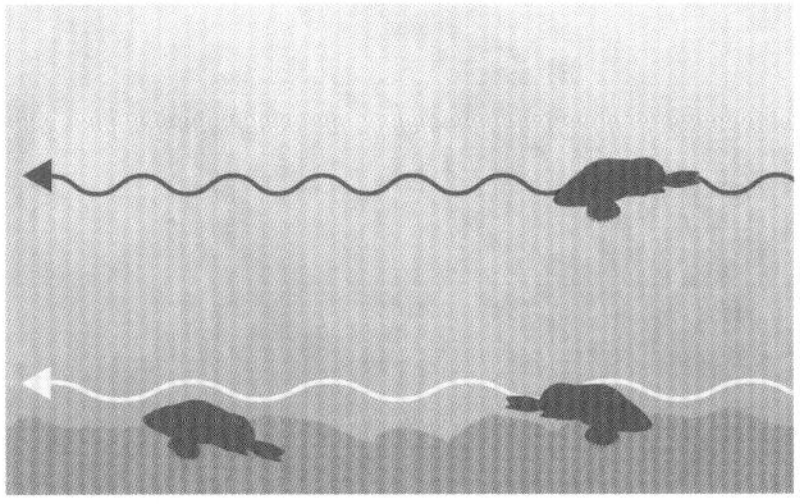

●スイミング（リーリング）
水深とリールを巻くスピードを考慮してシンカーの重さを選ぶ。ロックフィッシュが小魚を追っている場合、一定層をスイミングさせるのもあり。底をズルズルと引きずるように巻くことを「ズル引き」と呼ぶ

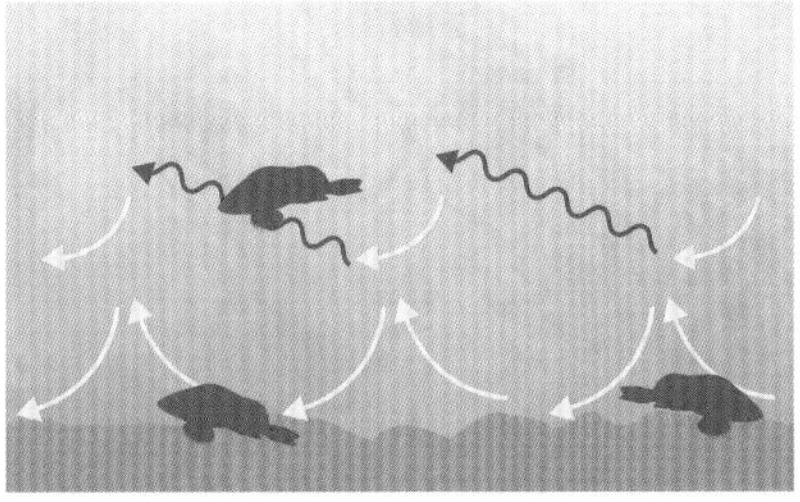

●リフト&フォール
リグを底まで落とした後、ロッドをシャクリ上げてリフト（浮かせる）し、再び底近くまでフォール（落とし込む）させるテクニック。フォール中やリフトした瞬間にアタリがくることが多い

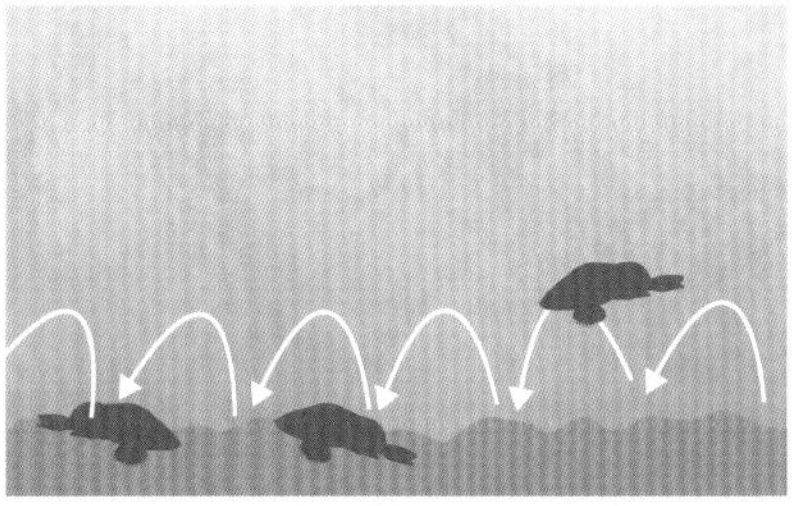

●ボトムバンピング
主にテキサスリグを使い、エビなどの甲殻類をイメージして、リグがぴょんぴょんと飛び跳ねるように小刻みなリフト&フォールで誘うテクニック。しっかり底をとれる重さのシンカーを選ぶ

穴での誘い方

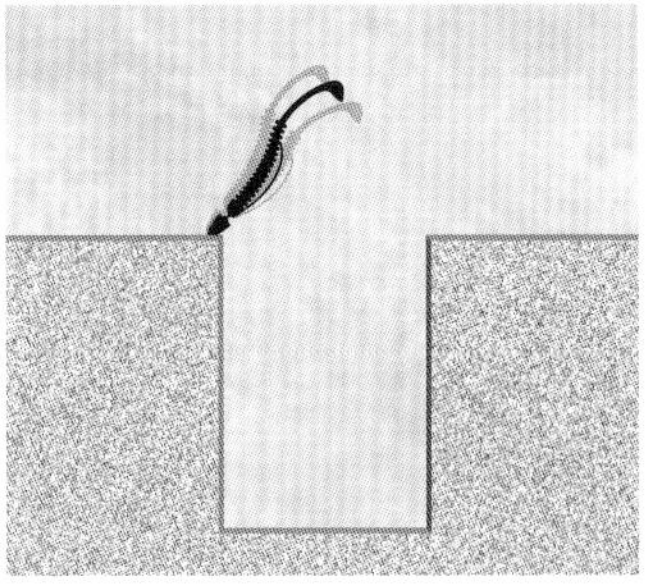

●ステイ
何もせず放置すること。高浮力ワームだと、こうした姿勢になりやすいく、魚に強くアピールできる

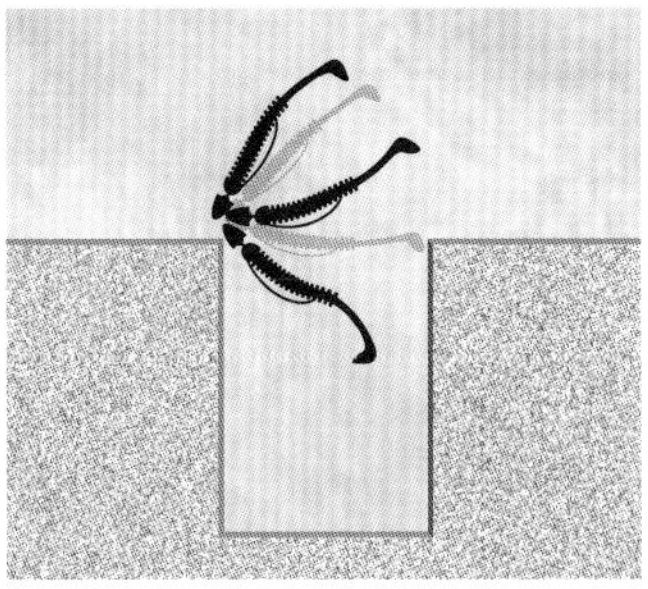

●シェイク
ロッドティップを小刻みに震わせるようにして動かすテクニック。穴の中よりも穴のエッジ（角）でアピールさせたほうが、ヒット後のラインブレイクを軽減できる利点がある

を避けるには穴の上のほうでヒットさせるのが理想的。穴の中を探るときもキャッチ率を上げたければ、フォールではなく、リフトのタイミングで食わせるようにコントロールするのがベター。「魚が上を向いているタイミングで食わせるイメージが大事」だそう。

　フォールしていくワームを魚が追って食った場合、魚は下を向いていることになる。アワセが遅れると一気に底の隙間に入られてしまう。そこでまずはエッジで下にいる魚を誘い出せないかを考え、反応がなければ穴の中をねらう。コツコツと石に当たりながらもさらに深く入り込むような深い穴は、底の捨石に隙間がある証拠。ヒットの期待が高くなる。

　リグは一気に入れ込まず、隙間の上で魚を誘い、反応をみながら順に深いほうを探るのがベター。ワームと魚の位置関係をイメージして、〝どこで、どう食わせるか〟を想像することでキャッチ率は大きく変わってくる。水温の低い朝や低活性のタイミングでは、深い穴の奥にいてなかなか食ってこないことも……。深くてよさそうな穴なら、2～3分は出し入れするスピードや誘い方に変化をつけてねらい続けるとヒットに持ち込めることがあるようだ。

深いいアドバイス

「そこに魚がいると分かっているなら、誘い出す細かいテクニックはいろいろあります。たとえば、シンカーを隙間に挟めてワームだけを動かす。一瞬入れてスッと出せば上でヒットさせることができます。私は魚のいるポジションで食わせるのではなく、根に潜られないポジション……〝自分はこう誘うから、ここに誘導して食わせよう〟と常に考えています。そうすることでバラシが減りキャッチ率も上がるので」

　さらに、以下のことも覚えておくと価値ある魚にグッと近づけるかもしれない。

「ねらうポイントは底が見える状況なら分かりやすいとはいえ、根固めブロックのつなぎ目のところは隙間に波が入り込むことで、周りと違う潮流が発生しやすい。防波堤などでもケーソンの隙間（継ぎ目）から潮が入り込んでくる箇所がありますが、それと同じ感じ。継ぎ目部分には隙間ができるのでベイトが溜まりやすい。他にも奇麗に並んでいるように見える被覆ブロックでも隙間が広かっていたり、逆に狭かったりと均等ではありません。とにかくよく観察して変化のある場所は必ずチェック。底が見えない場合は、シンカーが着底したときの感触を頼りに集中してボトム形状を判断します」

短めのグリップレイアウト。これは操作性を重視した三上さんのこだわりのひとつ

穴撃ちにマッチした一本

　三上さんが監修したノリーズ『ロックフィッシュボトム パワーオーシャンRPO72MHC2 "MASTER OF FINESSE"』は、ここで紹介した被覆ブロックエリアなど近距離の穴撃ちにピッタリの専用ロッド。レングスはキャストやファイト時の取り回しのよさを追求。感度が高いだけでなくハイパワー仕様が魅力だ。

　繊細なティップと強いバットを両立するために並継を選択。操作性のよいティップ側と粘り強いバット側、それぞれの特徴を発揮できるバランスに仕上がっていて、「積極的に掛けていけるロッド」と言う。"MASTER OF FINESSE"の名のとおり、"攻めのフィネスゲーム"を展開できる一本だ。

　穴撃ちの場合、メインラインはフロロカーボン10ポンドが基本。シンカーは7～17.5gを多用する。その他、10～14gのスピナーベイトやチャターベイトも使う。開発段階ではそれらのルアーをイメージどおりにコントロールできるようにこだわった。「ティップは繊細かつ適度な張りがあり、50cm超のアイナメに負けないバットパワーを秘めています」

壁際にびっしりと生えるコンブ。いかにコンブをすり抜けて、その下をねらうか。密集具合などを観察し、よく釣れるコンブ群を探したい

壁に開いている空洞。この穴の中にも魚は潜んでいる。正確にリグを送り込むのが肝要だが、奥まで入れすぎるとヒット後にブレイクしやすい

港の二大メソッドを名手がレクチャー

"壁撃ち"徹底解説

前ページでは穴撃ちを紹介したが、ここでは三上さんに堤防際の攻略いわゆる「壁撃ち」を詳しく教えていただく。壁をねらう際はコンブの存在に加え、堤防の構造が釣果のカギを握る。

コンブ・空洞……壁の"ココ"をチェック

堤防の壁はコンブや貝が付き、エビやカニといった甲殻類系のベイトが豊富なうえ、ロックフィッシュにとって身を隠すのに絶好の場所。コンブが厚く密集している場合、その中を通すのは至難の技だ。無難にコンブが干渉しない先側をねらう人も少なくないが、三上さんはコンブの根もとギリギリに落とし込んでいる。

ところで、コンブの構造は、壁にくっ付くための「根っこ」、根コンブと呼ばれる根っこに近い細い部分の「茎」、出汁や食用として一般的に使われる「葉」と、大きく3つに分けられる。葉よりも茎の部分のほうが密度は低く、リグが通りやすいという。

壁に付くロックフィッシュは、エサが落ちてくるのを待ち構えているため、できるだけ壁近くにワームを落とし込みたい。活性が高いと1～2mの範囲にいる魚は反応しやすいらしく、ワームがコンブを貫通した瞬間にバイトしてくることもある。とはいえ、低活性時は移動距離を狭めるようで、できるだけタイトに探る必要がある。

何より闇雲に撃つのではなく、釣り場に着いたら堤防をよく観察することだ。一見変化のない壁でも、途中に突起物や窪みがあったりする。図のように立っている場合、コンクリートの下が空洞になっている場合、そこにつながる穴が開いていていて、その中にもロックフィッシュが潜んでいる。

コンブは密度に着目したい。周

◉コンブの各部名称

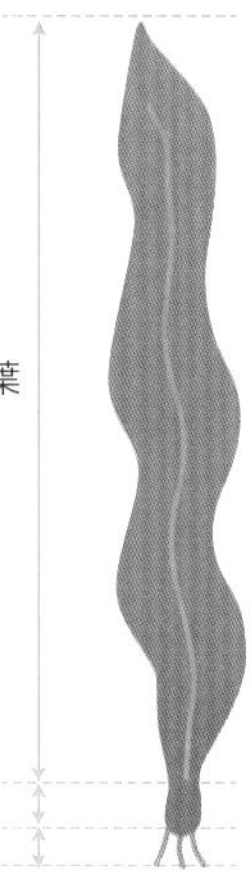

葉よりも茎部分のほうがリグを通しやすい。壁から大体3㎝が目安

堤防の空洞部分は、いわばロックフィッシュのマンション状態。アイナメはもちろん、日中でもソイ類が釣れることも珍しくない

りより多いなど、何かしら変化がある場所をチェックする。魚の付きやすい場所には必ず理由があるのだ。そんな場所を見つけたら、仮にノーバイトでも時間を置いて撃ち直すと釣果に恵まれることも珍しくない。

いずれにしても壁撃ちではヒット後、貝などに擦れてラインブレイクする危険性が高くなる。そこで素早く壁から魚を離すべく、多少強引にやり取りしなくてはならない。当然マッチするのは太いラインを巻け、パワーのあるベイトタックルだ。

適合リグ&ワーム

◎いかにすり抜けさせるか

リグはコンブ群に対してのすり抜けのよさが求められ、三上さんはビフテキリグをメインに使う。

「ビフテキならペグを使わなくても、専用のビーンズシンカーで押し広げた隙間をワームが追従するので落としやすい。一方、スティックシンカーを使ったフリーリグでは、シンカーだけが落ちてワームが離れてしまうのがネック。ジカリグは貫通力は高くても、シンカーとワームが近すぎてスローなアクションが難しい……」

コンブの密度によりシンカーの重さを調整するが、まずは軽すぎず重たすぎない14gを選択。そして同じ重さでもコンパクトなタングステンを使っている。硬質のタングステンは感度がよく、根掛かりしにくいのも利点だ。

また、壁に空洞がある堤防では、リグを空洞部分の奥に入れすぎると高確率で引っ掛かる。穴の中のブロックは段々に積まれていて隙間が多いだけに、シンカーが入り込んで根掛かりしやすい。その隙間に魚が隠れているので、つい攻めたくなるが、ヒットしても引き出すことは難しい。それを防ぐために、穴の入り口からほんの少しだけワームを入れ、アクションさせて魚に気づかせ、できるだけブロックから離れた場所でバイトさせるのがコツ。

◎ワームはパーツに注目

コンブに対してのすり抜けのよさについては、具体的なワームの話になる。三上さんが多用するのは、『ロッククロー』2インチ。同じ甲殻類系ジャンルでも『バグアンツ』の使用頻度は低い。その理由とは?

「本当はパーツが多く、アピール度の高いバグアンツの3インチを選びたくなります。でもパーツが多い分、コンブの隙間を通すときに途中で引っ掛かりやすい。2度3度とリフト&フォールさせることで通すことはできたとしても、コンブを通したところに穴（空洞）があって、魚が上から落ちてくるものを待っている状態だとしたら……。スレさせないよう、できるだけ一発で撃ち込むのが重要です。その点、ロッククローの2インチはパーツが少ない分、すり抜けがよくコンブの隙間にストンと入り込みます」

◎落下〜バイトまでの流れ

リグを落とし込む際は、リールのクラッチを切ったままスプールをフリーにし、親指でサミングしながらフォールスピードの調整やストップなどのアクションを行なう。親指は常にラインに触れている状態。そうしないと魚がバイトしたとき、急激にラインが出され、フッキング前にバックラッシュしてしまう恐れがある。バイト時は親指でスプールをロックして素早くフッキング。その後にクラッチを戻してファイトするのが三上流だ。とはいえ、クラッチを切ったままフッキングさせるのは少々慣れが必要。素早くフッキングさせなければならず、集中力が求められるだろう。

また、リグの着水音にも気を遣っている。高活性時は、「バシャッ！」と音が鳴るくらい派手に落とすことで反応してくることもある一方、たとえば産卵期のアイナメはナーバスになっていて、「スーッ……」と静かに落としたほうがよい場合もある。

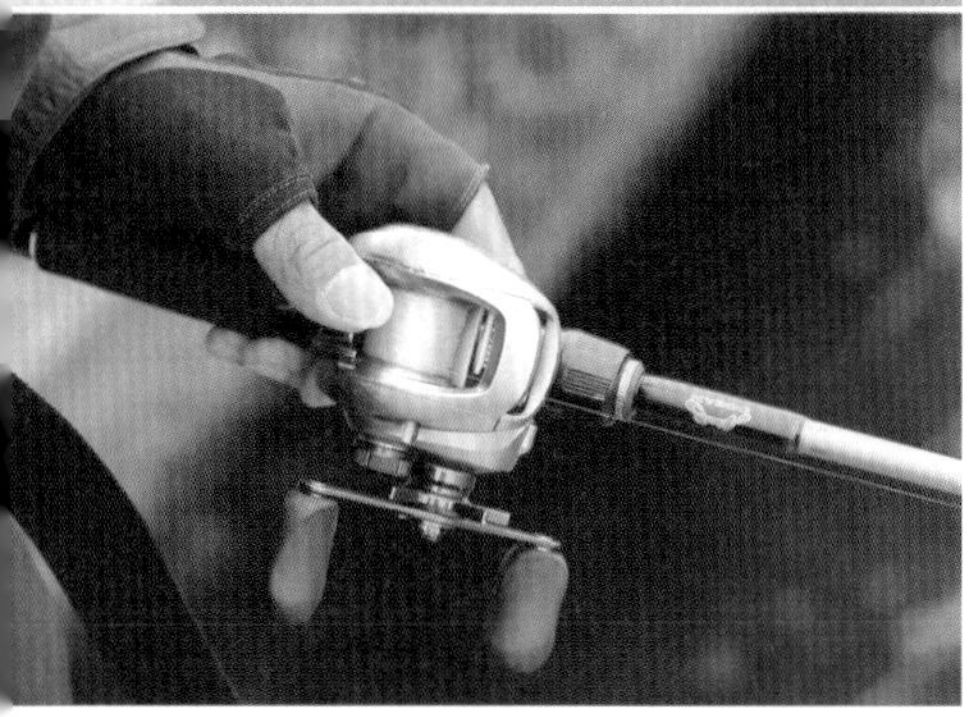

壁に何か変化がないか、それを探しながら反応がなければ1歩進み、また探る。壁撃ちはひたすらそれを繰り返す（上）
壁撃ちはベイトタックル一択だ。クラッチを切った状態で、親指でサミングしながらリグを落とし込む。魚のバイトがあったらバックラッシュしないよう、しっかりサミングしてフッキングさせる（下）

壁撃ちと各リグの相性

ビフテキリグ	◎
ジカリグ	○
フリーリグ	△

◎推奨リグ
壁撃ちで三上さんが最も信頼するワームは、エコギア『ロッククロー』の2インチ。甲殻類系ワームのなかでもパーツの少なさがよいという。シンカーはタングステンがマッチ。ビフテキリグ用のジャングルジム『ビーンズTG』14gの出番が多い

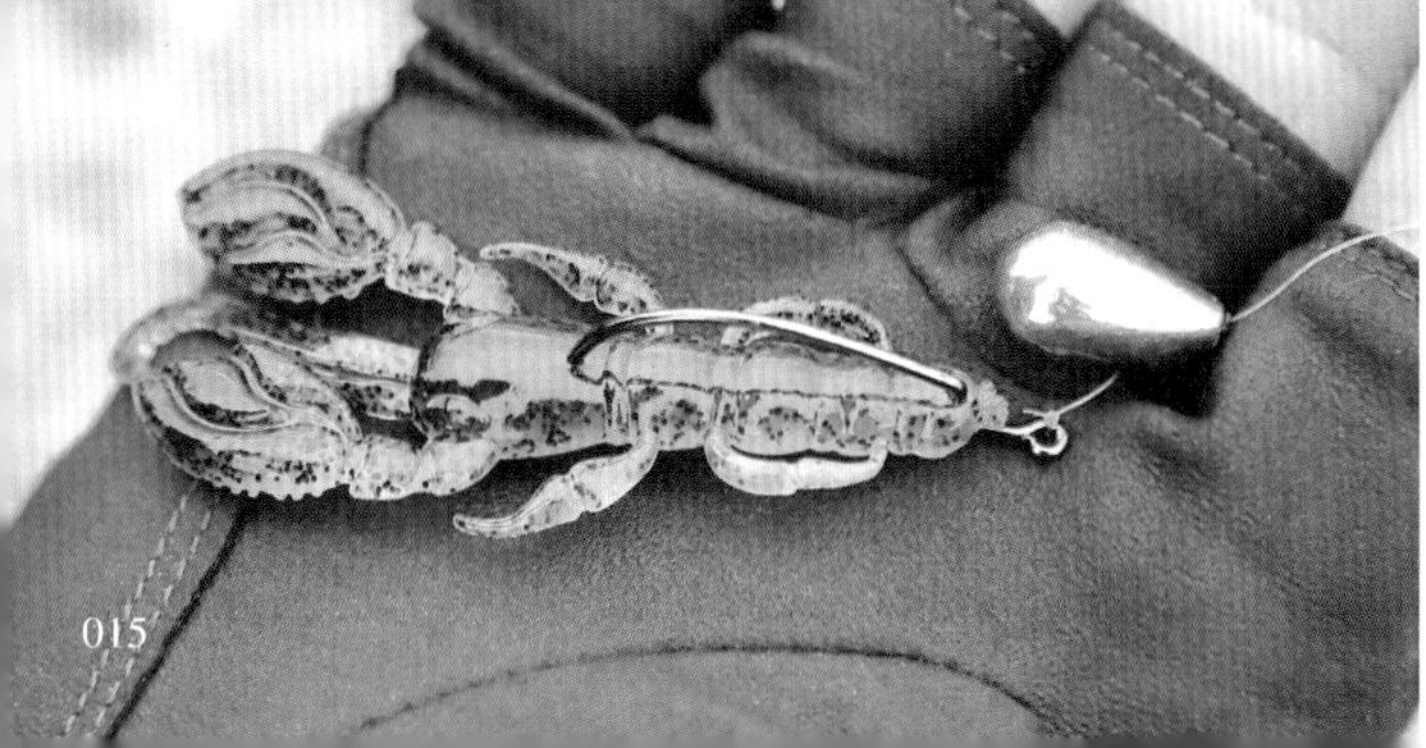

ヤマガブランクスのロックフィッシュ用ロッド『アーリー・フォーロック』と『ブルーカレント・オールレンジ』。それぞれの有効シチュエーションとは？

コンセプトで使い分ける

ロックフィッシュロッドの可能性

年々テクニカルさが増し、ゲーム性が高くなっているロックフィッシュ・ゲーム。タックル選択が重要な釣りだからこそ、サオは特に適したものを使いたい。専用モデルを展開するヤマガブランクスの増田直人さんに、同社のロッドの特徴と選び方をうかがった。

記事内に出てくるアイテムは、すべてヤマガブランクス

写真・文◎増田直人（株式会社 山鹿釣具）Photo&Text by Naoto Masuda

広がり続ける根魚のルアーゲーム

根魚（ロックフィッシュ）とは、文字の意味する通り根（海底の岩礁帯）を主な棲家にしている魚のことであるが、その種類は非常に多い。北海道の代表的なターゲットであるアイナメやソイの他にも、キジハタやベッコウゾイなどのハタ類やカサゴ類、さらにメバルまで含めるとそれぞれ習性が違うし、アプローチの方法も多岐にわたる。

ルアーでの根魚ねらいというと、一昔前はヘビーウエイトのリグを使用したリフト&フォールやボトムを叩いて探るスタイルがメインだった。それが今では、レンジを刻んでスイミングさせたり、ルアーのウエイトを調整しながらフォールで誘ったり、非常にテクニカルかつゲーム性のある釣りとして認識されている。

また、根魚は共通して潮の動きに敏感で、明確な時合を待つものが多い。そのため潮が動かない場合は移動するか、遠投して広範囲を探る。食いが悪くなった魚に口を使わせるために、より繊細な誘いを試行錯誤する必要もある。

とはいえ時折、何気なく簡単に釣れることもある。よってイージーなイメージを持つ人も少なくないが、前述したような魚の習性や生息域、さらに時合などを突き詰めていくと奥が深い。そしてその先には、知識と技量が大いに求められる世界が広がっている。

アングラーに求められる要素として重要なのは、ボトム付近の細かなレンジを誘うテクニックと、近距離から遠距離までの広範囲を探る能力。面白いのは「探る=魚にアピールする」ことでもあるので、単に底取りに集中してルアーウエイトを重くしてもだめだという点だ。

爽快なキャストフィールと遠投性能は、ヤマガブランクス・ロッドの基本コンセプト

●EARLY 86MH for Rock

最もベーシックで、小型ロックフィッシュから40cmクラスまで幅広く楽しめるオールマイティーなモデル。張りの強いブランクながらキャスト時、ファイト時にはしっかりと曲がる。使用可能なルアーの範囲も広いので、足もとから中距離を手返しよく探っていくスタイルに適している

●EARLY 104H for Rock

長距離攻略に特化したモデルで、遠投性能は「フォーサーフ」に匹敵する。感度が高いためリフト＆フォールやスイミングを駆使して地形を把握しつつ、これまで届かなかったような遠距離を探るスタイルに◎。86MHで手返しよく釣りながら、状況に応じて104Hに持ち替え範囲を広げるという流れをコンセプトにしている

●EARLY 93MH/B for Rock

ベイトタックルの利点である「巻き感度」、「リーリングピッチの微調整のしやすさ」を最大限に発揮するブランク設計で、より繊細な釣りを実現するモデル。張りは強めであるものの、ボトムを転がしたりシェイキングもできるよう、ティップは柔軟さを併せ持っている。シンカーがコロッと転がる1つの動きさえも演出可能

EARLY for Rock

モデル	全長(mm)	仕舞寸法(mm)	自重(g)	継数	グリップ寸法(mm)	適合ルアー(g)	適合ライン	価格(円・税込)
EARLY 86MH for Rock	2590	1325	123	2(逆並継)	A 365 ／ B 480	7～40	PE 1～2号	35,750
EARLY 104H for Rock	3160	1615	205	2(逆並継)	A 420 ／ B 525	15～60	PE 1～3号	40,370
EARLY 93MH/Bait for Rock	2815	1445	149	2(逆並継)	A 420 ／ B 525	10～50	PE 1.2～2.5号／FC12~20lb	38,060

※グリップ寸法 A=リール装着時のフット位置からグリップエンドまでの長さ／B=ハンドル全長

フォールスピードやトレースレンジを考えると、ルアーの種類やウエイトを絞り込む必要があり、それによって魚の反応も変わる。ロックフィッシュ・ゲームにおいては、アングラーの選択ひとつひとつが釣果に大きな影響を及ぼすのだ。

ロッド、リール、ライン、そしてルアーといったタックルをどのように構成するかも重要であることはいうまでもない。それぞれの使い方は人によるため「絶対にこれでなければいけない!」というものは存在しない。ただ、ターゲットの特性を考えながら最適なタックルを選ぶのも楽しみ方のひとつである。

ロッド選びの楽しさ

ロッドメーカーである我々ヤマガブランクスも、ロックフィッシュ専用のラインナップを用意している。基本的には「硬さ」よりも「しっかりと曲がることで生み出されるパワー」を重視。適度な張りを保ちつつ、フッキングで一気にロッドを曲げ、テンションを抜かずに根から引きはがす性能を持たせている。

また、キャスタビリティーもウリだ。スパッと振り抜けるキャストフィールと、遠投性能で広範囲を網羅することを全機種のテーマとしている。これはヤマガブランクスの基本コンセプトでもある。

そこでまず紹介するのはアーリーシリーズの中から『アーリー・フォーロック』3機種。同シリーズは幅広いカテゴリーを網羅しており、クロダイからシーバス、ロックフィッシュにヒラメなどターゲットはさまざま。

全てにおいて汎用性を重視した設計になっており、極端な専用ロッドではないが「フォー◯◯」というのはロッドの特性を表わしている。たとえば「フォーロック」であれば、より感度を高めた張りが強めのブランク。「フォーサーフ」であれば波打ち際で大ものを引きずることができる強靭なバットパワーといった具合だ。

『アーリー・フォーロック』はスピニングモデル・86MH、104Hの2機種にベイトモデル・93MH/Bの1機種。この3機種構成にはもちろん意図があり、ロックフィッシュ・ゲー

ムを存分に楽しむためのラインナップとして作られている。

それぞれの使い方としては、86MHで近〜中距離を探り、104Hで広範囲の地形を見極めつつねらいを絞る。ここぞという地形変化は96MH／Bを使い、なかなか口を使わない魚を焦らしながら食わせる。そんな流れを意識すると効果的だ。

「ライトにする」という選択肢

ラインを1号以下（0・6〜0・8号）にして、よりスイミングでのアピールを重視した釣り方も面白い。現在のPEラインは細くても非常に強くなっていて、高感度かつルアーのサイズを落とすことができる。タフな状況を打破しやすいことは大きな利点だ。

ライトにすることで、根掛かり時や海藻を切る力が弱くなるのが難点ではあるものの、こちらにも可能性があると考えている。

『ブルーカレント・オールレンジ』の2機種は、ロックフィッシュ・ゲームにおいてルアーとラインをライトにすることで「沈下スピードを調整して探る」という可能性を追求して開発された。ボトムを叩くというよりは、高感度にすることでボトムの上を泳がせるといったイメージだ。

もちろん、繊細なスイミングでレンジを刻む能力を維持しつつ、遠投性能と大型ロックフィッシュを根から引きはがすバットパワーも持たせている。ライトゲームのスペシャルモデルという位置付けだ。

ヤマガブランクスのロックフィッシュ用ロッドについて簡単に解説したが、使用するアングラーのスタイルや実際の釣り場では、また違った展開もあるはず。読者の皆様がロッドを選ぶ際、今回の記事を参考にしていただければと思う。

繊細かつテクニカルな誘いが実り、1尾を手にする喜びは大きい

適度な張りを保ちつつ、フッキングで一気にロッドを曲げ、テンションを抜かずに根から引き剥がす

良型をキャッチするためには、キャストからランディングまでの全てにおいて高次元のロッド性能が不可欠

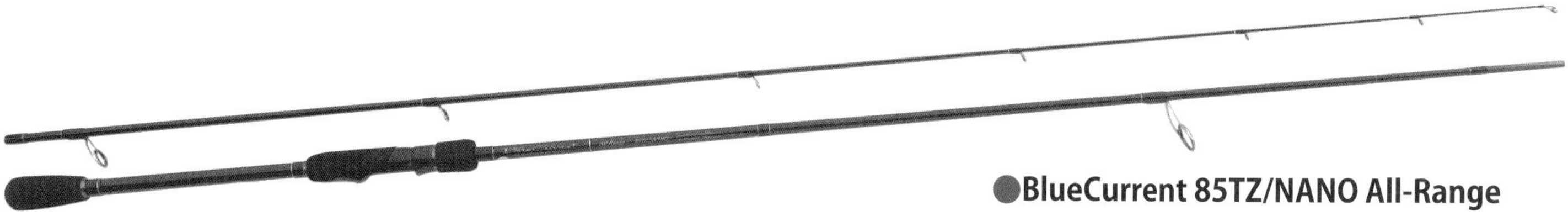

●BlueCurrent 85TZ/NANO All-Range

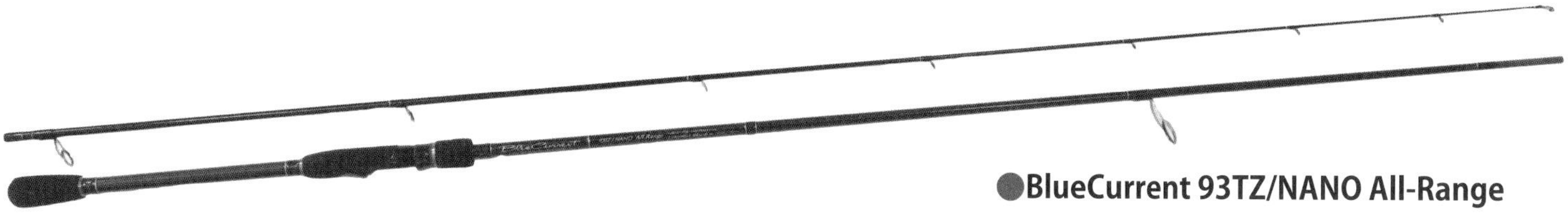

●BlueCurrent 93TZ/NANO All-Range

EARLY for Rock

モデル	全長(mm)	仕舞寸法(mm)	自重(g)	継数	グリップ寸法(mm)	適合ルアー(g)	適合ライン(号)	価格(円・税込)
BlueCurrent 85/TZ NANO All-Range	2570	1315	84	2(逆並継)	A 310 / B 375	3～21	PE 0.4～1	51,920
BlueCurrent 93/TZ NANO All-Range	2825	1440	90	2(逆並継)	A 335 / B 400	3～21	PE 0.4～1	54,230

※グリップ寸法 A=リール装着時のフット位置からグリップエンドまでの長さ/ B=ハンドル全長

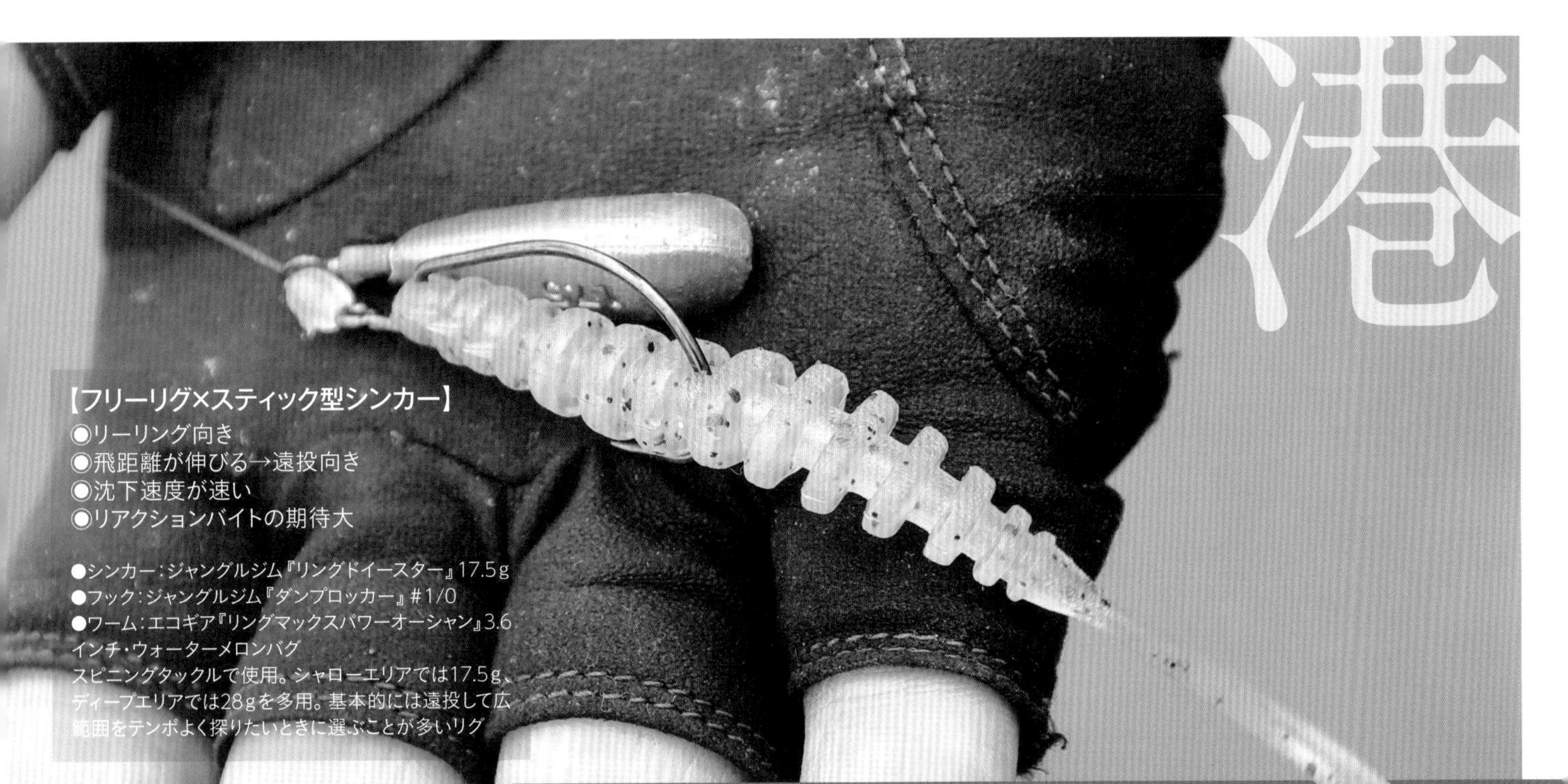

【フリーリグ×スティック型シンカー】
◉リーリング向き
◉飛距離が伸びる→遠投向き
◉沈下速度が速い
◉リアクションバイトの期待大

●シンカー：ジャングルジム『リングドイースター』17.5g
●フック：ジャングルジム『ダンプロッカー』#1/0
●ワーム：エコギア『リングマックスパワーオーシャン』3.6インチ・ウォーターメロンバグ
スピニングタックルで使用。シャローエリアでは17.5g、ディープエリアでは28gを多用。基本的には遠投して広範囲をテンポよく探りたいときに選ぶことが多いリグ

シンカー・ワーム・フック選び

二大リグの使い分け ビフテキ&フリーリグ

アイナメねらいで多用されるリグは、以前ならテキサスリグが主流だったが、近年はその派生型といえるビフテキリグと、フリーリグを多用する人が増えている。三上顕太さんの噴火湾ラン&ガンに密着し、両リグの利点や難点を探ってみたい。

【鉛とTGの使い分け】
◉鉛（比重：11.36）
・同サイズならTGよりも軽くて大きめ→水流や潮流の影響を受けやすい
・素材が柔らかく着底時の音が小さい→魚が神経質な場面でマッチ

◉TG（比重：19.3）
・同サイズなら鉛より重くコンパクト→飛距離が出る、すり抜けやすい
・素材が硬い→感度がよい、底とりが分かりやすい、隙間に挟まりにくい
※写真は『ビーンズシンカー』、左が鉛、右がタングステン（TG）製

【フックについて】
◉2つの使い分け
左の『ダンプロッカー』と『リングロッカー』は次のように使い分ける。前者はフロロカーボン12lb以上を使用し、ラインをなるべく出さないようにして穴から魚を引き出したいときに。後者はフロロカーボン12lb以下を使用し、よりナチュラルにワーム動かせたいときにマッチする

◉サイズの選択
サイズ選びに迷う人も少なくないと思うが、三上さんはワームのタイプにより、明確にサイズを決めている。港のアイナメねらいで多用するワームを例にすると、『バグアンツ』2インチには#2、同3インチは#1/0。『リングマックス』3インチには#1、同3.6インチは#1/0、『レディーフィッシュ』3-1/2インチには#1/0を合わせる

それぞれの特徴と使用法

三上顕太さんによると、魚との接点であるワームはもちろんだが、シンカーの重要性もとても高いという。「バイトがあるのにヒットしないときは、シンカーの重さや形状が合っていない可能性があります」と指摘する。

ワームの場合はスイミングで誘うのか、ボトムバンピングで誘うのかなど、「どうアクションさせたいか」で選ぶ人が多いだろうが、シンカーも同じように使い分けるのが肝心。重さだけでなく形状にも注目したい。

三上さんは主に、スティック型の『リングドイースター』を用いたフリーリグと、豆型の『ビーンズ』を用いたビフテキリグを使い分けている。

●スティック型

リングドイースターを使ったフリーリグは、通常のリーリングの釣りだけでなく、意図的に障害物

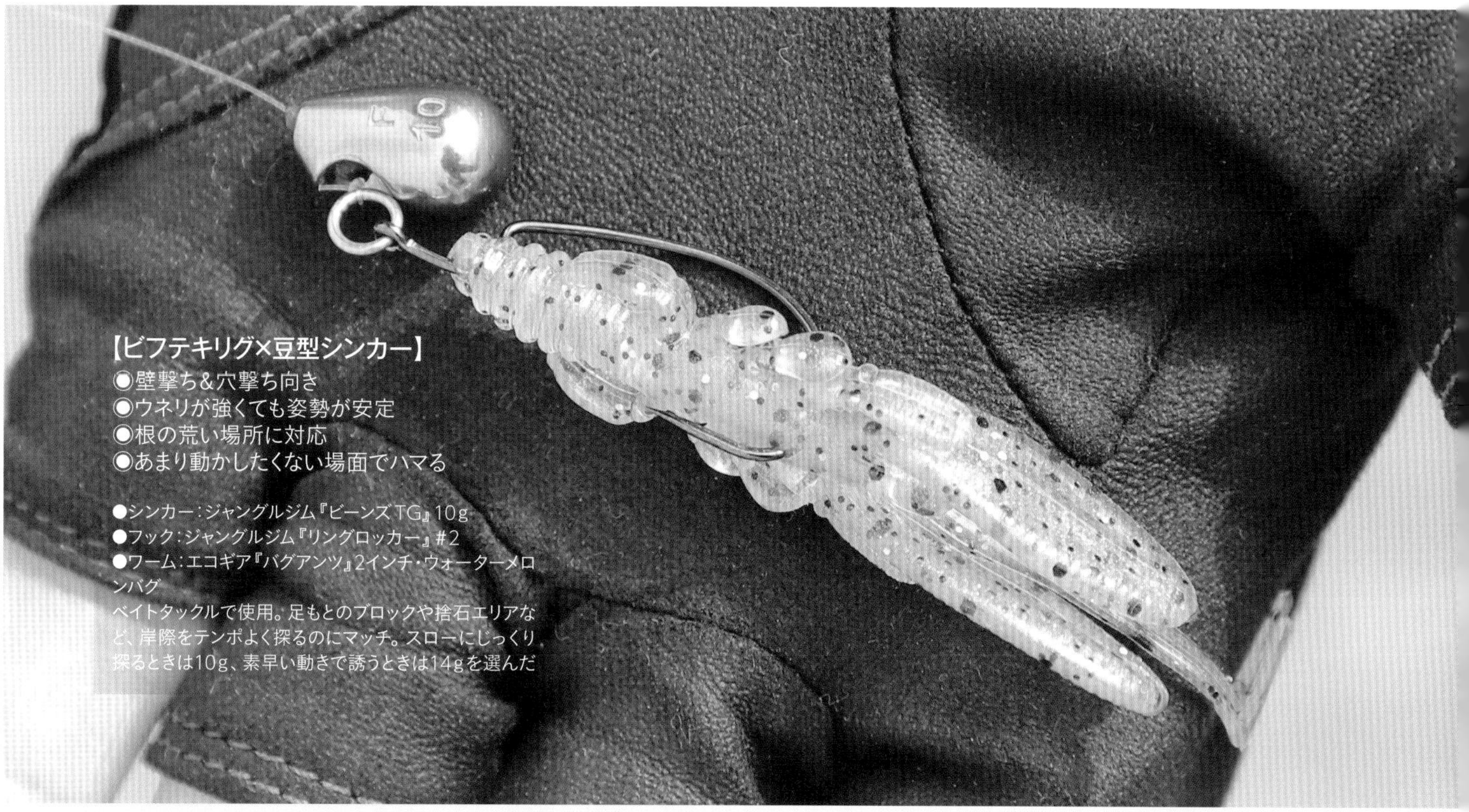

【ビフテキリグ×豆型シンカー】
◉壁撃ち&穴撃ち向き
◉ウネリが強くても姿勢が安定
◉根の荒い場所に対応
◉あまり動かしたくない場面でハマる

●シンカー：ジャングルジム『ビーンズTG』10g
●フック：ジャングルジム『リングロッカー』#2
●ワーム：エコギア『バグアンツ』2インチ・ウォーターメロンバグ
ベイトタックルで使用。足もとのブロックや捨石エリアなど、岸際をテンポよく探るのにマッチ。スローにじっくり探るときは10g、素早い動きで誘うときは14gを選んだ

にスタックさせ、ハングオフ（根掛かりを外すことで急に動きだすアクション）によるリアクションバイトも期待できる。シンカーとワームの間にアソビがある分、いろいろな使い方ができる。

水の抵抗を受けにくいスティック状のシンカーは沈下速度が速く、『リングマックス』のようなカーリーテール系や、ボリュームがあって水の抵抗を受けやすいワームと組み合わせることで、フォール時にシンカーとワームの間隔が広くなり、よりナチュラルな演出ができる。また、細身のシンカー形状は空気抵抗が少なく、向かい風のなかで飛距離を伸ばしたい場面でも有効だ。

●豆型

一方、ビーンズシンカーを使ったビフテキリグは、リングドイースターよりも直下に落ちる能力に長けていて、近距離の壁撃ちや穴撃ちで使いやすい。重心が低い位置にあるため、ウネリのなかでも安定感があり、根の荒い捨石などのポイントの上をリーリングさせたいときにもマッチする。

フリーリグとは逆に、シンカーとワームの間隔は狭くなるが、ボトムで必要以上にワームを動かしたくないときに適している。ワームとシンカーが離れにくいため、シンカーの重さを変えるとワームのフォールスピードも変わり、速い誘いと遅い誘いでの反応の違いを見極めることも可能だ。

ビーンズシンカーの素材は鉛とタングステン（TG）の2種類がある。前者より後者のほうが比重は高く、同じ重さでもコンパクトで抵抗が少ない。さらに硬いため感度がよいが、障害物にぶつかった際の音が大きい。魚が食い渋るときなど音を控えたいときは鉛を選択するのも手。このように状況から判断し、ワームのアクションとシーンに合わせて使い分ける。

マッチする状況とは……

7月上旬の取材日は洞爺湖町と伊達市の港を釣った後、豊浦漁港フィッシャリーナにエントリー。ここは柵付きの釣りデッキが整備され、初心者でも安全&気軽に楽しめる。ここで三上さんはエゾメバルの数釣りとクロソイの強い引きを満喫した。

通常、シンカーは5～7gで対応するが、この日はウネリがあり

シンカーとフックはケースに入れて持ち歩いている。スムーズに交換できる他、自宅でパッケージからケースに移し替えることで、釣り場にゴミを持ち込まずに済む

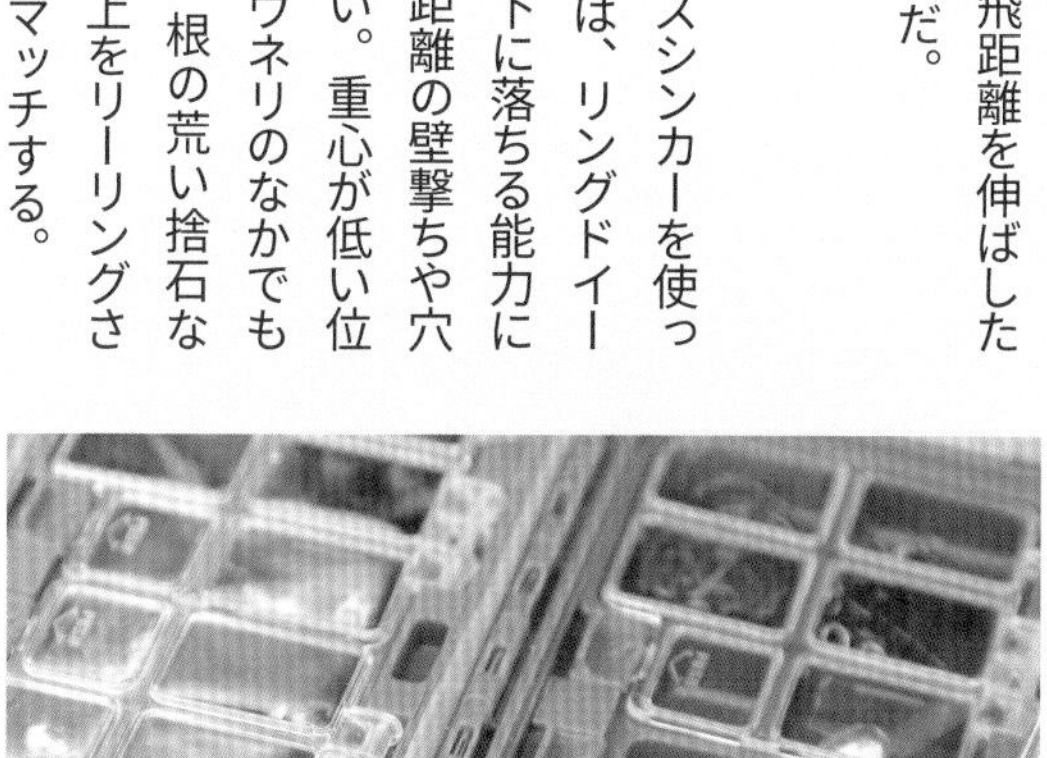

ケースに入っているのは、ピンテール系ワームのノリーズ『レディーフィッシュ』3-1/2インチ。壁際やブロックエリアを、リアクションバイトねらいで速い動きで釣りたい場合にマッチ。一方で、食い渋りの状況下、波動を抑えて誘いたいときにも持ち味が活きる

◉スピニングの使いどき
水深のあるポイントや飛距離を出したいとき、より繊細なリーリングが必要な場面ではスピニングタックルに手が伸びる。リーリングの速さはリグによって変わるが、シンカーがボトムにコツコツ当たるくらいの速度を心掛けたい

10gからスタート。リグはアソビが少なく、直下に落ちる能力に長けたビフテキがドンピシャの状況だった。ワームは甲殻類系のバグアンツ2インチを選択。

　ところが、見た目以上にウネリが強く、リグを上手くコントロールできない……。そこで、パーツの少ないピンテール系ワームのレディーフィッシュにチェンジ。シンカーは14gまで重くした。そうするとねらいが定まり、足もとのブロックの隙間をピンポイントで探れるようになるとエゾメバルが連発した。

「エゾメバルは捨石やブロックの隙間など、ボトムから少し浮いている所に群れていることが多い。魚さえいれば、しっかりアプローチすることを考えるだけでOK。ウネリや波の影響が少なければ、5～10gの軽めのシンカーと、2～3インチワームの組み合わせで数釣りが楽しめます。リグがマッチすれば、落とし込むだけで割と簡単に食ってきます。数釣りすることでアタリの感じ方やアワセのタイミングを知ることができ、ステップアップの近道になります」

　ラストは大ものねらいで室蘭港へ。しばらく渋い状況が続いてい

ポーチとショルダーの2WAY仕様、ジャングルジム『サコッシュポーチ』を愛用。丈夫で軽くコンパクトなうえ、簡易防水機能がうれしい。ラン&ガンに必要なケース類が充分入る収納力がある

室蘭港で今日イチの引き。慎重に寄せる。コンディション抜群の太く重たい立派なアイナメが最後に微笑んでくれた！　ワームは『リングマックスパワーオーシャン』3.6インチ・タフタイムカモ、シンカーは『リングドイースター』28g、フックは『リングロッカー』#1/0
ロッド：ノリーズ『ロックフィッシュボトムパワーオーシャンRPO86XHS2』
リール：シマノ『ツインパワー C3000S』
ライン：クレハ『シーガー PEX8ルアーエディション』0.6号
リーダー：フロロカーボン10lb

豊浦フィッシャリーナで、エゾメバルに混じってヒットしたクロソイ。日中に釣れるのは小型サイズが多い

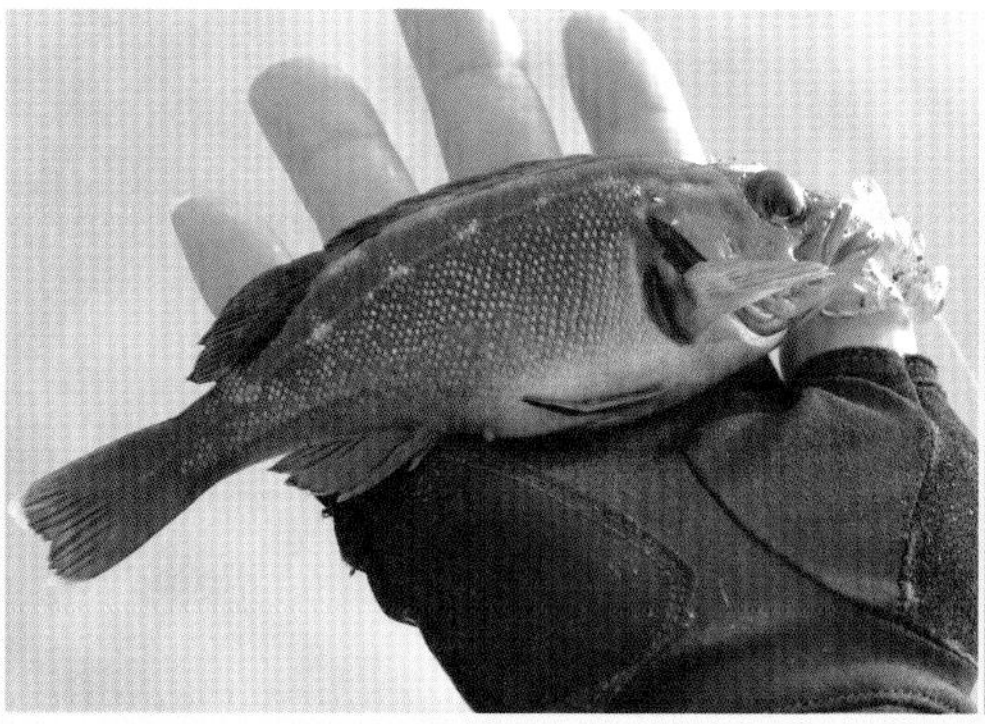

取材時に一番釣れたのはおなじみのエゾメバル。1キャスト1ヒットの入れ掛かりも珍しくない

シマソイはまれに30㎝を超える良型に出会える。同じサイズならクロソイより引きが強いという人もいる

るなか、まずはベイトタックルを手に、レディーフィッシュと14ｇのビーンズシンカーを使ったビフテキリグで壁際を探る。ヤル気のあるアイナメだけに的を絞り、速い誘いでテンポよくねらうも反応はない。すぐに見切りをつけてスピニングタックルに持ち替える。

今度は28ｇのフリーリグで、ワームはリングマックス3・6インチ。岸壁と鋭角になるようにキャストを繰り返していると、ほどなくして待望のアタリ。良型のアイナメが顔を見せてくれた。

「壁際から5～6ｍ沖に水深変化のあるカケアガリがありました。そこに対して、できるだけ並行にトレースするように意識してキャスト。着底後はズル引きではなく、少し浮かせ気味にリーリングしました。シンカーだけがボトムに軽くコンタクトするよう、一定のスピードを保ちながら巻いているとガツンと食ってきました」

この後も同じパターンで1尾目より太く大きなアイナメをキャッチ&リリース。シンカー選びの重要性を感じさせてくれた。

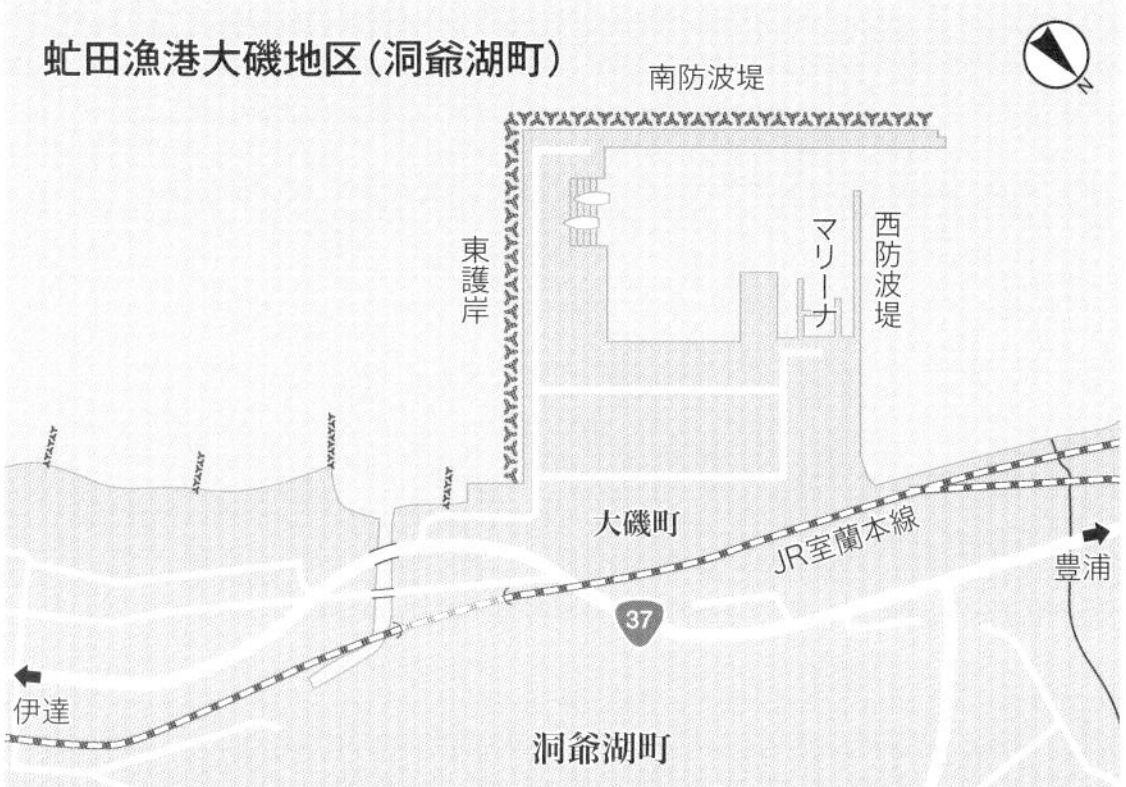

MEMO 東護岸前の船揚場や南防波堤の港内側が主なポイント。後者の先端は高台になっていて、その手前は風の影響を受けにくい。マリーナ周りも探る価値がある

MEMO 野矢の間地区の沖に真っすぐ伸びる北防波堤と、本港地区の南防波堤が主なポイント。アイナメの他、カジカの魚影も多い。周辺の磯も良型が期待できる

MEMO 『天然豊浦温泉しおさい』前に3基の釣りデッキがある。各デッキにはすべて柵があり、水面まで距離がある。タモは柄の長さが5m前後ほしい

朝イチは虻田漁港大磯地区へ。港内奥側のシャローエリアをテンポよくねらった。キャスト後は底まで沈めてリーリングで広範囲を探る

有珠漁港では水深のある船道にエントリー。遠投した後、岸から5mほどの範囲に敷かれているブロックの穴もチェックしてみた

豊浦漁港には3つの釣りデッキが整備されていて、ファミリーフィッシングに最適の場所。エントリーしやすいだけでなく釣果も期待できる

この日は4ヵ所の港を巡ったが、最後に訪れたのはメジャーな室蘭港。壁際を丁寧にチェックした。水深はあるが、表層から5m以内をテンポよく探った

港

沖か壁、それとも中間か?

エリアとリグの見極め方

港のアイナメ釣りといえば、沖堤を含めた室蘭港が大ものがねらえることで人気だが、日高エリアの港も見逃せない。なかでも様似漁港はサイズだけでなくコンディションのよい魚が釣れることで一目置かれるフィールドだ。

中間的な水深から

夏枯れが始まると、港のロックフィッシュゲームは難易度が高くなる。エリアの選択はさることながら、同じ港でもポイントを間違えるとノーフィッシュに終わることは珍しくない。そんななか、条件を問わずに三上顕太さんはコンスタントに釣っている。

7月上旬、アイナメを求めて訪れたのは、札幌中心部から約190kmの様似漁港。日高エリアはロックフィッシュの聖地と呼ばれる室蘭に勝るとも劣らないポテンシャルを秘めている。過去にはロックフィッシュの大会が開かれ、50cmオーバーや2kgを超えるアイナメがあがっている。三上さんも過去に50cmオーバーをキャッチしていて、「ロクマルに近いフィールド」と言う。

最初は船道に近い港内側へ。

「ここは港内でも中間的な水深です。船道のある先端側は水深のあるディープエリア、反対に港内の奥はシャローエリア。中間的な水深から探るのは状況を把握したいため。まずは遠投し、次に壁際を探ってみます」

ロッドは9・4フィートのスピニングでXXHパワー。ロングレ

MEMO アイナメだけでなく、日高管内では随一のカジカ釣り場としても知られ、秋から冬も面白い。外東防波堤を始め、一部の岸壁は足場が高く、柄の長さ5m以上のタモを用意するのが安心。港内中央の西防波堤は良型アイナメの実績が高く、かつ悪天時に強い。なお同港に限ったことではないが、日高管内の港はコンブ漁などの作業が多く、駐車位置には充分注意

様似漁港は夏でも水温が比較的安定していて、元気で太いアイナメに出会える。夏枯れに強い頼もしいフィールド

外海に近い船道は水深があり潮通しがよい。まずはシャロー、ディープ、ミドル、どの水深に魚が付いているかを確認する

当日の最大魚。惜しくも50㎝には届かなかったが、コンディションは抜群だった。引きの強さは推して知るべし

ングスで35gのシンカーを難なくキャストできる。ラインは飛距離を伸ばすためPE0・8号、リーダーはフロロカーボン14ポンドを1・5m結束。キャスト時のライントラブルを軽減すべく、結び目がガイドを通らないよう垂らしは長めにする。

遠投した後は、一定のスピードでリーリング（スイミング）。ボトムぎりぎりをトレースするには、時々ボトムに軽く触れる程度のスピードがベター。しかし、ひととおり探っても反応はなく、タックルを持ち替えて壁際をねらう。ロッドは7・2フィートのベイトでMHパワー。壁際はラインが根や貝に干渉しやすいため、擦れに強いフロロカーボン10ポンドを選択。壁際や穴撃ちでは、クラッチ操作ひとつでラインを送り出せるベイトリールの操作性の高さが活きる。

壁際にはコンブが生え、見るからにアイナメが隠れていそう。魚の活性が高ければ、コンブの隙間にリグを入れた瞬間バイトしてくることもあるとか。だが、反応はなく、「回収したリグが冷たい……。思いのほか水温が上がっていないようです。シャローエリアとディープエリアをねらってみます」と作戦を変更する。

同じエリアでも、遠投して広範囲をサーチした後、必ず壁際もチェックしてみる

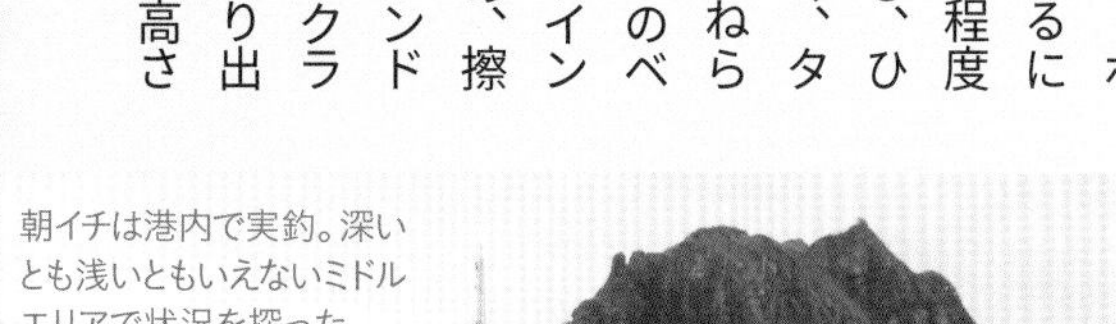

朝イチは港内で実釣。深いとも浅いともいえないミドルエリアで状況を探った

水深のある船道をラン&ガン。ディープエリアより少し浅いエリアのほうが、魚の反応はよかった

1尾目のアイナメを無事ネットイン。足場の高いポイントが多く、柄の長いランディングネットは必携。三上さんは5.9mを使用

日が高くなり水温が上がって魚の活性も高くなったのか連続ヒット！　今日イチの引きを感じて慎重に寄せてくる

ちょっと時季が早かった?

次にエントリーしたのは外東防波堤の基部側。底が見えるほどのシャローエリアで、コンブなどの海藻類が生い茂っている。

「やはり水温が低いですね。水温が上がると海藻類はもっと少ないので。そうなるとシャローエリアでバンバン釣れるのですが……、まだ時季が早いようです」

数投で先端側に移動し、少し深いポイントでエゾメバルをキャッチ。続いて待望のアイナメが顔を見せた。開始から2時間近く経過していたが、これは予想どおりの展開。釣れたポイントで粘るのかと思いきや、先端側に移動しながらラン&ガンし、ディープエリアもねらう。しかし先端までは行かず、途中で引き返す。

「ディープエリアで反応がないので、ミドルからシャローで勝負します」

そうして、折り返してすぐアイナメをキャッチ。ポイントはシャローエリアの近くで、今日イチのサイズだった。

「沖にある飛び根をねらって遠投し、着水後のファーストフォールでヒットしました」

この一尾で状況をつかんだようで、朝に入った対岸のポイントに戻るという。そこで見事、良型アイナメを連続でゲット!

「遠投したところに高さのあるストラクチャーが沈んでいたのでフリーリグを使い、メリハリのあるリフト&フォールでねらいました。しっかり間をつくり、アクション後ワームがフリーになったタイミングできました」

近くの地元のアングラーが苦戦

ワーム&リグの使い分け

取材時に有効だったワームは3種類、ビフテキとフリーリグを使い分けた。そのキモを三上さんが解説

Comments by Kenta Mikami

【遠投して広範囲を釣る場合】

今回、オープンエリアで使用したリングマックス、ロックマックスは、カテゴリーとしてはどちらもカーリーテール系に属するワーム。基本的には飛び根や水深変化のあるオープンエリアでのズル引き、リーリング、リフト&フォールで探る釣りに適している。

リングマックスは、よりボトムを意識したシーン（ハゼなどの底生魚類がボトムで捕食されている状況）で活躍。ロックマックスはどちらかというとボトムより、魚が上を意識している状況において、少し浮かせたリフト&フォールで探るときに使う。とくにボトムのベイトを意識している場合はリングマックス、明らかに魚が上ずっている場合はロックマックスと使い分けている。

どちらもシルエットが細めで遠投しやすいものの、より飛距離を求めるならリブの付いていないロックマックスが有利。リグに関してもビフテキ、またはリングドイースターを使ったフリーリグと使い分けることで、さらにアプローチを細分化できる。ボトムにコンタクトさせながらのリーリングや、魚が上を意識している場合に速めのリフト&フォールでねらうなら、シンカーとワームの距離が離れにくいビフテキを。対して、シンカーとワームの距離が離れるフリーリグは、しっかり食わせの間をつくりたいシーンで効果的。リフト&フォールや起伏の少ないオープンエリアでのリーリングの釣りに適している。

今回の取材では、ボトムにコンタクトさせながらのリーリングでは、ビフテキTGの35gにリングマックスパワーオーシャン3.6インチをセット。後半の時合が絡むシーンでは、リングドイースター35gにロックマックス4インチをセットし、高さのある飛び根をメリハリのあるリフト&フォールで探る釣りがマッチした。フックはどちらもダンプロッカーリング#1/0。

【壁やブロックを撃つ場合】

夏でも気温が上がらない時間帯は、アイナメがブロックに身を潜めていることが多い。そんな魚に対しては、よりタイトに攻める必要がある。根掛かり防止の意味も込めて、ビフテキTGの14gにロッククロー2インチ、カラーは実績のあるウォーターメロンバグをチョイス。

甲殻類系ワームのなかでもロッククローを選択した理由は、ストラクチャーに対してワームのすり抜けがよく、しっかりと魚に見せる間をつくりたかったため。フックはリングロッカー#1。甲殻類系ワームはバグアンツも実績があるが、今回の状況ではパーツの多いバグアンツはすり抜けが悪く、エゾメバルの猛攻に合いやすいことからロッククローを使った。

【カラー】

一般的には水質がクリアであれば透過系（ロックベイトシナモンなど）、濁っていれば濃いめ（ウォーターメロンバグ、モンスターロックジューンバグなど）を選択する。とはいえ、夏のクリアウオーターでは、ボトムクローラーやハーミットクラブなど、ボトムのベイトを意識したカラーが有効なケースも少なくない。ウォーターメロンバグも基本的には濁りに強いカラーとはいえ、さまざまなシーンに対応する特性を持ち、サーチベイトとして適している。また、ハゼやバチなどが偏食されていればボトムクローラー、アボカドチャートハーフフロートなども効果的。あとは自分が好きなカラーも使ってみたい。そうしてローテーションしながら当日のアタリカラーを絞る。

スイミングと穴撃ちでのカラー選択については、イワシなどのベイトフィッシュが捕食されている状況では、それに似せたカラーを使用するときもあるが、通常はボトムのベイトを意識して選んでいる。

推奨リグ

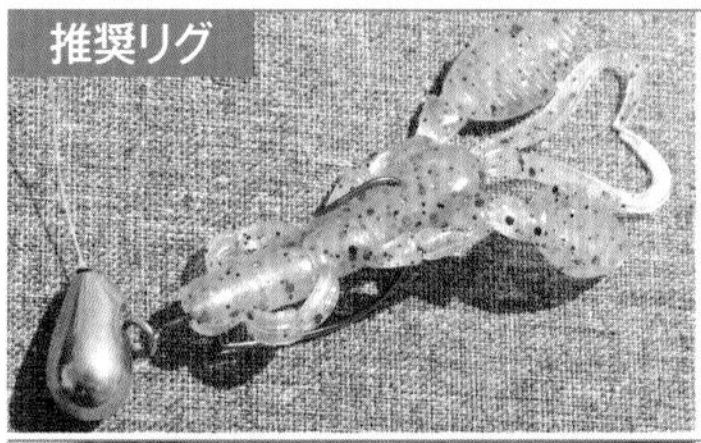

壁際や足もとのブロック周りは14gビフテキリグ
●ワーム：エコギア『ロッククロー』2インチ・ウォーターメロンバグ
●フック：ジャングルジム『リングロッカー』#1
●シンカー：ジャングルジム『ビーンズTG』14g

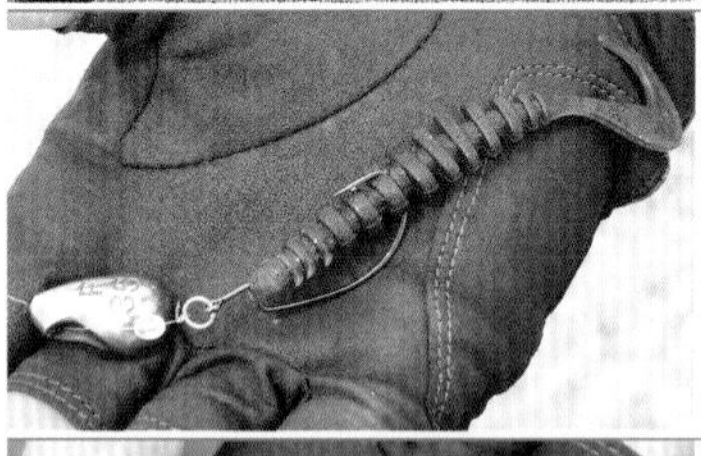

ボトムのリーリングにマッチする35gビフテキリグ
●ワーム：エコギア『リングマックスパワーオーシャン』3.6インチ・ボトムクローラー
●フック：ジャングルジム『ダンプロッカーリング』#1/0
●シンカー：ジャングルジム『ビーンズTG』35g

食わせの間をつくりたいときは35gフリーリグ
●ワーム：エコギア『ロックマックス』4インチ・モンスターロックジューンバグ
●フック：ジャングルジム『ダンプロッカーリング』#1/0
●シンカー：ジャングルジム『リングドイースター』35g

【使用タックル】

●ベイト

ロッド：ノリーズ『ロックフィッシュボトムパワーオーシャンRPO72MHC2』
リール：G-MAX『Chiron 9.1:1』
ライン：クレハ『シーガー フロロマイスター』10lb
10〜17.5gのシンカーを使用し、足もとのブロックや壁際など、近距離の釣りに特化したロッド。細かい操作に長けている

●スピニング

ロッド：ノリーズ『ロックフィッシュボトムパワーオーシャン RPO94XXHS2』
リール：シマノ『ストラディック3000MHG』
ライン：PE0.8号
リーダー：フロロカーボン14lbを1.5mフィッシャーマンズノット改で結束
28〜42gのシンカーを振り切って遠投できるロッド。魚を掛けた後はしっかりと曲がり、モンスター級も難なく寄せられる

船道は広く、フルキャストしてねらう。船が通るときは素早くリグを回収し、航行の邪魔にならないように

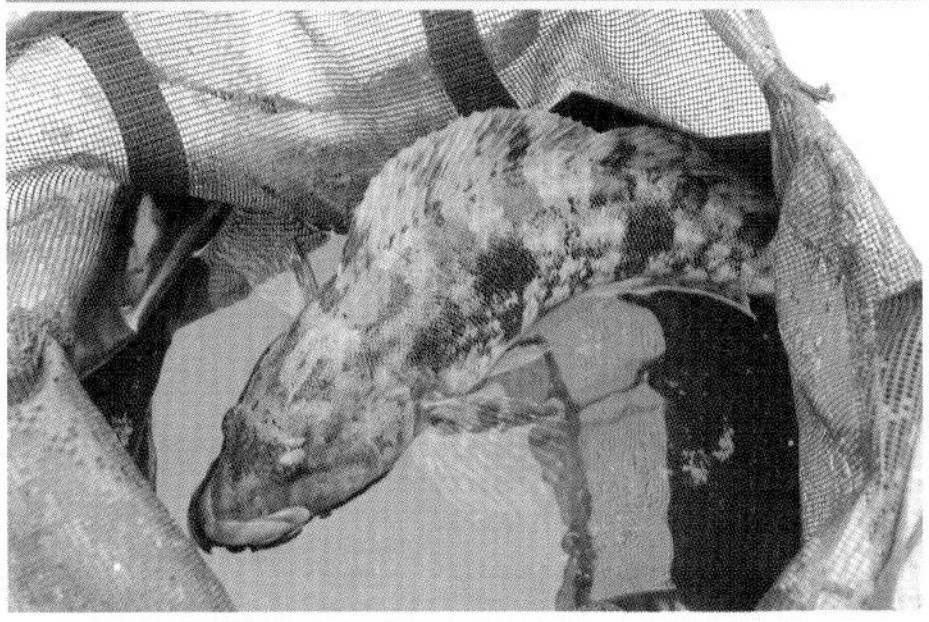

【推奨アイテム】

夏は地面の温度も高く、魚を直接置くのは避けたい。日吉屋『モバイルスカリバッグ』は、底面に水が溜まる構造で魚へのダメージを減らせる。またロープが付けられるので、口を閉じて海に入れておけば、弱ってしまった魚を回復させることができるだろう

使用するワームは厳選してパッケージから取り出し、ケースに移し替えて持ち歩く。「このほうが素早く交換できます」

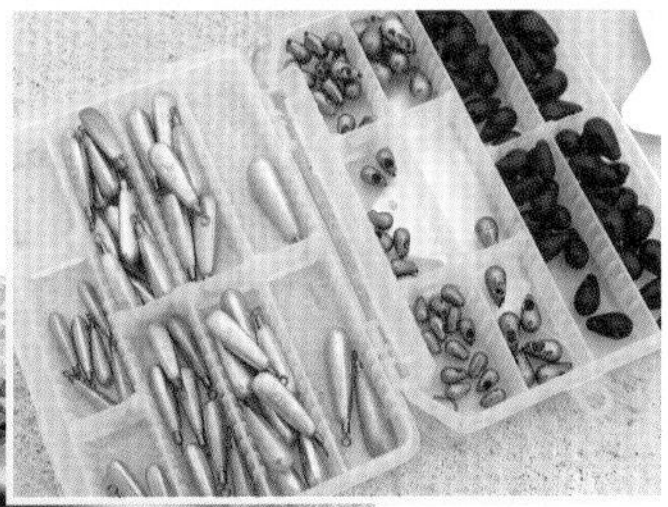

シンカーのケースには、5〜42gが入っている。足もとの釣りでは5〜21g、遠投を視野に入れるなら28〜42gの出番

するなか、しっかり釣果を上げたのは流石としかいいようがない。

ミドルエリアで釣れた理由

初見の港では、各防波堤の潮通しのよいポイントから探るのがよいという。とくに夏のアイナメは、少しでも潮のよいところを求めて移動すると考えられる。船が通る船道は絶好のポイントで、さらにシャローとディープエリアが隣接していれば最高だ。

今回は前日のウネリが残るなか、港内の深くも浅くもないミドルエリアを探ったのが功を奏した。ミドルエリアは水温などに応じて魚がシャローにもディープにも移動しやすい。それが釣果につながった要因と思われる。

ヒットエリアが分からない場合、ディープとシャロー、それぞれの状況を確認するとよいだろう。この日、シャローはまだ水温が低いうえ、藻が多く釣りにならなかった。ディープはウネリのせいで魚の気配なし。その状況から「ミドルエリアしかない」と判断できた。

「ネットなどで簡単に情報収集できる便利な時代になりましたが、釣れていないからやらないのではなく、釣り場に行って自分の目で確かめるのが何よりも大事です。あくまで情報は参考程度にして、自分の釣りとして噛み砕いていくことが上達へのキーでしょう」と三上さんは締めくくった。

1

2

5

3

4

1：48cm。35gのビフテキリグ、ワームは『リングマックスパワーオーシャン』3.6インチ　2：足もとのブロック周りではエゾメバルのアタリが多かった　3：足もとのブロック上をズル引きしてヒットに持ち込んだ一尾。14gビフテキリグ、ワームは『ロッククロー』2インチ　4：夏のクリアウオーターに有効なカラー、ボトムクローラー。35gビフテキリグ、ワームは『リングマックスパワーオーシャン』3.6インチ　5：高さのあるストラクチャーが沈んでいるポイントでは、フリーリグが有効。ワームは『ロックマックス』4インチ

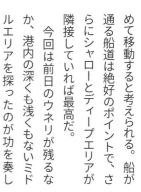

1尾目のヒットシーン。苦労して釣っただけに、思わず笑みがこぼれた。祖父の自宅が浦河にあり、三上さんにとって日高の港は子どもの頃からの遊び場

港

1尾目はヤドカリが壁から落ちるようすを演出してヒットに持ち込んだ。ワームはエコギア『ロッククロー』2インチ、シンカーはジャングルジム『ビーンTG』14g、フックは同『ダンプロッカー』#1。

55超も夢じゃない

一発大ものねらいはスピナベで！

重量級のアイナメが釣れることで
年々注目度が増している日高管内の港。
そのなかでも規模の大きい浦河港は人気だ。
6月下旬に訪れた三上顕太さんは、
難易度の高い壁撃ちで
良型を手にした。

壁撃ちに推奨するワームのカラーは、ヤドカリをイメージして三上さんが考案したハーミットクラブ。エコギア『ロッククロー』と『バグアンツ』にラインナップ

◎2枚看板の使い分け

『ロッククロー』2インチはスローにアピールさせたいときや、『バグアンツ』3インチよりもすり抜けや飛距離を向上させたいときに使用。『バグアンツ』3インチは使い手が求めるアクションに対応する万能ワーム。ボリュームのあるボディーとアピール力の大きさから初めての港でサーチルアーとして適している。なお、「バグアンツ3インチ→ロッククロー2インチ→バグアンツ2インチの順ですり抜けがよいです」とのこと

7月からハイシーズン

6月下旬、三上顕太さんが良型アイナメを求めて訪れたのは、札幌中心部から約170kmの浦河港。日高管内では最大規模を誇る港で、アイナメ釣りの開幕が早いことでも知られる。例年7月上旬にはハイシーズンに突入し、良型がねらえるという。他地域が荒れ気味の晩秋から初冬にかけても天候が比較的安定しているのも魅力だ。

「今シーズンは初めてとなる浦河港なので、とりあえず基部側から遠投しながら先端まで探ります」

そう言って、外側に位置する南防波堤にエントリーしてラン&ガンを開始。基部側のシャローエリアでは反応がなく、中間～先端部のディープエリアでの勝負になると予想したが、中間部で一度だけアイナメらしいバイトがあっただけ。2時間でエゾメバル1尾という結果に頭を悩ます。

ちょうど先行者の地元アングラーが戻ってきたので話を聞くと、「例年なら釣れだしているタイミングなのですが、今年はまだ早い感じ。今日もノーバイト」と首をかしげた。水温は低く潮位が下がっているので、堤防際にワームを落とし込んでねらうことにした。

ヤドカリパターンから

堤防の壁際にびっしり生えるコンブの中を丁寧に探り、待望のファーストフィッシュがヒットしたのは、多少水温が上がってきた15時頃。タングステンシンカーをセットしたビフテキリグの14gに、ロッククローの2インチを合わせた。ワームのカラーはハーミットクラブ。

「夏場のクリアウオーターにマッチするカラーってあるんです。エコギアでいえば、三陸リアスレッ

これまで数多くのアイナメを釣ってきた三上さんでも2kg超えはレア。良質な日高コンブが魚を大型化させる!?

スピナーベイトはアングラーにとって不利な横風、または強風下でもキャストしやすいコンパクトなボリューム感がミソ。これはコントロール性の高いブレードに加え、風の抵抗を減らして飛距離を稼げるスカート、それに根掛かりしにくい姿勢で泳ぐベンドアームが特徴だ

最大魚のヒットルアーはノリーズ『ウインドレンジ』5/8オンス・ホワイトチャートクリスタル

ド。ハーミットクラブはそれをベースにリメイクしつつ、黒ラメを使うなどオリジナリティーをプラスしています。また、ヤドカリを捕食しているアイナメにもハマるカラーで、ヤドカリが多い海藻エリアや壁際でも威力を発揮します」

時合なのか、クロソイやエゾメバルの食いもたってきた。ここで「ちょっと巻いてみます」と、スピナーベイトをセットしたタックルを手に取る。

「根が荒い場合はチャターベイトを選ぶことが多いですが、少し浮かせたければスピナーベイトと使い分けています。巻きたいスピードとレンジに合うタイプを選択するのがコツ。チャターベイトとスピナーベイトを比べると、波動の面では後者のほうが強い。チャターはどちらかというと食わせ系のタイプ」

そう話し、壁から1mほど離したラインを底ギリギリに、テロテロゆっくりとリーリングしていると、いきなり「ガツン」と強烈なバイト。ヒットの瞬間から良型と分かる強いファイトで何度も根に潜ろうと抵抗する。慎重にやり取りしてネットに収めたのは、三上さんも驚くほど極太のアイナメ!

スケールを当てると53cmと長さはそれほどでもないが、太さがありウエイトは2100gと重量級。「スピナベは一発大ものが出るのでやめられません。このアイナメはおそらくワームでは釣れなかったと思います。今日は数が出ませんでしたが、釣れたらデカいパターンでしたね。苦労してキャッチした一尾は最高にうれしい」と笑顔を見せた。

浦河では55cmを超えるアイナメも期待できる。夏休みに大ものをねらって遠征するのも面白いだろう。

スピナーベイトを使うときは、飛距離よりもコントロール重視。サイドハンドキャストを多用する

丸々としたエゾメバルも釣れた。例年なら産卵は終わっているタイミングだが、水温が低かったせいで遅れ気味だった?

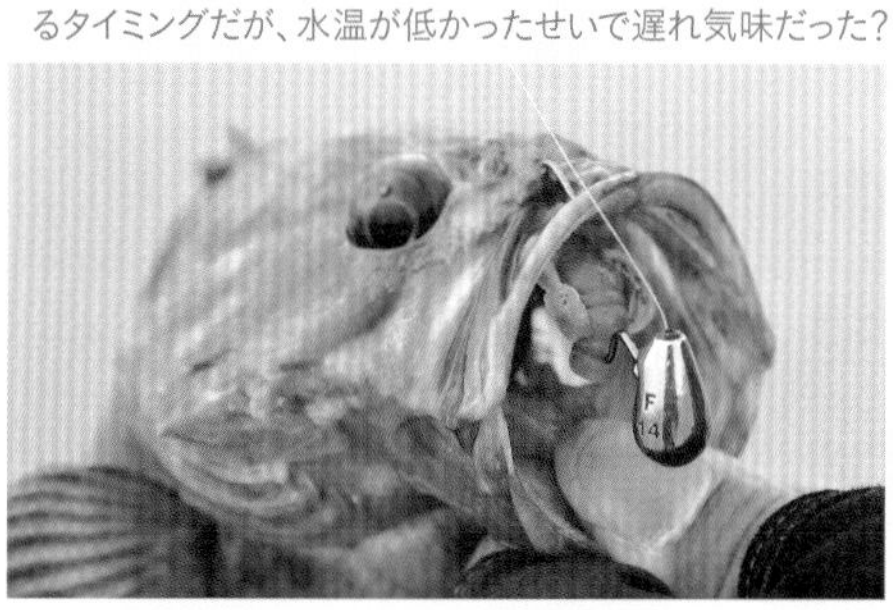

ナイトゲームでは主役になるクロソイも数尾ヒット。アイナメに負けないグッドサイズがロッドを絞り込んでくれる

【使用タックル】

(写真左)
ロッド:ノリーズ『ロックフィッシュボトム パワーオーシャン RPO78MHC2』
リール:シマノ『アルデバランMg 7』
ライン:クレハ『シーガー フロロマイスター』10lb
(写真右)
ロッド:ノリーズ『ロックフィッシュボトム パワーオーシャン RPO76XHC2』
リール:シマノ『スコーピオンXT』
ライン:クレハ『シーガー フロロマイスター』14lb
シンカーの重さとルアーによりタックルを使い分けた。スピナーベイトの場合、ブレードの大きさもタックル選びを左右する。抵抗の大きいブレードなら硬めのロッド、ブレードが小さく抵抗が弱いなら柔らかめのロッドが適している。取材時に釣った魚は、どちらも7フィート8インチのベイトタックルでキャッチ

日高管内で最大規模を誇る浦河港。約800mにおよぶ南防波堤は水深があり、良型のアイナメだけでなく、ソイやエゾメバルなどが釣れる

浦河港(浦河町)

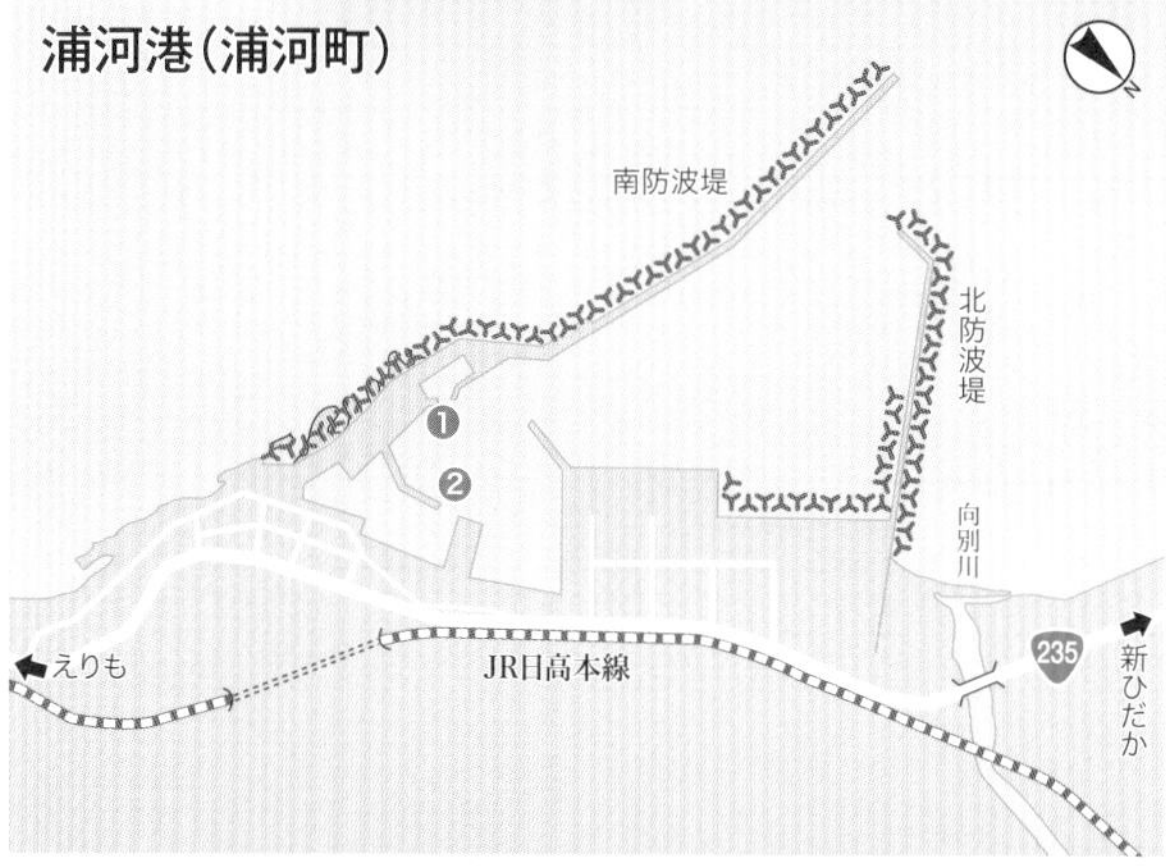

MEMO 港内は全体的に水深が浅く、根やゴロタ石があちこちにある。有望なのは①付近。沖に船道があり、そのカケアガリ付近に根があり、大型が期待できる。②は手前から船道にかけて水深変化が大きく、ゴロタ石が点在。ただし、時間帯により船の出入りが多い。11月に入ると産卵を意識したアイナメが多くなる

根魚ねらいの新しい定番?

"虫ワーム"なら夏も冬も!

トラウトでは定番の虫ルアーだが、
ロックフィッシュではどうか?
まだ愛用者は多くないとはいえ、
使い方しだいで大きな可能性を秘める。
虫をイメージしたワームの使い方を、
エキスパートがアドバイス。

文＝菊地正彦(札幌市)
Text by Masahiko Kikuchi

プラグだけじゃない!

ロックフィッシュ・ゲームでのワームシェイプを大別すると、甲殻類系と小魚系を思い浮かべるアングラーがほとんどだろう。これがトラウトフィッシングになると、セミやバッタなど虫ルアーのカテゴリーが存在する。

トラウト好きにとっては、〝虫ルアー＝トップウオータープラグ〟という認識を持っている方が多いかもしれないが、最近は〝沈む虫ルアー〟のラインナップも増えてきている。トラウトの虫ルアーといえばプラグだが、我々ロックフィッシュ・アングラーが多用するワームまで選択肢を広げると虫系の種類は多岐にわたる。そこで、〝虫ワーム〟にスポットを当てたい。

ディスタイル『SVSB』をテキサスリグでセット。根固めブロックや被覆ブロックの穴撃ちで使ってみたい。少ない移動距離、もしくはポーズしたときでも触覚が微かに動いてターゲットを魅了する

代表種はフナムシ?

ロックフィッシュねらいにおいて、私が考える虫ワームのイメ

忙しくなく動くフナムシ。どこの海にも生息する代表的な海岸動物だ

虫ワームはフリーリグで使うのもOK。深場をねらうときに適している。その場合、シンカーストッパーは付けないのが私流

「アイナメは虫ワームが好物?」と思えるほど、果敢に反応してくる

とくに厳寒期は虫ワームがハマる。一度使えばローテーション入りは必至

小さなエゾメバルでもご覧とおり、大口を開けて飛びついてきた

ージは、フナムシや蛾、はたまたエビなどをイミテートできるルアーだ。

もっとも、フナムシは「ムシ」の文字が入っているとはいえ昆虫ではない。等脚目フナムシ科に属する甲殻類の1種で、エビやカニの仲間だ。海辺近くに生息しているが、水中では暮らせない。海に落ちると少しの間は泳げても、いずれ呼吸困難になり最悪の場合は溺れてしまう。雑食で海藻類や魚の死骸、人間が置いていった食べ残しまでエサにすると言われている。魚からすると意外に美味なのかもしれない!?

見た目はゴキブリのようで敬遠されがちとはいえ、触ってみるとボディーは比較的柔らかめ。ダイオウグソクムシ（等脚目スナホリムシ科に属し、全長50㎝ほどになる世界最大の等脚目）とは違い人気はないが……。

アピール度は抜群

虫ワームをパッと見ると、細かいパーツが目につくルアーだと感じるはず。ちょっとした水流や潮の動き、そしてロッドアクションに対して機敏に反応してくれるのが特徴だ。同じ位置でシェイクするだけでも大なり小なりの水を動かし、アピール度はかなり高い。

虫ワームの存在は知っていても、まだ使っているアングラーは少ないのが現状。そのシェイプに魚も見慣れていないのか、アングラーの多い札幌近郊の港でも活躍してくれる。

見逃せないのはデイゲームとナイトゲーム、どちらでも効果的な場面があること。ロックフィッシュねらいならどこに行くときでも携帯して損はない。

どんな状況で効く?

主な使いどころとしては次のようなシチュエーションが挙げられる。たとえばストライクゾーンが狭い状況。具体的には根固めブロックや被覆ブロックの穴を攻略するときに持ち味が活きる。ブロックの裏側にアプローチし、狭い移動範囲でロックフィッシュに口を使わせたい場面で有効性を感じるはず。低水温により魚があまりルアーを追わなくなる厳寒期はとくに頼りになる。虫といえば夏だが、ロックフィッシュねらいでは冬も欠かせないルアーなのだ。

もちろん実際にフナムシをよく見かけるテトラ帯の隙間や、漁師さんの作業場付近でも試してみる価値がある。

適したリグはナニ?

私の使うリグをいくつか紹介したい。出番が多いのはテキサスリグとフリーリグ。前者については、根固めブロックや被覆ブロックの穴をねらう際、シンカーストッパーを装着する。後者はシンカーストッパーを付けずに使用することが多い。

より深い場所を探りたければ、フリーリグを選択するとよいだろう。根掛かりが気になるかもしれないが、他のアングラーが攻めきれないスポットに付く魚をねらうこともできる。

その他、ヘビーなダウンショットリグも面白い。水平に近い姿勢を維持しながらアクションさせよう。大きめの虫ワームは自重があるため、ノーシンカーでアプローチするのも手。その際は水平にフォールするようフック自重とのバランスを考えたい。

タックル選びの注意点

上記のように狭い範囲でアピールできるのが虫ワームの利点。可能な限り移動距離を抑えたシェイクで誘うには、スピニング、ベイトタックルともにファーストまたはレギュラーテーパー寄りのロッドが適している。バット近くまでダルダルのロッドはラインを震わせてシェイクするだけならよくても、ケーソンなどを乗り越えにくく、根掛かりが多発して釣りのリズムが崩れがち。あまりおすめできない。

ラインはフロロカーボン、ナイロン、PEのどれでも可とはい

シマソイもキャッチ。ソイ類全般に効く。ナイトゲームでも試したい

え、ラインスラックが出ている状態でもアタリを感じ取りやすいフロロカーボンがベターだ。

使い方と操作のコツ

リフト&フォール、ボトムバンプ、ズル引き、シェイクが基本になる。特殊な使い方として海藻にリンクさせるアプローチがある。堤防際のコンブにラインを引っ掛けながらシェイクしたり、コンブや海藻に乗せてから隙間を探るのも効果的。その際、茎の部分のほうに隙間ができやすい。その隙間から沈ませるとよい。

ところで、水中に落ちてしまったフナムシやエビが、わざわざ魚に対して食べられるような行動を取るはずがない。自然界の理念に反するアクションは警戒されやすいことを頭の片隅に入れておきたい。

常時アクションが効いた!?

まだ山に雪が残っていた頃、虫ワームで印象深い釣りを経験した。私はその日、時期的に定石といえるケーソンの穴撃ちを繰り返していた。ワームシェイプはホッグ系、クロー系、小魚系といろいろ試すもバイトを得られない状況……。魚がまだ入っていないと判断しそうだったが、ふと虫ワームでのアプローチが頭に浮かんだ。

その後は瞬く間にグッドサイズのアイナメを3尾キャッチ。水温が低く、魚の活性が上がらない状態でストライクゾーンが狭かったと推測。そんな中、虫ワームの触覚が微振動を起こしバイトに持ち込めたと感じた。

プラスして港内にもかかわらず潮が動いており、アングラー側が意図しないアクションが常時生まれ、ナチュラルな動きを演出してくれたのもよかったのだろう。常時アクションしているワームは見切られにくいうえ、魚に学習されにくい。そのため、頭のよい大ものやフィッシングプレッシャーの高いエリアでも大きなアドバンテージがある。

新しい使い方を探しに……

最後に、虫ワームはバスフィッシングを想定して開発されたものがほとんどだが、いろいろな可能性があるルアーだと感じる。魚からすると何に見えているのか? それが気になるところでも、そこに正解はいらないと思う。フナムシをイメージしても、エビをイメージして操作してもよいだろう。ルアーは本物に似れば似るだけ難しくなると言われている。固定概念を捨て、自分のイメージを大切にして楽しむのが一番だ。

ここではアイナメを想定して書いたが、虫ワームはソイ類やエゾメバルにも効果的。蛾に似たタイプはトップウオーターで真価を発揮する。新しい虫ワームの使い方を探しにフィールドに出かけてみては?

ロッドはディスタイル『BLUE TREK DBTC-610-MH』。港でオールマイティーに使えるベイトロッド。ルアーMAXは21g。レギュラーファーストアクションでクセがなく、誰でもキャスト&操作がしやすい一本。グリップエンドが短く、軽快な穴撃ちに貢献する

◎震えて沈む虫を演出!

すべて、ディスタイル

写真上から『SVSB MEGA(スーパーバイブシンキングバグ メガ)』(3.6inch・18g)、『SVSB BIG(スーパーバイブシンキングバグ ビッグ)』(3.4inch・10g)、『SVSB(スーパーバイブシンキングバグ)』(1.8inch・2.3g)、『SVSB Jr(スーパーバイブシンキングバグ ジュニア)』(1.5inch・1.5g)。いずれもボディーの中心は高比重、脚の部分は低比重にすることで、安定した飛距離とフォールスピード、キレのあるアクションを実現。フックのセットする方向によりアクションを変えることが可能。頭側は水平フォール、ダブルテールまたは触覚側はバックスライドフォールでアピールする

大型根魚に近づく マーキング付きフロロ

ソルトルアーで主流になっている
PE＋リーダーのラインシステムだが、
アイナメを始めとした根魚釣りに関しては
絶対的なシステムとはいえない。
メインをフロロにしてリグ直結も一考だ。

根掛かりが頻発するから……

アングラーにとって厄介な「根掛かり」の危険性が、かなり高いのが根魚釣り。とくにアイナメの場合、ベーシックな釣り方は堤防の際ねらい。根固めブロックや被覆ブロックが敷き詰められた底にリグを届け、狭い穴や隙間を捜して落とし込んでバイトにつなげる。これだと根掛かりしないのがおかしいくらい。磯では繁茂する海藻や荒根周りが好ポイントになり、港と同様に根掛かりは頻発する。

巻いたラインの強度を忘れないよう、パッケージに同封されている強度を示したシールをリールに貼っていた

こうした釣りでソルトルアーの定番ラインシステムであるPE＋リーダーは必ずしも最適ではない。上手く根掛かりが外れたとしても、次々に穴や根を撃っていくとフロロカーボンのリーダーでもダメージは避けられない。そうしてザラザラになった箇所を切って詰めていくうち、リーダーが短くなり新たにシステムを組み直す必要に迫られる。それではと、リーダーを長くして対処しようとすると、キャスト時にPEとリーダーの結び目をリールに巻き込むことになりライントラブルが気になる。

慣れた人でもFGノットやPRノットを組むのはそれなりに時間を要する。まして氷点下が珍しくない冬の道内で、かじかんだ手でシステムを組むのは億劫なもの。アイナメ釣りではリーダーを接続しないシステムも考えたい。その場合、メインラインは耐摩耗性の高いフロロカーボン一択だ。

メリットいろいろ

フロロというとクリアカラーのイメージを持っている人が大半だろう。クリアは「魚に警戒されにくい色」と考えている人が少なくないが、視認性を重視すると見やすい色とはいえない。

そんななかバリバスからリリースされている『ロックオン フロロカーボン』は、フロロにしてマーキング付きという画期的なロックフィッシュ専用ライン。フロロならではの高い耐摩耗性（比重1・78）を持ちながら、「見える」ということを追求。ラインの巻かれたスプールはクリアではなくオレンジ色。

このラインを初めて使用した札幌市の小林亮さんは、「たしかによく見える」と驚いたとか。磯と港、順光と逆光、晴天と曇天、どんな状況でも視認性の高さは変わらないという。リグのトレースコースを把握しやすいのはもちろん、ロッドティップに出ないバイトもラインの動きでキャッチできそうだ。そして、もうひとつ見逃せないのは「水深の変化が分かりやすい」こと。

見やすいだけでなく、水深の変化も把握できるのが利点。「一度使ったら止められません」と小林さん

たとえば港の穴撃ちでは、堤防で横に歩きながらリフト&フォールを繰り返し、よさそうな穴を探す人が多い。リグが穴に入るとたるんでいたラインが真っすぐになり、底まで落とすのにスプールをフリーにしてラインを送り出していく。このとき、色付き部分50cm、クリア部分80cmと覚えておけば、穴の深さの見当がつく。見えない底の状態をイメージしやすく、アングラーにとっては貴重な情報源。「深い穴ほど良型の可能性が高く、このメリットは大きいです」。

風の影響を受けやすい条件では、ラインがふけやすいPEラインだと「張ったときにはすでに根掛かりしているケースもあり、けっこうハイリスク」と小林さん。そんな条件でも比重のあるフロロラインの持ち味が活きる。

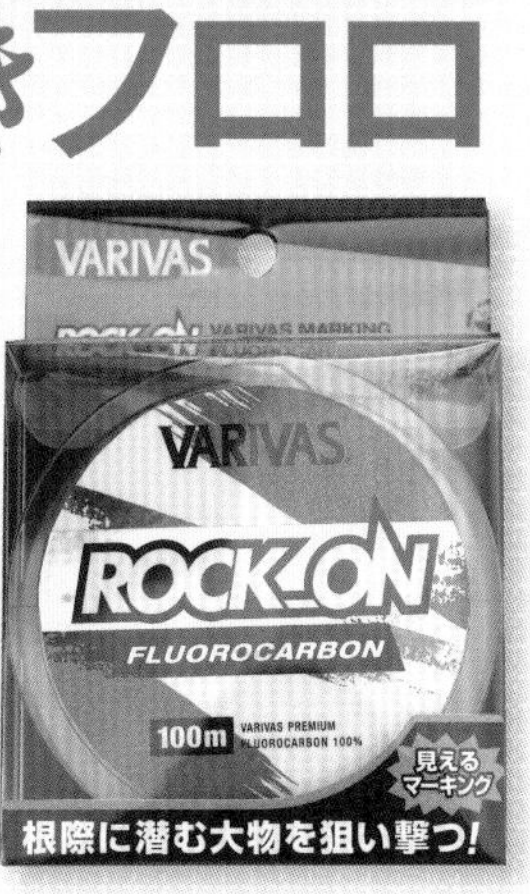

◎バリバス ロックオン フロロカーボン
ラインナップは4種類。12lb（0.285㎜）、14lb（0.310㎜）、16lb（0.330㎜）、20lb（0.370㎜）。いずれも、100m平行巻

【カラーパターン】

20cm	10cm	20cm	80cm
オレンジ	イエロー	ブラウン	クリアー

リール側 ▶

カラーはオレンジがベース

ギンポを模したルアー「カタナギ」の可能性

本州でのテスト風景。垂涎のターゲットである良型のベッコウゾイ（別名：タケノコメバル）も飛びだした

ベイトフィッシュ系のワームといえば、主にイワシを模したタイプを思い浮かべる人が多いだろうが、エクリプスが2年にわたって徹底的にテストを重ね、満を持してリリースしたのはギンポをイメージした個性派だ。そもそも北海道にはどんなギンポが生息しているのか、ルアーの特徴と併せて紹介したい。

釣りの基本は食物に合わせる

根魚釣りでも、その日のアタリパターンを見つけることができればヒット数を増やせるのはもちろん、サイズアップへの近道にもなるのは他の釣りと同様。では、アタリパターンを見つけるにはどうすればよいか？　最も簡単な方法は、ルアーをターゲットが捕食しているベイト（捕食物）に寄せてみること……つまり、マッチング・ザ・ベイトの考えだろう。

北海道におけるロックフィッシュシーンのベイトといえば、一般的にイワシやチカ、イカナゴなどの小魚、エビやカニ

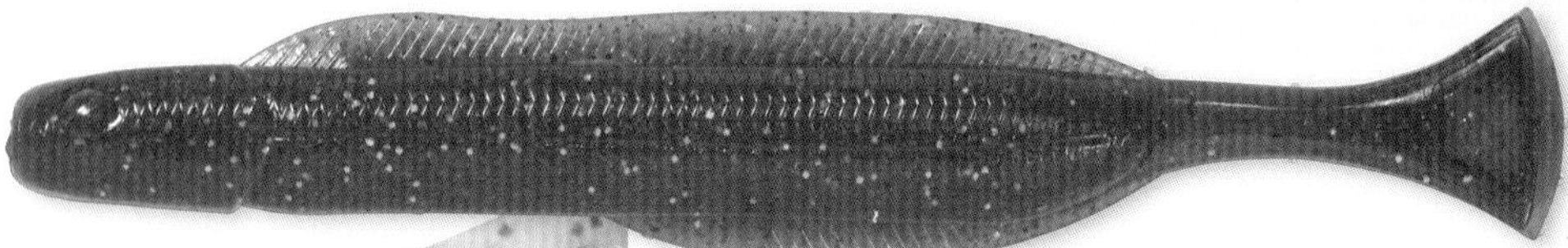

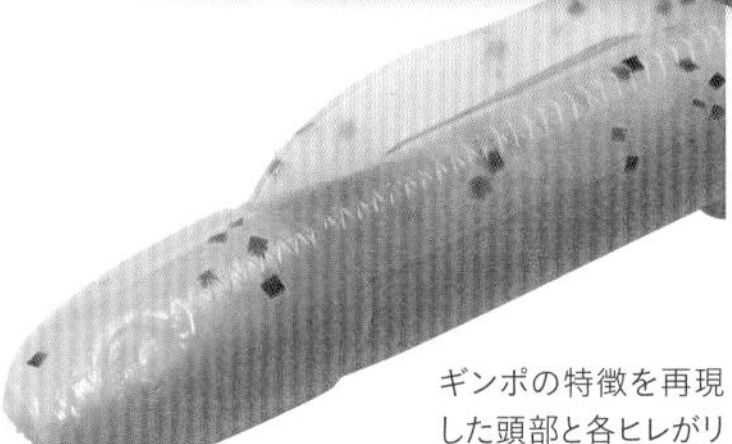

ギンポの特徴を再現した頭部と各ヒレがリアル。ヒレが波動を出して魚を誘う

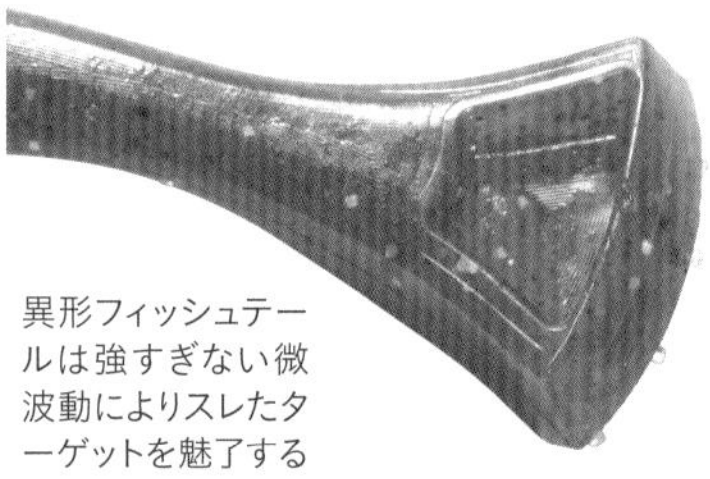

異形フィッシュテールは強すぎない微波動によりスレたターゲットを魅了する

写真はロックフィッシュやカレイの船釣りで外道としてヒットすることのあるフサギンポの良型。この種はギンポのなかでは体が太めで、最大50cmほどになる大型種

道内の人気魚種、クロソイやアイナメもご覧のとおり。テキサスやフリーリグ、ジグヘッドなど各リグに対応する

といった甲殻類、あるいはマメイカなどの軟体動物が挙げられる。そんなベイトを釣りに落とし込むと、「大きく魚系と甲殻類系のパターンに分類できます」と話すのは、エクリプスの渡部修さん。

同社では、すでに甲殻類系ワームとして『パンチングシュリンプ』を発売し好評を得ているが、このほど魚系の『カタナギ』もリリース。これは数ある魚系ベイトのなかでもギンポに着目しデザインした斬新な形状のワームだ。古くからロックフィッシュゲームが盛んな岩手や宮城県では、ギンポはカタナギと呼ばれている。

仲間には ナガヅカなども

『北海道の魚類　全種図鑑』（北海道新聞社刊）を開くと、北海道に生息するギンポと名の付く魚（標準和名）として、フサギンポ、ハナブサギンポ、ハナイトギンポ、アキギンポ、キタフサギンポ、ムロランギンポ、トンガリギンポ、ドロギンポ、ダイナンギンポ、ベニツケギンポ、ムシャギンポ、キタムシャギンポ、ムツムシャギンポ、ヒナムシャギンポ、ゴマギンポ、ケムシギンポ、フサカケギンポ、ネズミギンポ、メダマギンポ、ニセメダマギンポ、ヤセギンポ、オビギンポ、ハコダテギンポ、ニシキギンポ、ヒモギンポ、アヤギンポ、ギンポ、タケギンポ、ボウズギンポ、ヘビギンポ、ヒメギンポ、コケギンポ、イソギンポ、ニジギンポ、ウナギギンポ、ヒメウナギギンポ、実に36種が収載されている。

ギンポという名が付かなくても、同属のスズキ目タウエガジ科のガジ類や、かまぼこの原料として知られるナガヅカなども姿形はギンポと酷似している。これらも入れるとかなり多くの仲間が北海道の海に棲んでいることになる。

随所にコダワリ

魚体の大きさはさまざまで、10cm程度のものから最大50cm以上に育つ種もいるが、ギンポ類の特徴として体が細長いことで共通する。そして海藻の繁茂した場所や岩礁帯に潜んでいる種が少なくなく、ロックフィッシュとは生息域が重なる。だとすると襲われやすい小型サイズは格好のベイトになるであろうことは想像がつく。ギンポ類は総じて栄養価が高く、そんな美味な獲物をロックフィッシュが見逃すはずはない。

北の海には仲間がいっぱい

「牡蠣殻の多い地区や、消波ブロック帯に決まって潜んでいます。しかしながらギンポは捕食から逃れる術として擬態が非常に上手。ロックフィッシュにとっては美味しいけれどなかなかありつけない、そんなベイトだと想像します」と渡部さん。「ルアーのテスト中でも不思議と一回り大きい魚が釣れたり、あるいは丸のみすることが少なくない要因はそこにあるはずです」と言う。

『カタナギ』の大きな特徴は、①ナチュラル感満載の微波動を生みだす異形フィッシュテール、②食わせの要素を持たせた背中と腹側のヒレパーツ、③吸い込みやすくフッキングを容易にするソフトマテリアル採用という3点。さらにターゲットの捕食行動を後押しすべく、エビ、イカ、フィッシュという3種類のフォーミュラーを配合している。

対応リグはテキサスやジグヘッド、フリーリグ、ジカリグなど幅広い。推奨フックサイズは「テキサスならオフセットタイプの#3／0もしくは#2／0」とのこと。ちなみに根魚だけでなく、独特なダートアクションはヒラメなどフラットフィッシュにも効くそう。ケースに入れておいて損のないルアーだ。

【カラーラインナップ】

#10スカルピンゴールドフレーク

#11マットパンプキンRGFK

#12メロンゴールドフレーク

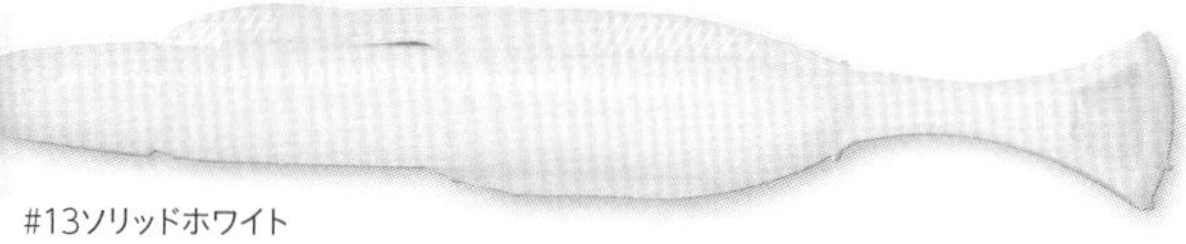
#13ソリッドホワイト

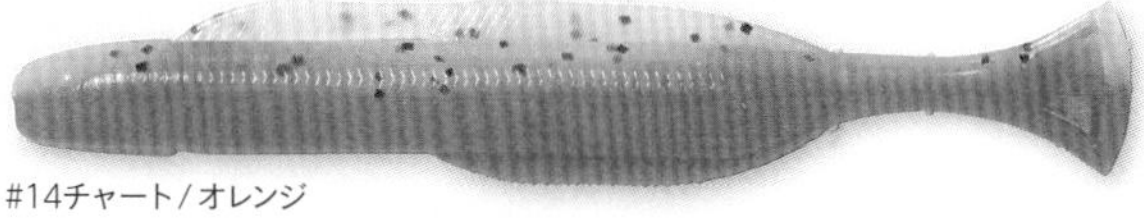
#14チャート／オレンジ

#15レッド／ゴールド

#16擬態ジュンバググリパン

#17擬態派手シャイナー

#18擬態シナモンブルーフレーク／レバーシード

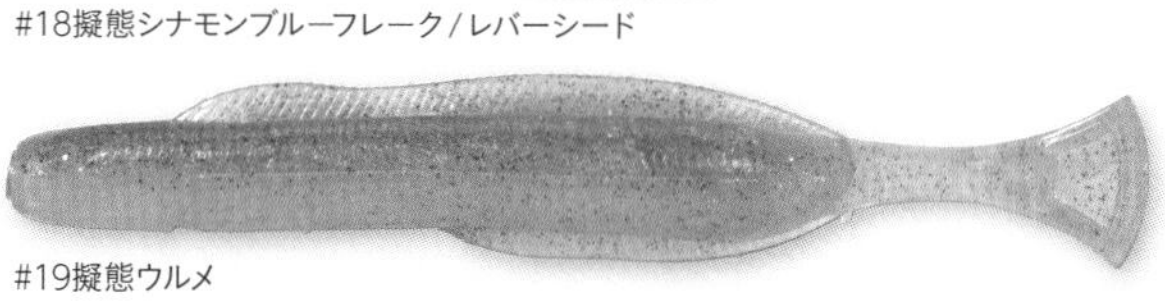
#19擬態ウルメ

●サイズ：4インチ　●入数：5本　●全10色　●価格：913円（税込）

港

8月中旬に釣った52cm。この日は追い風を受け、普段なら届かないポイントを攻略できた。ワームは『熟成アクア リングマックス』3インチ・まずめチャート、シンカーは『リングドイースター』35g

釣れる!

写真・文=柿本博喜(室蘭市)
Photo & Text by Hiroki Kakimoto

地元アングラーが明かす

室蘭港ラン&ガン

大型のアイナメがねらえることで
室蘭港は道内屈指のフィールドだが、
価値ある一尾に出会う難易度は高い。
とはいえ、釣る人は確実に釣っている。
室蘭港を舞台にしたウエルエフ主催
『パワーオーシャンカップ』で優勝経験のある、
地元の柿本さんが、自らのメソッドを公開。

盛期は6~7月でも……

年を追うごとに室蘭港は簡単に釣れなくなってきた印象を強く受けている。その原因はロックフィッシング人気に伴った人的プレッシャーの増加、立入禁止エリアの拡大、温暖化による全体的な水温の上昇が関係していると思う。とはいえ、そこはロックフィッシュの聖地・室蘭! デイゲームの主役であるアイナメはハイシーズンの6月を迎えると50cmクラス、ときには55cmオーバーというモンスタークラスが陸っぱりでも釣れる。

アイナメの最盛期は6月から7月上旬で、8月に入ると水温が上がってしまい「夏枯れ」の時季に突入する。それでも入るポイント、時間帯、誘い方がマッチすれば、室蘭らしいグッドサイズのアイナメに出会える。

釣果を上げるには、今、アイナメがどこにいるのか。何を捕食しているのか。どんな誘い方が効くのか。それを見極めることに尽きるだろう。

遠投重視のマイタックル

表面水温が20℃くらいまで上昇すると、アイナメはディープエリアに身を潜めていることが多い。ディープエリアを攻略するには、より遠くまでリグを届ける必要がある。ロッドは遠投性能を追求した9フィート以上のレングスが有効で、2オンスくらいまで対応するハードなタイプを使っている。リールはスプール系の大きい4000番クラスが飛距離を稼ぎやすい。

ラインシステムはPE0・8号

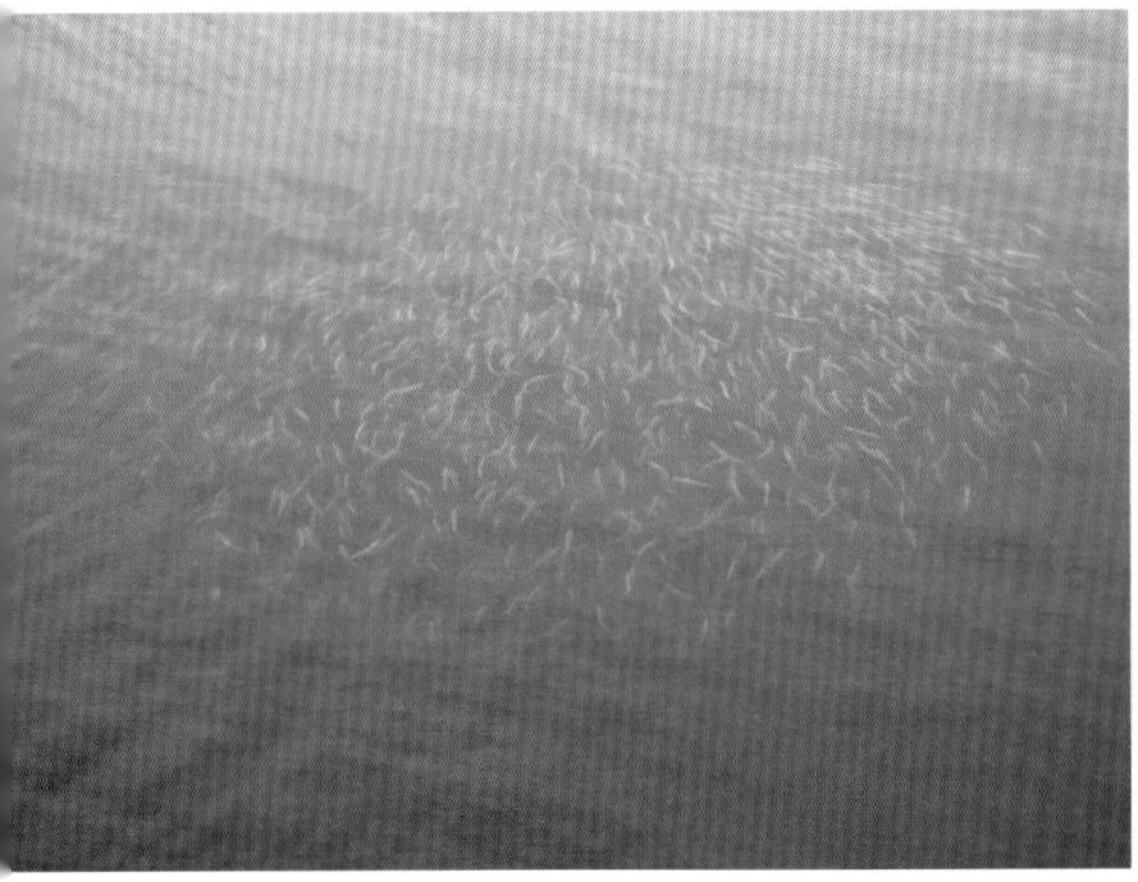

6月中旬、港内を泳ぎ回る小魚の大群に遭遇。こんなときはサビキ釣りの子ども連れで賑わうが、当然アイナメねらいのチャンスでもある

＋フロロカーボン20ポンド。リーダーに太めのフロロを選んでいるのは、できる限り浮力を抑えてボトム近くで誘いたいため。根ズレに対する強さも安心感がある。

　メインになるシンカーは35g、風向きによっては42gが欲しくなる。シンカーの形状は空気抵抗が少なく、飛距離の出る形状がおすすめ。具体的には『リングドイースター』を使用してフリーリグを組む。フックに関しては、遠くでバイトしてもしっかり刺さる細軸がベター。

　ワームに関しては、時季ごとのベイトを推測してチョイスしている。室蘭のアイナメが主に捕食しているのは、多毛類（イソメ、エラコ）、貝類（ホタテ、ホヤ）、甲殻類（カニ、ヤドカリ）、小魚（チカ、イワシ）など。

　シーズンによって捕食物は変わり、積極的に動き回る初夏は小魚をメインに捕食しながら体力を蓄えるはず。一方、夏から秋にかけてはそれほど動き回らず、目の前にきたものやボトムに定位した多毛類、甲殻類を中心に捕食しているのではないだろうか。だとすると、この時期に適したワームは2～3インチの甲殻類系やカーリーテール系だ。

　カラーは潮の濁りぐあいを見てから選ぶ。濁りが少ないならセオリーどおりナチュラルな透過系。濁りがある場合は2パターンを試してみる。1つはシルエットを強調する濃いカラー、もう1つはワーム全体をはっきりと見せるチャートカラー。これらを使い分け、その日のパターンを探っていく。

沖と際、そして朝マヅメ

　まだ水温の高い時期を攻略する際、一番大事なのはポイント選定。初夏のハイシーズンならある程度どこでもチャンスはあるとはいえ、水温が高いとそうはいかない。アイナメも人間と同じように避暑地を求めているのだろう。ポイントを外してしまうとバイトすらないことは多々。

　先述のとおり、好ポイントはディープエリアで、水深のある外海に面した場所がねらいめ。外海側のディープエリアは潮の流れがあり、水が循環しているため、水温が他の場所より上がりにくい。アイナメにとってはクーラーが効いている居心地のよい場所に違いない。

　もう1つ注目したいのは日陰。直射日光を避けられる日陰は絶好の隠れ家で、岸壁際のボトムがそれに当てはまる。岸壁際の釣り方は縦に落とし込んで誘うパターンと、壁際に沿ってキャストするパターンの2つある。

　前者は「点の釣り」になり、やり込んでいる人でないとなかなか難しいと思う。一方、後者は「線の釣り」で、キャストさえ決まれば広範囲を探れるのでヒットチャンスが増える。まずは線の釣りを試すとよいだろう。

　気温の高い日中、魚は涼しい場所に身を潜め、ジッとして動かないことが多いと考えられる。魚の捕食行動が活発化するのは、まだ気温が上がっていない朝イチ。日中に長時間釣るより、日の出と同時に2時間くらいロッドを振るのが効率的だ。

遠投パターンで50UP！

　8月中旬の釣行の一部を振り返ってみたい。その日の朝イチは雨が降っていて、日の出から少し後の午前5時からスタート。最初に向かったのは崎守エリア。風はなく太陽も出ておらず、得意とする壁際の遠投パターンから始める。が、際のボトムをゆっくり引いてみるものの、全く生命感がない。

　次に向かったのは夏の定番ポイント、外海に近いエリア。先端部には先行者がいたので、少し手前から釣り始める。が反応はなく、風が吹いてきたので追い風になるポイントを求めて移動する。

　風のおかげでキャストがしやすく、普段なら届かない場所も探れ

室蘭港（室蘭市）

MEMO 道内有数の大型港だが、近年は絵鞆漁港が立入禁止になり、アイナメ釣りが楽しめるのは通称・L字岸壁、西1号、西2号埠頭、崎守埠頭など。このなかでも立入禁止の指示があれば従うこと。大型船が停泊するので、船の出入時には場所を空けるなど作業の妨げにならないように。タモの柄は3mくらいあればOK。トイレは『道の駅みたら室蘭』にある

この魚は真っすぐではなく斜めに遠投し、カケアガリを点ではなく線で釣った。リグを障害物にぶつけては止めるメソッドを繰り返し、ストップさせた瞬間にバイト。ワームは『チヌ職人 バグアンツ』2インチ・テナガシュリンプ

この魚は潮の流れが強いポイントにキャストし、ロッドワークでボトムにタッチしたらスライドさせるメソッドを繰り返してヒット。ワームは『リングマックス パワーオーシャン』3インチ・ナチュラルピンクウィニー

るなか、遠投してボトムを丁寧にコンタクトさせながらリーリングしていると待望のバイト！　がっちりフッキングが決まった手ごたえを得られた。遠投パターンだとファイトタイムが長い。しばし至福の時間を過ごし、最後はタモに入れてランディングに成功。見事な体高を誇る52cmのナイスなアイナメだった。

常にボトムを意識する

夏は積極的にベイトを追い回すことは少なく、目の前にきたものを捕食する。そう過程すると、ワームを魚にじっくり見せる必要がある。釣り方のキーになるのは、「なるべくリグをボトムから離さない」こと。

方法は2つある。1つはロッドワークで横方向にさびくように引き、引いた分だけリールを巻くというパターン。もう1つはロッドを平行に構え、ボトムにコンタクトさせながらリールをゆっくり巻き続けるパターン。後者は巻くスピードとロッドの角度が重要になる。まずはロッドワークでゆっくりさびき、ボトムをロッドで感じるパターンを試すと感覚をつかみやすいだろう。

そして釣り場では水深、潮の流れ、風向きをチェックした後、地形変化を探す作業を行ないたい。アイナメは何かしらの障害物に身を潜めていることがほとんど。そうした障害物をいくつも探して覚え、釣行するたびにねらってみる。そんな作業を繰り返し行なえば、自ずと釣果がついてくると思う。

秋のタクティクス

アイナメの産卵期である秋を迎えると、釣り方は少し変わってくる。卵を抱えたメスの重量感はシーズンを通じて一番。手がしびれるようなファイトが醍醐味だ。ただ、メスを釣るのは本当にシビア。エサを捕食しているとはいえ、追いかけるような行動はせず、目の前にきたものだけを襲うからだ。

そこで、かなりスローにボトムを引き、食わせの間を与えるのがキモになる。最初のバイトで乗せられないと2回目のバイトはほとんど期待できない。もしミスった場合、一旦バイトがあった場所を休め、時間を置いてから入るともう一度バイトしてくるかもしれない。

オスはメスが産卵した卵を守るため、その場から離れず捕食もしないようだ。とはいえ、卵に近づいてきた侵入者を排除する威嚇行動を起こす。オスをねらう場合はメスとは逆に、リグをピョンピョン跳ねさせたり、アピール力を強くすると威嚇行動でアタックしてくることがある。このように秋はオスとメスを釣り分けられる面白い時季とはいえ、釣った後は速やかにリリースしてあげたい。

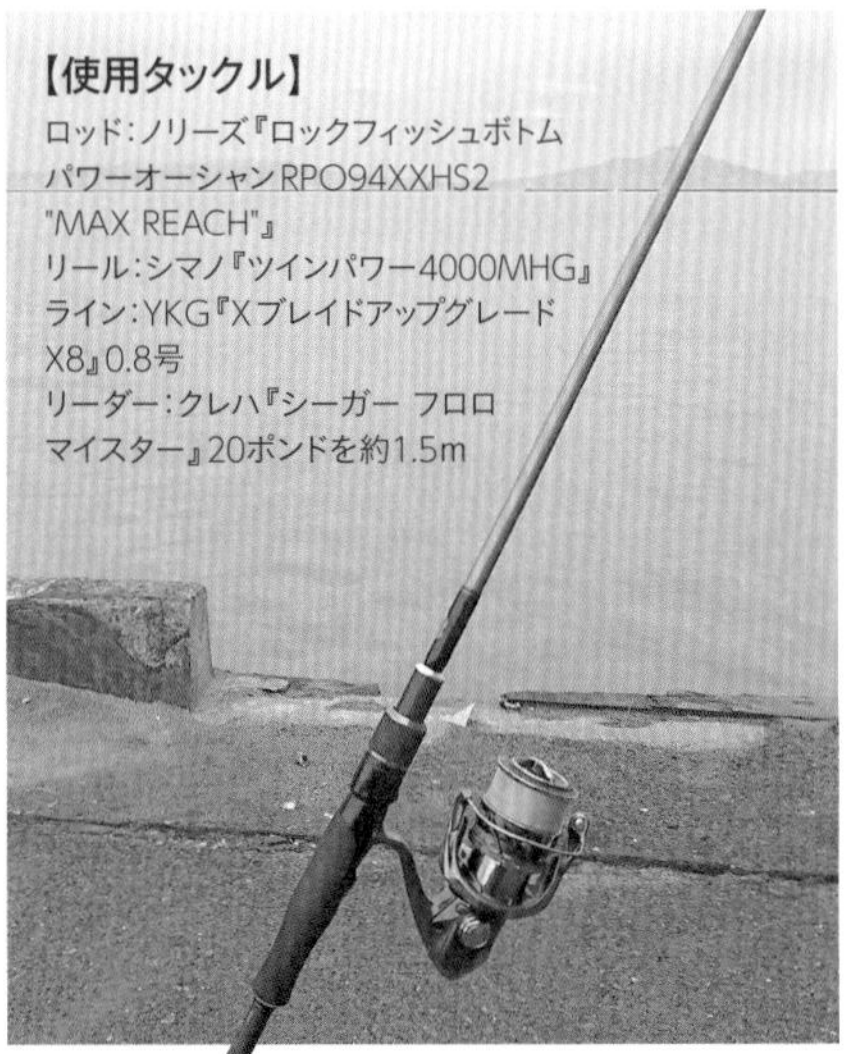

【使用タックル】

ロッド：ノリーズ『ロックフィッシュボトムパワーオーシャンRPO94XXHS2 "MAX REACH"』
リール：シマノ『ツインパワー4000MHG』
ライン：YKG『Xブレイドアップグレード X8』0.8号
リーダー：クレハ『シーガー フロロマイスター』20ポンドを約1.5m

【おすすめリグ3】

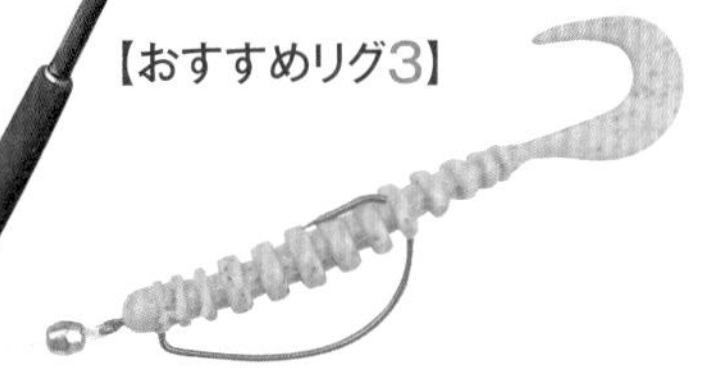

ワーム：エコギア『熟成アクア リングマックス』3インチ・まずめチャート
食いが渋いときは柔らかいマテリアルでバイトが深く、かつ匂いでも魚を寄せられる『熟成アクア』シリーズがオススメ。濁りのなかでもチャート系カラーはワーム全体をはっきり見せられる

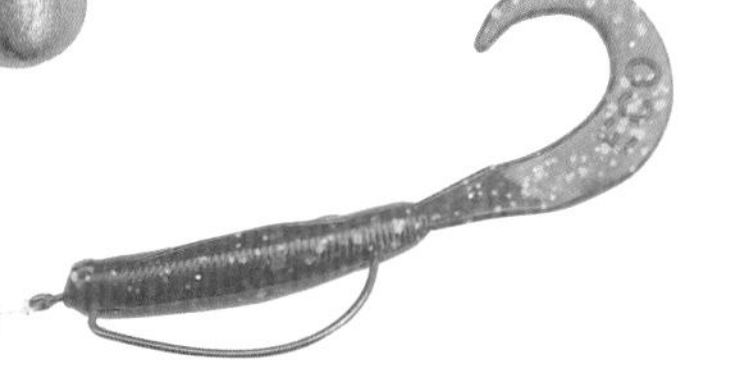

ワーム：エコギア『ロックマックス』3インチ・モンスターロックジューンバグ
厚みのあるカーリーテールが生み出す強い波動により、広範囲に散った魚を引き寄せる。このカラーは濁りのなかでもシルエットがくっきり見え、とくに夏場の日差しが強いシーンで効果的

ワーム：エコギア『チヌ職人 バグアンツ』2インチ・テナガシュリンプ
警戒心の強い魚に有効な細身シルエットと、水をつかむと抜群の存在感を発揮するレッグ＆触角が特徴的なワーム。濁りのないクリアな条件では、自然界に存在するナチュラルなカラーが強い

優勝の盾とクリスタルを持った柿本さん（左）

過去最多166人の頂点に！
『第180回 パワーオーシャンカップ 2022トーナメントツアー 北海道 第2戦 室蘭』

潮回り：中潮（干潮7:31、満潮15:29）

2022年6月26日（日）、パワーオーシャンカップ2022トーナメントツアー北海道の第2戦（ウエルエフ主催）が室蘭で行なわれた（初戦は春、函館で開催）。そこで私は、同大会参戦6年目にして優勝することができた。ここでは当日の状況を振り返りたい。参加者は過去最多となる166人！

出発の順番を決めるフライトくじにより、最初に入るポイントを3パターンほど考えていた。そしてフライトは……何と152番（笑）。出足をくじかれて逆に覚悟が決まり、選んだポイントは勝手知ったる我が家の前、『ローソン室蘭海岸町店』近く。大会の10日前に50cmを釣っていて、魚がいるのは確認済み。ちなみに大会まで10日間は全く釣りをせず、大事に温めていた。あまり人が入るポイントではないので、フライトが悪かったら最初に入ろうと決めていた。

案の定、到着すると誰もいない。シャローエリアなのでシンカーは14gを選択。当日は雨の影響で濁りがあり、ワームは『熟成アクア リングマックス』3インチのまずめチャートでスタート。ねらう場所はピンポイント。ポイントの少し奥にキャストし、ボトムにコンタクトさせながらリーリングで誘う。

開始2投目、ねらいどおり50cm弱のアイナメがヒット。最高のスタートを切り、メンタル面で凄く落ち着くことができたのはよかった。その後、同じ場所にキャストしても反応はない。そこで立つ位置を変え、同じポイントにキャスト。そうしてリーリングで誘うと40cmちょっとのアイナメをキャッチ。この後は反応がなく移動。

途中、同級生の仲間と情報交換し、向かったのは崎守エリア。ここは混雑していることが予想できたので、入れる場所がなければ最初のポイントに戻って最後まで振り続けようと思っていた。すると、一番入りたかった大本命のポイントに知り合いの姿が……。近くに入れさせてもらうと、1投目で30cmクラスが釣れてリミットメイク。

この段階で8時半、終了までまだ4時間ある。最後までここで釣ることを決意。3時間半ほどは反応がなく、ただ時間が流れていく。それでも必ず釣れるという妙な確信があり、集中力が切れることはなかった。

残り時間がわずかになった12時10分、「どこにキャストしているんだよ。そこじゃなくて、こっちだよ！」という囁きが聞こえた気がし、そこに目がけて投げる。1投目、「くるならこのタイミング」というピンポイントでひったくるようなバイトが伝わった。ランディングしたのは53cm・1900gほどの大型アイナメ。これで入れ替えに成功！

アイナメ3尾の総重量は4210g。ちなみに2位は3900g、3位は3730g。初優勝が地元という最高の結果になり感無量だった！

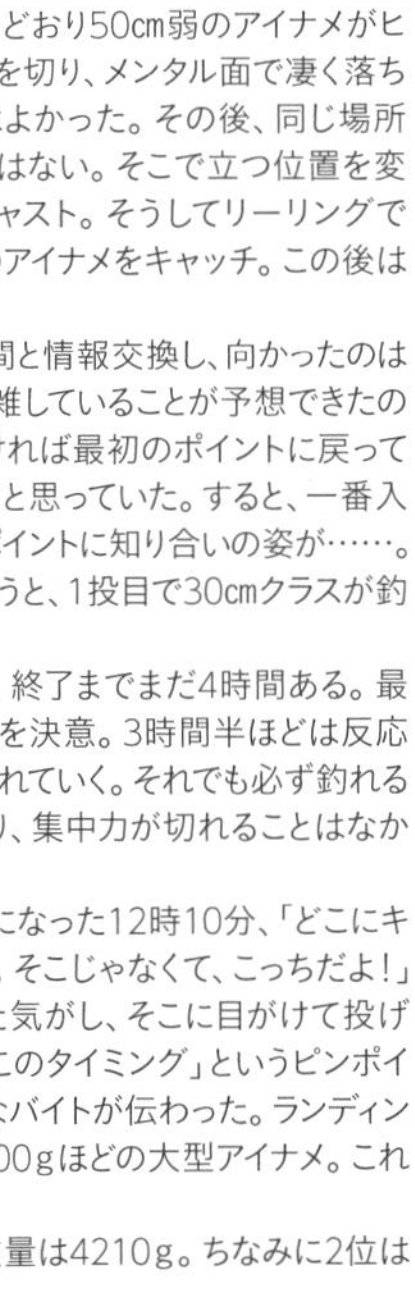

検量に持ち込んだ3尾のアイナメ

大会ののぼりを背負って記念撮影

フリーリグ派は必見

感度&遠投性◎ 専用シンカー

アイナメ釣りで使われるテキサスリグは
シンカーが重要な役割を担っている。
以前はバレット型ほぼ一択だったが、
リグの多様化が進む昨今、
様々な形状を選べる。

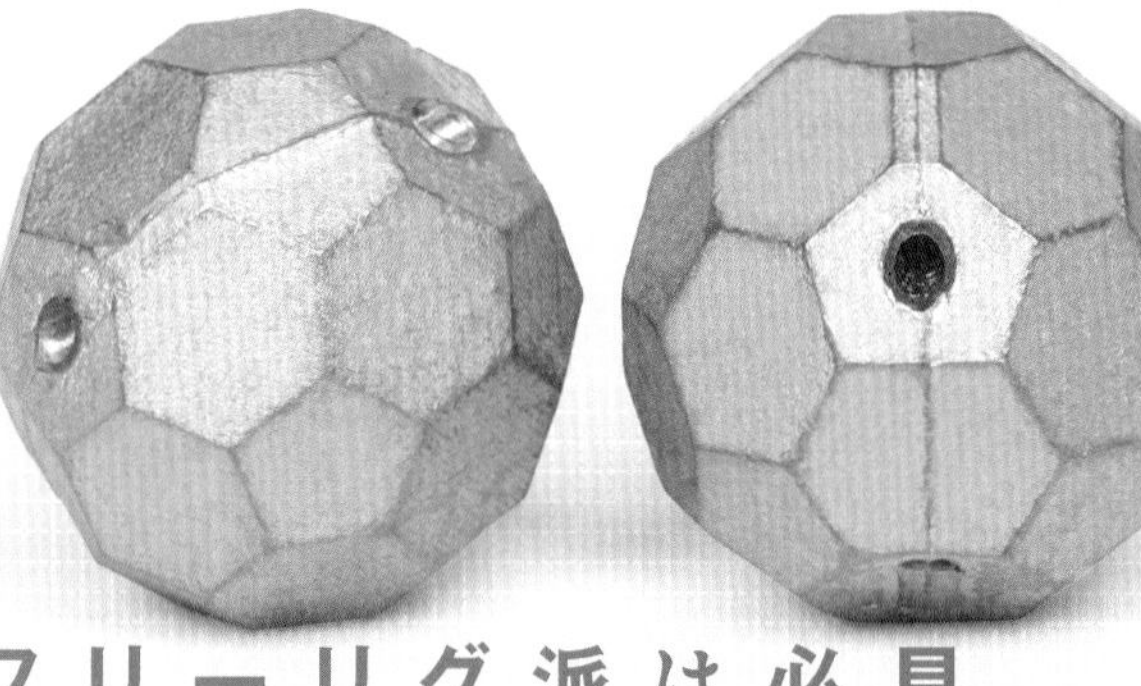

独特なシルエット

近年、アイナメねらいで使われるリグが多彩になった。一昔前はバレットシンカーとテキサスリグの組み合わせが〝黄金コンビ〟だったが、今は様変わりしている。多様なテキサスリグ用シンカーのなかでも、実にユニークな形状をしているのが、2018年春にフジワラがリリースした『リアルオベーションボトコン』だ。

ボトコンのベースは多面体のタイカブラ。それをフリーテキサスリグでの使用を視野にキャスト時の飛行姿勢、フォールやスイミング時のワーム姿勢、ボトムでの安定感、フック位置などを考慮して改良を重ねて作られた。サッカーボールを彷彿とさせる多面体構造で面も角も多く、ボトム感知性能にすぐれているのが最大の特徴だ。

石が重なり合って何段も穴ができているポイントで釣った一尾。穴の2段目から3段目にゆっくり落とす動作を繰り返しているとガツンと食ってきた

リリース当初から愛用しているアングラーに聞くと「最初に使ったとき、とにかく感度がよいことに驚きました。ボトムの情報がダイレクトに手もとに伝わるので、穴撃ちがメインになるアイナメ釣りに最適。初めて訪れるフィールドで地形を把握するのにも頼りになります。それにコスパの高さも魅力。従来の鉛シンカーと同じような価格で1つ多く入っているので……」と話す。

秋シーズンにも最適

実釣時のようすからボトム感知能力の高さを具体的に説明すると、タングステンのような重く硬い感じではなく、ブラスのような軽く弾む感じでもない。だからといってコーティングされた鉛のように鈍い感じではなく、どことなく金属的なアイナメのアタリに似ている。

そして、穴の中での転がり方は、あまり経験したことのない途中で止まる感覚が新鮮。これが丸型シンカーだとボトムまでノンストップで転がり落ちるところが、ボトコンはロッドワークによりストラクチャーの上で一瞬止めることができる。それが食わせの間につながり、ヒットに結びつくことも想像できる。

大型アイナメのメッカ、室蘭港をホームグラウンドするアングラーによると、穴撃ちのときはスタック回避に加え、ゆっくり落とし込みたいという理由で10・5gのウエイトをベースにしているという。遠投したいときは21gと28gを選び、空気抵抗の小さいストレート、カーリーテール、シャッド系ワームを組み合わせるとのこと。

なお、ボトコンはラインを通す穴が中心ではなく、端のほうに空いている。そのため、飛行姿勢が安定していて飛距離が稼げるのもよい。アイナメねらいではシーズンを通じて活躍できるシンカーといえるが、とくに秋の産卵期に持ち味が活きる。産卵期のアイナメは積極的にベイトを追わず、ゆっくりボトムをズル引きして食わせの間をつくるのが効果的。そんなシチュエーションで威力を発揮してくれるだろう。

フジワラ『リアルオベーション ボトコン』

多面体の形状だけでなく、ラインを通す穴が中心からズレているのも特徴的。このズレによりキャスト時やフォール時の姿勢が安定する効果がある。また、穴が常に上側に向くことで着底時にワームが少し浮いた状態になりやすく、魚がくわえやすい姿勢をキープできるのも利点。なおラインを保護すべく、穴にはパイプが通っている。シンカーの素材には硬質鉛を採用し感度がよく、角がつぶれにくいのもよい

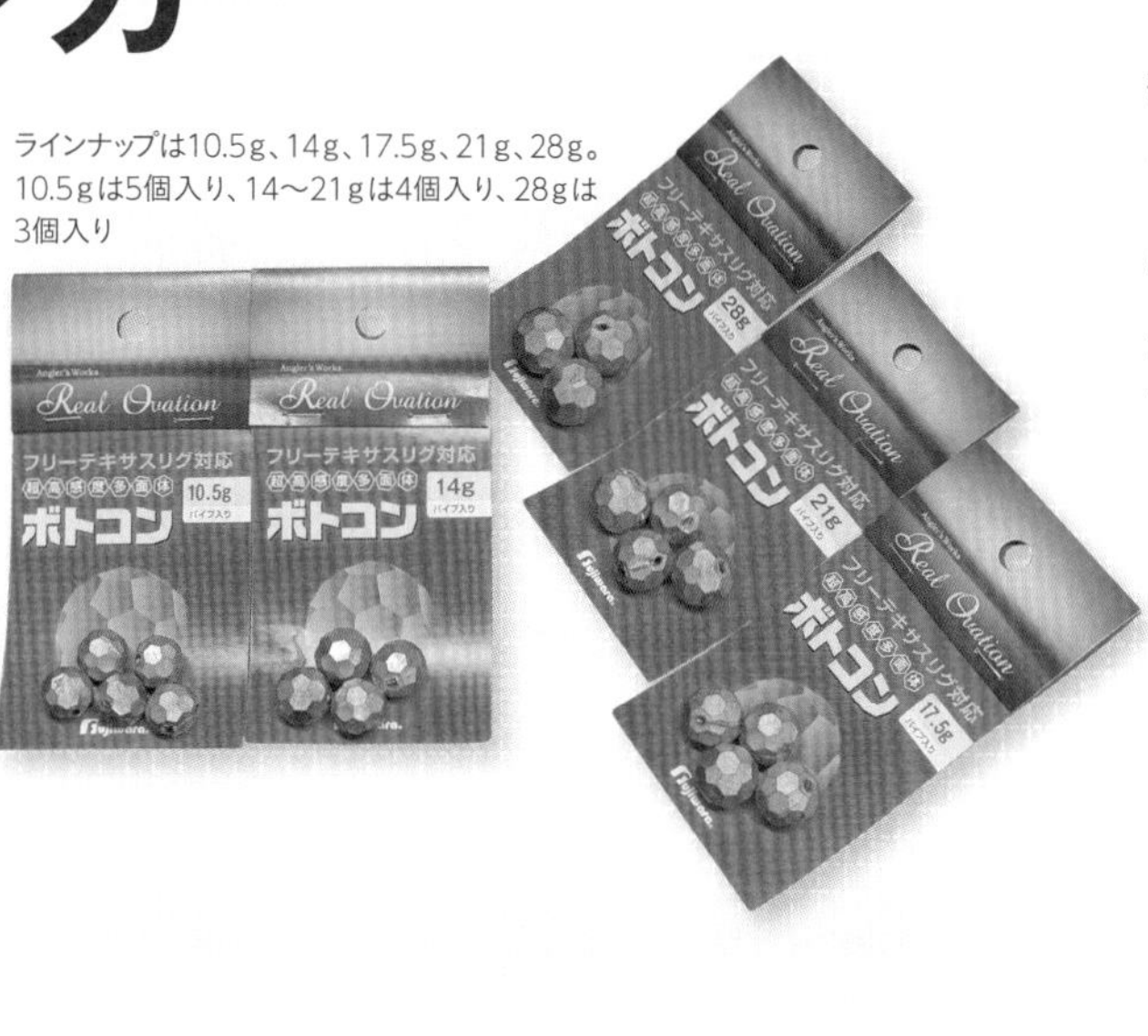

ラインナップは10.5g、14g、17.5g、21g、28g。10.5gは5個入り、14〜21gは4個入り、28gは3個入り

食いが渋く苦戦する中、本命のアイナメをキャッチした甲斐さん。うれしさのあまり破顔一笑。ロッドは『BRS-S74L-LG』、ラインはフロロカーボン6ポンド

室蘭港沖堤（室蘭市）

MEMO

渡れる堤防は南側から以下の5基

- 絵鞆防波堤/全長約400m。外海側にはテトラが積まれ、撃てるのは港内側のみ。東風に弱く、全体に水深は浅め
- 白防波堤/全長約150m。外海側にはテトラが積まれて撃てない。北風に強く、先端部の船道にかけて水深がある
- 赤防波堤/全長約190m。西側はテトラ帯でねらえるのは東側。荒天に強い。一年を通じて釣果が安定している
- 南外防波堤/全長約800m。外側の根もとに消波ブロックが沈んでいて起伏が激しい。魚影は多いが根掛かりに注意
- 北外防波堤/全長約1300m。崎守側はシャローで、南に向かって徐々に深くなる。風の影響を受けやすいのが難点

港

ライトリグが本領を発揮する時

ラインの使い分けも重要

港でロングロッドやヘビータイプによる遠投メソッドが主流になっているなか、ライトなスピニングタックルをメインにして好釣果を叩き出している甲斐隆之介さん。室蘭沖堤の取材をとおし、釣るヒントを探る。

学生時代のホームは小樽

6月上旬、ロックフィッシュの聖地・室蘭港の沖堤に降り立ったのは、石狩市の甲斐隆之介さん。子どもの頃から釣りが大好きで、高校時代は電車に乗って何度も小樽港を訪れた。大人になり車を購入してからは全道各地に遠征して経験を積み、腕を磨いてきた。

ルアーによるロックフィッシュ・ゲームをこよなく愛するアングラーだが、とくにワームのライトリグが得意。近年は遠投に有利なロングロッドや、重いリグを

開始早々にロッドを曲げたのはクロソイ。水深のある室蘭沖堤で良型クロソイのヒットは珍しくないが、思いのほか岸近くできた

この日は『North Angler's TV』の撮影も同時に行なった。プレッシャーの掛かる条件下、ヒットシーンを連発したのは流石の一語

使えるヘビータックルが主流になっているが、食いの渋い魚に口を使わせられるライトリグに魅力を感じるという。その背景には釣り人が多く、スレた魚ばかりの小樽港がホームグラウンドだったことがあるようだ。

その後、どこの港でもコンスタントに釣果を出しており、取材を行なった室蘭港沖堤でもライトタックルをベースにプランを立てた。遠投用やヘビーシンカー用のタックルも用意しているとはいえ、「状況を見極めるのが大事」と話す。甲斐さんに同行し、ライトタックルの適した場面を探ってみたい。

7gシンカー＋3インチワーム

この日は渡船者が多く、取材班が乗船できたのは3便目。目的地の南外防波堤に着いたのは午前6時30分過ぎだった。先に出港した多くの人はヒラメねらいで北外防波堤に渡ったよう。南外防波堤の先行者は思いのほか少ない。それでも水深のある先端側には人が集まり、甲斐さんは中間部に釣り座を構えた。当日の満潮は4時47分、干潮は12時2分。ほぼ満潮からスタートし、干潮でストップフィッシングになる。

最初に手にしたタックルは、7フィート4インチのライトパワーロッドに6ポンドのフロロカーボン。7gのシンカーに3インチワームという組み合わせ。このスタイルをベースにして状況によりタックルを持ち替え、ライトタックルで探りきれないポイントをフォローしていく作戦で臨む。

事前情報では水温が低く、魚の活性は高くないとのこと。まずはボトムを探ってみるそうだが、最初に季節や状況に応じての基本的な釣り方を聞いてみた。

「アイナメのいるポジションや状況は時季によって違います。春先は渋いと想定してねらいます。渋いときはボトムに対して魚がタイトに付いていることが多い。冬はブロックの中、春先は入り口、そして水温の上昇とともに上に出てくる感じです。とはいえ、渋いときはブロックの上から離れてまでワームを追いません。一方、ハイシーズンはワームを底から浮かせてスイミングでも食ってきます」

この日はブロックの上に魚がいると考えられ、ワームを這うように操作してねらう。開始早々にロッドを曲げたのは良型のクロソイ。ソイは浮遊力が高く、高活性時は中層のスイミングでも食ってくるが、この魚は意外にも壁近くで、しかもベタ底で食ってきた。活性が低いのかと思われたが、3インチワームを丸のみするほど深いバイトが印象的だった。

その後はショートバイトが多発し、エゾメバルが連発。ワームのアクションを変えるため、7gのビフテキリグにチェンジした。

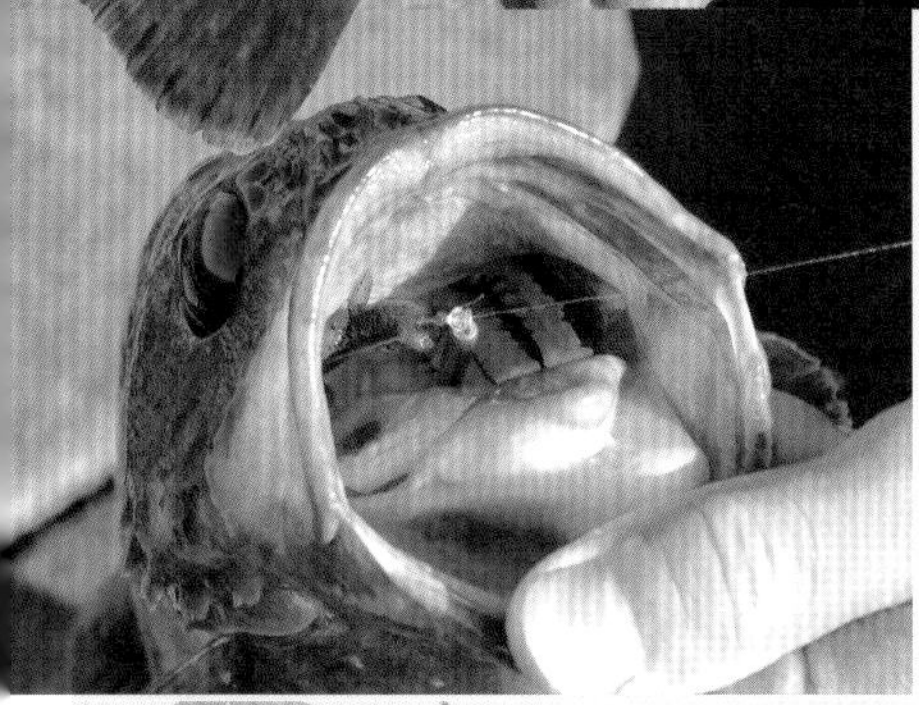

ワームは『シザーコーム』3インチのバンノウメロン。シンカーは7g。フリーリグを丸のみするほど深いバイトが印象的だった

「サイズアップをねらいます！」と宣言した後、「室蘭沖堤でこのサイズは初めて」と言う手のひらサイズのアイナメを釣ってスタッフの笑いを誘う

ショートバイトの主は予想どおりエゾメバル。外道扱いされやすいとはいえ、春は30cmオーバーの実績があるので侮れない

取材時の南外防波堤は水深のある先端側が人気。ロックフィッシュねらいの他、投げ釣りやブラーでカレイ釣りを楽しむ人の姿が見られた

重量感のある強い引きにロッドが弧を描き、膝を曲げて対処する。焦らず慎重に寄せる

姿を現わしたのは1尾目より大きいクロソイ。足もとにきてからも激しい抵抗を見せた

お腹がパンパン。ビフテキリグでシンカーは7g、ワームは『シザーコーム』3インチのバンノウメロン。ロッドは『BRS-S74L-LG』

魚のポジションをつかむ

本命のアイナメがヒットしたのはビフテキリグに替えてすぐ。ラインが細いので無理はできない。根に潜られないよう魚をコントロールし、無事ランディングネットに収めたのは50㎝には3㎝足りなかったものの、重量のある室蘭サイズに笑顔がはじけた。

「7gのビフテキリグで1尾キャッチできたので、状況を確かめるためベイトタックルに持ち替えます。壁際なども含め、ケーソン周りをチェックします」

ベイトタックルでは14gのフリーリグ、ワームは2・8インチ。ライトリグで釣ったアイナメはベタ底に張り付いており、あまり上までワームを追わないと推測。リグを替えてもなるべくボトムから浮かないスピードで探る。それで反応があれば今の魚のポジションを把握できるというわけ。

しかしノーバイト。もう一度スピニングタックルで7gのビフテキリグを試す。ワームはシルエットが大きくアピール力の高い2・8インチ。ねらうのは近距離のブロック周り。が、状況は変わらない。

次に試したのは10gのフリーリグ。アタリが遠のいたので、シンカーの沈みが速いスティック型に変更し、フォールスピードの違いによる魚の反応を確かめるのがねらい。ラン&ガンしながらようすをうかがうが、風と潮が強くなり、フロロカーボンでは釣りにくくなってきた。

そこでロッドはそのままで、PE0・6号を巻いたリールにチェンジ。7gのビフテキリグで、ワームは3インチに戻す。1投目

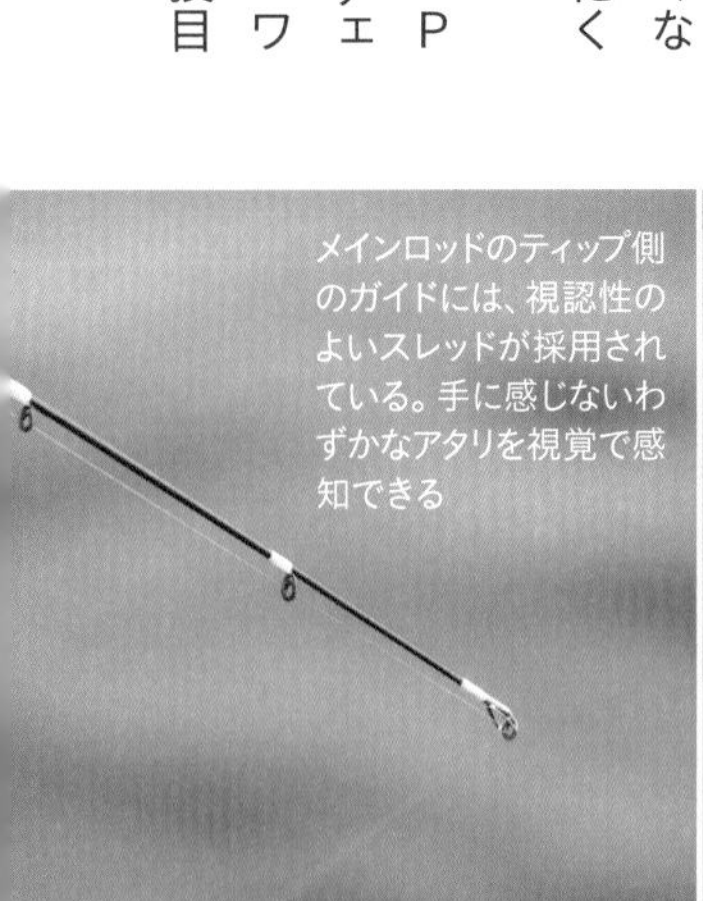

メインロッドのティップ側のガイドには、視認性のよいスレッドが採用されている。手に感じないわずかなアタリを視覚で感知できる

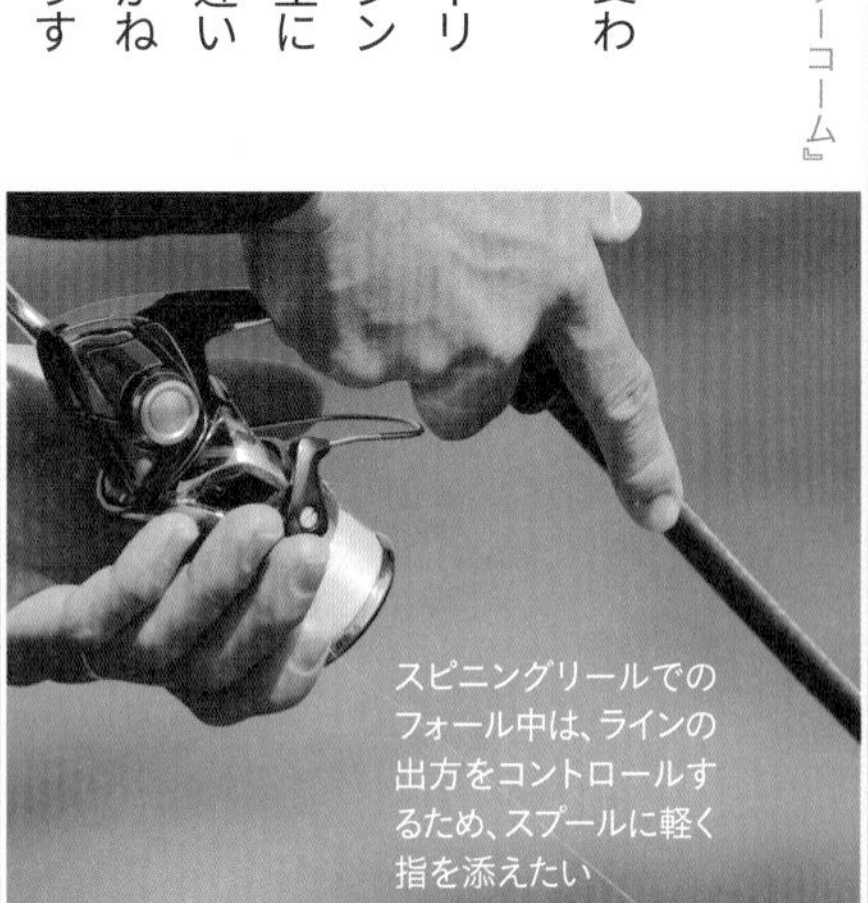

スピニングリールでのフォール中は、ラインの出方をコントロールするため、スプールに軽く指を添えたい

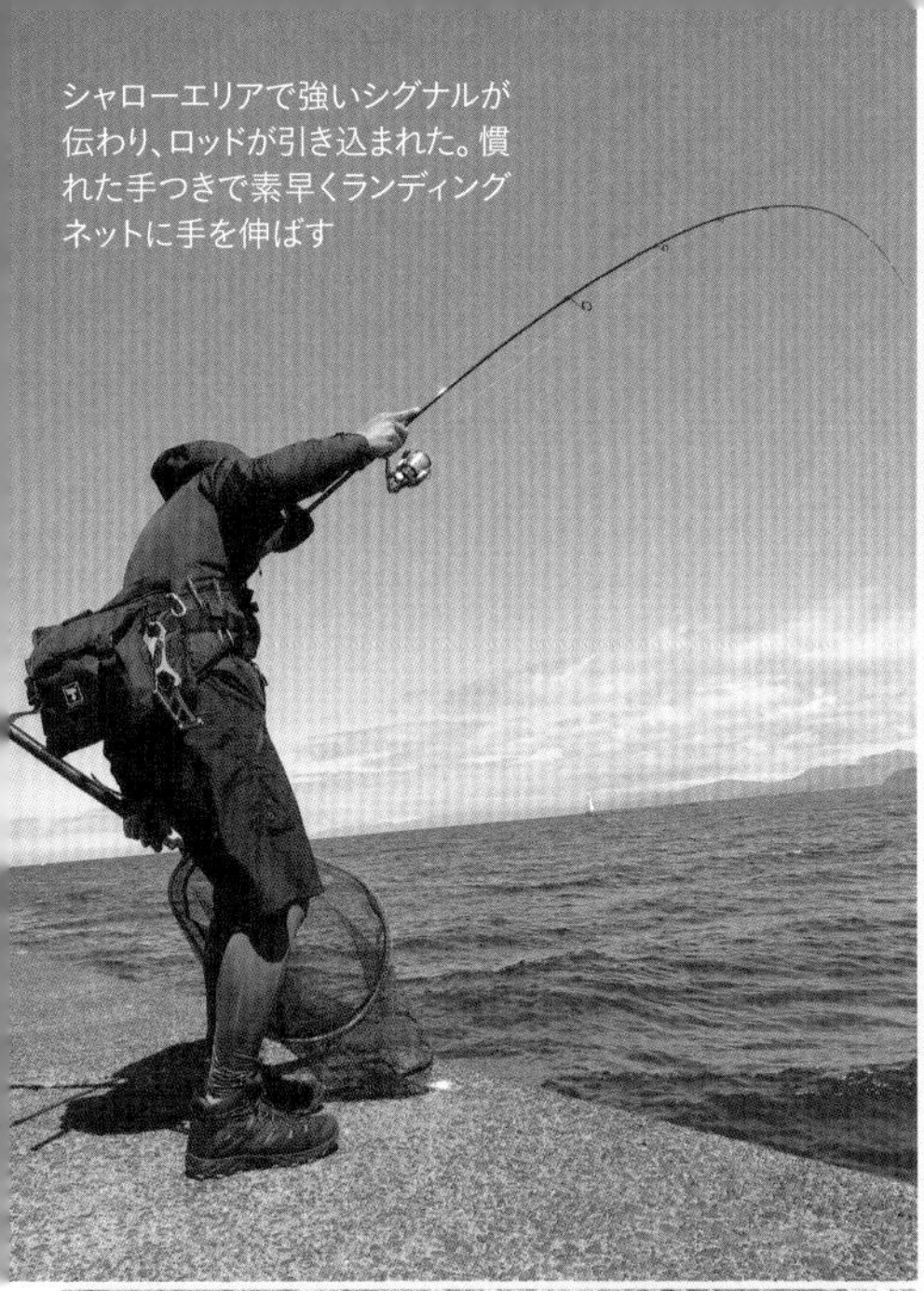

シャローエリアで強いシグナルが伝わり、ロッドが引き込まれた。慣れた手つきで素早くランディングネットに手を伸ばす

甲斐さんは高校時代、休みのたびに札幌の自宅から始発電車で小樽港へ行き、釣りをして最終電車で帰るほどの釣りキチ。その頃からライトタックルを好み、今のスタイルにたどり着いた

基部側のシャローエリアは釣り人が少なくラン＆ガンしやすかった。ここは秋、産卵を意識したアイナメが集まるポイントでもある

でサイズアップとなるクロソイをキャッチ。ラインを変えることで操作性がアップしたのが奏功したようだ。

得意のスタイルで！

風が強くなって波も立ち始め、水深のある中間部だと甲斐さんが得意とするスタイルでは攻めにくい。そこでシャローエリアに移動。水深の浅いエリアは軽量リグを使え、得意のスタイルで釣ることができる。

すぐに手前のブロックの上で今日イチのアタリ。が、残念ながらフッキングにはいたらない。とはいえ、手前に魚がいるのは分かった。ここでヒットゾーンを長く探るため、斜めにキャストを繰り返す。

次のバイトではフッキングが決まり、アイナメをキャッチすることに成功。ヒットしたのは壁際から2mほど離れた場所。壁際よりも一段低い所で、「おそらく根固めブロックと被覆ブロックの段差の部分できました」と言う。

干潮で潮位が下がったタイミングでは、手前だけでなく9フィート6インチのロングロッドに持ち替え、ライトタックルで探れない沖根を撃つ。ところが、結局釣れるのは手前ばかり。操作性のよい7フィート4インチのロッドが活躍した。

PEとフロロの使いどき

甲斐さんによると、7フィート4インチをメインにする利点は、硬いロッドよりもティップの入りがよいことを挙げる。ワームを操作しているとき、軽いリグでも重さを感じ取るのが容易で操作しやすい。柔らかいロッドは飛距離を出しにくいものの、食わせる能力は高いそう。近～中距離で理想的なワームの動きを演出できるのもよいという。

また、同じロッドでもフロロカーボンとPEラインを特性の違いで使い分けている。比重の違いでPEラインは浮き、フロロカーボンは沈む。当日は前情報で渋いと分かっていたので、朝イチはリグが浮かないようフロロカーボンを使用。ブロックの上を這うようなイメージでタイトに探った。

しかし途中から風が吹いて潮の流れが強くなり、フロロカーボンと軽いリグでは思うような操作ができなくなった。風と潮に負けないようリグの重さを上げるに

目標の50㎝には届かなかったが、室蘭らしいウエイトのある良型をキャッチ。ヒットゾーンは近く、壁から2mほどだった

14gのフリーリグでクロガシラガレイをゲット。ワームは『チャンクロー2・8クロダイバージョン』リップライソガニ。6フィート10インチのベイトロッドに持ち替え、壁際1～2mの間をズル引きで探ってヒットにつなげた

【使用タックル】写真左から

ロッド：ジャッカル『陸式アンチョビドライバー ADR-S96ML』
リール：ダイワ『セルテートLT3000-CXH』
ライン：メジャークラフト『弾丸ブレイド クロス X8』0.8号
リーダー：ジャッカル『レッドスプール』12〜14lbを2mほどFGノットで結束
21〜30gのリグを想定した遠投用。ティップがしなやかでベリーからバットにかけて張りが強く、遠くのバイトもフッキングしやすいロングロッド。ロッド自体が軽いので細かなアクションを加えやすく、仕掛けていく釣りにマッチする

ロッド：ジャッカル『陸式アンチョビドライバー ADR-S86M』
リール：シマノ『ステラ2500S』
ライン：メジャークラフト『弾丸ブレイド クロス X8』0.6号
リーダー：ジャッカル『レッドスプールレグナム』10〜12lbを2mほどFGノットで結束
28gまでのリグを扱える中〜遠距離用のタックル。全体的にパリッとした張りのあるロッドなので、リアクションバイトねらいの強いアクションを入れやすい一本。8フィート6インチというレングスは取り回しがよくラン&ガンに向く

ロッド：ジャッカル『BPM BRS-S74L-LG』
リール：シマノ『ヴァンキッシュ2500S』
ライン：ジャッカル『レッドスプール』6lb
港でメインに使う、近〜中距離用のタックル。14gまでのリグに対応。ライトゲーム用ラインとの組み合わせにより、軽量なリグを快適に扱える。全体的にしなやかで、ボトムのズル引きはもちろん、スイミングアクションでも使いやすい

ロッド：ジャッカル『B2-C610M』
リール：シマノ『メタニウムMGL』
ライン：ジャッカル『レッドスプール』10lb
21gのリグやチャターベイト、スイムジグなどのハードルアーを扱えるベイトタックル。壁際やケーソン周りの近距離用。ベイトの中ではしなやかなロッドなので、巻きもの系のルアーでも食い込みがよい。よく曲がりバレにくいのも特徴

ワームをチェンジ中の甲斐さん。沖堤では荷物を最小限に抑え、必要な物をバッグに入れて軽快にラン&ガンする

【おすすめリグ】

ワーム：ジャッカル『シザーコーム』3インチ・バンノウメロン
シンカー：ジャングルジム『ビーンズTG』7g
フック：バリバス『本気フック REVIVAL5』#3
シザーコーム3インチは細身で水押しが弱いのが特徴。動きがうるさすぎず魚に警戒心を与えにくい。アピールより食わせに寄った感じで、バイトがあってもフッキングしない場面などで有効。甲斐さん監修カラーのバンノウメロンは水なじみがよく、クリアからマッディウオーターまで幅広く対応。まさに"万能"なナチュラルカラー

ワーム：ジャッカル『ウェーバーシュリンプ 2.8"クロダイver』UVカメジャコ
シンカー：ジャッカル『JKタングステンカスタムシンカースティックDS ROUND EYE』14g
フック：バリバス『本気フック REVIVAL5』#3
シザーコームより短くてもシルエットが大きくアピール力がある。水押しが強いアピール重視系で、リグの重さを問わず合わせやすい万能型。UVカメジャコカラーは一見、ウオーターメロン調のボトムベイトカラー。クリアウオーターで効く色味とはいえ、紫外線による発色が見逃せない。曇天や濁りの中でもシルエットをハッキリと出すことができ、「ここぞ」という場面で価値ある一尾を導いてくれる頼もしいカラーだ

ワーム：ジャッカル『シザーコーム』3.8インチ・セクシーウィニー
シンカー：ジャッカル『JKタングステンシンカーバレット HEAVY TYPE』28g
フック：バリバス『本気フック REVIVAL5』#1/0
スリムなボディーに4対のシザーアームと2本のロングテールを備える。3.8インチでも絶妙なバランスで逃げ惑う甲殻類のようなナチュラルな微波動を発生する。ウオーターメロンとクリアピンクのツートーンで構成された、甲斐さん監修のセクシーウィニーカラー。ボトムになじませるブラックフレークと、ベイトフィッシュをイミテートするオーロララメを散りばめ、どちらのベイトにも見せることができるのが武器

予備のワームやシンカー、飲食物、防寒着などはロッドホルダー付きのタックルコンテナに入れ、ベースになる場所に置いておく。写真はジャッカル『タックルコンテナ ショアゲームモデル』

ワームはカラーやタイプ別に分け、ケースに入れて持ち歩いていた。こうすると使いたいものがひと目で分かり、交換がスムーズに行なえる

も、柔らかいロッドに伸びのあるフロロカーボンだと操作性がいまひとつ。そこでPEラインを巻いたリールにチェンジした。

フロロカーボンとPEではワームの動きが変わってくる。同じボトムを探るにしても、フロロカーボンはライン自体がリグと一緒に沈むので、底を這うように手前に進む。ロッドを持つ手もとには、ボトムにゴツゴツと当たる感じが伝わってくる。一方、PEはラインが浮くので上方向への力が働き、リグが浮き上がりやすい。そのためティップでアクションさせ、ボトムタッチは軽くコンコン当てるイメージで操作するとよいそうだ。

渡船つりぶねや
室蘭市祝津町1丁目127-12
予約TEL.090・1644・3588
渡船料金は日中コースで1人3,000円。当日は受付で乗船名簿に必要事項を記載してから乗船するのがルール

つり人社の本
好評発売中！

定価：1,980円（税込）
A4変型判／100ページ

北海道 海ルアー白書 船釣り編

手軽にねらえる北の美味魚がずらり!

十数年前、船のジギングといえば、ターゲットはほぼブリー択だった。それが今では、花形ターゲットのサクラマスは道内各地で釣れることが分かってきた。陸っぱりの人気魚種であるロックフィッシュはさまざまな釣り方が試行錯誤され、タイラバやインチクでも実績が上がっている。イカも従来の釣り方とは一線を画す、メタルスッテ・ゲームの愛好者が増えている。昨今、「ルアー歓迎」の船は増加の一途をたどり、「船釣りは敷居が高い」というのは昔話。本書では、比較的ライトなタックルを使用し、遊漁船に乗って手軽に楽しめる船ルアー釣りの魅力をさまざまな角度から取り上げる。

お求めはお近くの書店、または釣具店で。つり人社ホームページ（https://tsuribito.co.jp）からもご購入いただけます。

問合先　つり人社営業部／TEL03・3294・0781

港

港で30UPソイを叶える

パワーフィネス＆ジグヘッドリグ

パワーのあるスピニングロッドとPEライン、そして軽量リグで臨む“パワーフィネス”のスタイルは、夜の港のソイねらいに適している。冬の岩内港を舞台に釣果を上げる秘訣を、仕事終わりの「ちょいロック」が得意な野場一志さんの釣りから探る。

1回目の釣行時にキャッチした30㎝アップ。リグは『VIROLA』5inchカモフラ＋ジグヘッド5.2g。岸壁から2mほどのシェードにリグが入った瞬間にきた

中層をねらうときはロッドを立て、シェイクを入れながらゆっくり巻いていた。その間、フォールを交え、反応のあるレンジを探っていく

5時から男

雪の便りが聞かれた11月上旬。午後5時ともなれば辺りは暗くなり、夜行性の魚は活発に行動を開始する。自称「5時から男」、小樽市の野場一志さんは、アフターファイブになると海を照らす明かりに心が躍るという。港のソイねらいは日没後からが時合。常夜灯の明かりにプランクトンが集まり、それを捕食する小魚が集まってくる。暗くなるのが早いと仕事終わりに釣りを楽しめ、実釣時間が長く取れるのもよいようだ。

野場さんと訪れたのは、積丹半島西側の付け根に位置する岩内港。岩内観光協会のホームページには、「岩内港では四季折々たくさんの種類の魚が釣れます。特に春先はホッケが回遊して入れ食いすることもあります。他にもマ

リーリングスピードはジグヘッドの重さやワームの形状、そしてレンジによって変える。1秒1回転の速巻きからスロー巻き、連続シェイク後にラインスラック分だけを巻き取るなど状況に合わせて行なう

2日目はタマヅメから実釣。空が明るい時間帯はレンジを下げ、ボトムを中心にねらうとバイトを得られやすい

常夜灯近くでは、立ち位置によって自分の影が海面に伸びることがある。屈むなどして海面に影が映らないように注意したい

ショートバイトが多いため、ひと口サイズの『D2 HOG』2インチを投入。アピールカラーのバブルミミズに替えるとミスバイトが減り、1キャスト1ヒットの入れ掛かりに

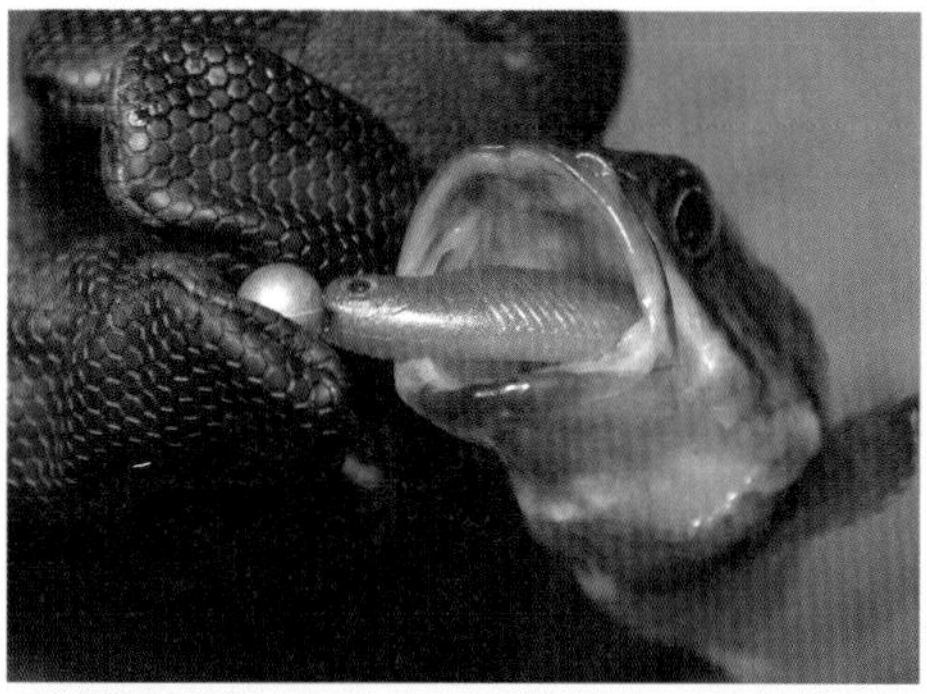

『VIROLA』2.8inchワカサギとジグヘッド3.5gのセッティングも有効。それを示すようにバイトが深く、ワームを丸のみしていた

メイカ、カレイ、チカ、サバなども岸壁から釣れる」と紹介されているが、クロソイの魚影も多く、港では良型といえる30㎝アップも期待できる。

2パターンから選択

以前はフェリーが就航していたこともある大きな港だけにポイントは多い。とはいえ、夜は船が停泊していないと常夜灯が消されるため、港の規模の割には暗く、常夜灯周りで釣ろうとするとエリアが絞られてくる。そのなかでも「クロソイがいるポイントは大きく2つに分けられます」と野場さんは話す。

1つは、防波堤の裏や港内奥など潮の流れのないエリアで回遊する魚をねらうパターン。もう1つは、船道など潮の流れのあるエリアでフィーディング（捕食行動）に入っている魚をねらうパターン。シーズンを問わず、その両パターンが存在するという。

前者は居着きのクロソイが多く、良型は望めないとはいえ数釣りが可能。後者は積極的にベイトを追うヤル気のある魚が中心で、数釣りは難しくても良型が望める。ところでアイナメと比較すると、クロソイの活性が高くなる水温は低いと感じている。水温が下がり始める晩秋～冬、そして春にかけて、体高のあるグッドコンディションに出会える確率が高いそうだ。

角・ヨレ・シェード

弱い西風が吹き、午後5時は干潮から上げ潮のタイミング。常夜灯が点灯してから2時間ほどの間、港内に潮が入り流れができていた。魚が浮いている可能性もあると想定し、2インチの『ディーツーホグ』を3・5gのジグヘッドにセット。表層からテンションフォールで探り、ラメカラーの反射を活かしてバイトを誘う。着底後は10㎝ほどリフトし、チョンチョンと誘いを入れ続ける。このパターンで20㎝程度のクロソイが連発した。

次に、もう少し流れのあるポイントをねらう。5インチの『ヴィローラ』を5・2gのジグヘッドにセット。フォールスピードを上げて反応をうかがう。岸壁の角付近に流れのヨレができていて、その奥の流れから探ってみる。着底後にトゥイッチを2回、そして再び着底を繰り返すパターンで誘う。

リグを手前に寄せてきたとき、岸壁から2mほどのシェードに入った所で良型がヒット！ 他の角付近の同じようなシチュエーションでも良型が出た。しかし、これからというタイミングで強風が吹き始め、残念ながら終了。

4日後、再び岩内港へ。この日は日没前から実釣。風は弱く、午後8時半の干潮に向けての下げ潮のタイミングでアプローチ。アイナメをねらいつつ暗くなるのを待つ。夜は満月に近い月明りが入る状況ゆえ、シルエットの出

MEMO 主なポイントは駐車スペースが広く、コンビニやスーパーが近い西防波堤。実績が高いのは先端部だが、内海側の根固めブロック周辺は有望。明るい時間帯にブロック間の距離感を覚えておきたい。足場は高く、柄の長さが4m以上あるタモが必要。また、足もとはキャリーが使えないほどボコボコしているので注意したい

やすい『ディーツーホグ』オレンジシュリンプを3・5gのジグヘッドにセット。前回と同様、20cm級がシェード絡みのポイントで入れ食い状態になる。

試しに動きの異なる『ヴィローラ』2・8インチに変更しても同サイズのヒットが続く。数釣りを堪能した後、前回良型を釣ったパターンを実践。岸壁角の潮ヨレとシェードが絡む複合スポットで今日イチの手ごたえ。トゥイッチを2回入れた直後にバイトがあり、30cmアップがロッド絞り込んだ。

フォールで釣るために

パワーのあるスピニングロッドとPEラインを使い、軽量リグで釣るパワーフィネスのスタイルは、港だけでなく磯の海藻撃ちにもマッチする。着底まで時間はかかるとはいえ、それをメリットととらえてアクションを入れたり、あるいはフリーフォールとテンションフォールを試したり変化をつけるとよいようだ。

基本的に定位している魚は潮流に対して頭を向けているが、その向きに合わせてワームを漂わせるのが肝心。そして軽量ジグヘッドなら、よりナチュラルな誘いが可能。細かいロッドアクションでワームを動かし、上手くバイトに持ち込めたときは「してやった感が強い」と言う。

フィネスの利点として、同じ飛距離でもワームにアクションさせられる回数が増えることも挙げる。重いリグは強く持ち上げる必要があり、どうしても移動距離が長くなる。ピンスポットを探るときは移動距離を少なく、時間をかけてアピールできることは大きな利点。今回のような複合ポイントにおいて、その利点が活きたと野場さんは思っている。

有効なセッティングは?

◎ワーム

ベースになる考えは、マッチ・ザ・ベイト。日中に下見をしておくのがベターだが、ボトムに潜む居着きのクロソイに的を絞るなら2インチほどのホッグ系がおすすめ。

キャスト後はカーブフォールで着底を待つ。ボトムでチョンチョンと誘った後、リフトして浮かせてからカーブフォール。バイトが多いのはボトムに着く瞬間、もしくはチョンチョンと誘ったとき。

常夜灯周りはベイトが集まりやすい好ポイント。足元にできるシェード部や明暗部を攻略するのが釣果アップのコツ

暗くなるとクロソイの活性が上がり、中層でのバイトが増えてきた。常夜灯の明かりにチカやサヨリが集まってきた後、今日イチの重量感！

流れ、ヨレ、シェードが絡むスポットで、トゥイッチを2回入れた後にバイトがあり、見事30cmアップをランディング。リグは『VIROLA』5インチ・カモフラ＋ジグヘッド5.2g

釣ったクロソイは優しくリリース。できるだけ低い位置から魚を放してあげたい

サイズアップをねらうなら、リアルフィッシュ系の5インチ程度を投入し横の釣りを意識したい。流れに乗せてドリフト気味にボトムタッチさせたら、強めのトゥイッチを入れる。バイトがなければ中層をゆっくりリトリーブしながらレンジを下げていき、ボトムにタッチしたらトゥイッチ。そんな釣り方を繰り返す。5インチでも20㎝ほどのクロソイがバイトしてくるが、大きいワームだと良型に出会える確率が上がる。

◎ジグヘッド

基本的にはラウンド型を使用。ボトムを感知しやすいこともあるが、『ヴィローラ』との組み合わせでロールアクションをさせやすいのも理由。軽いシンカーを用いるフィネスにおいて感度は重要なファクターだ。

その他、ダートアクションを入れたいときはくさび型、ボトムで安定させやすいフットボール型も使用する。よりスローにフォールできるラバージグも面白い。ビギナーは慣れるまで軽量リグでのキャストが難しいと感じるだろう。まずは7g程度から始め、徐々に軽くしていくとボトム感知やフォール中のイメージをつかみやすいはず。

ロッドのコスメはブルートレックのイメージカラーであるブルーで統一されている

【使用タックル】

ロッド：ディスタイル『BLUE TREK DBTS-66M』
リール：ダイワ『カルディア LT 2500』
ライン：バークレイ『スーパーファイヤーライン ウルトラ8』0.8号
リーダー：バークレイ『トライリーン XL』10lb
ロッドはPEラインの使用を想定したパワーフィネス対応。適合ルアーウエイトは1/16〜3/8 オンス。軽量リグの操作性が高く、アタリを取りやすい軽さと感度を備える。6'6"の長さはキャスタビリティー性も高い

ディスタイル『D2 HOG（ディーツーホグ2inch）』

【特徴】

フィネス用に開発されたホッグ系ワーム。本体はエビ、アーム部は小魚をイメージ。最大の特徴であるアーム部は、フォールやリトリーブで外側に開きつつブルブル動く。2インチでも小ささを感じさせないアピール力が魅力。また短い移動距離でもしっかり動くのも利点。細かいロッドアクションが求められる穴釣りや、コンブのなかの限られたスペースで頼りになる。

☆ジグヘッドリグの場合

ボトム付近を探るときは、リフト時のバタバタとしたアクションで魚に見せ、フォール時のユラユラとした動きで食わせる

☆おすすめカラー

上のレイクシュリンプと、下のオレンジシュリンプ。クリア系はラメ入りが多く存在し、中層でユラユラさせると反射でアピール度が高い。ソリッド系は常夜灯や月明かりが差し込む場所で、魚が下から見上げたときにシルエットをハッキリ見せてバイトを誘う

バブルミミズはアピール力が高い反面、同じポイントで長く使うと見切られやすい。広範囲を素早くサーチするときに適している。写真は3.5gのジグヘッドをセット

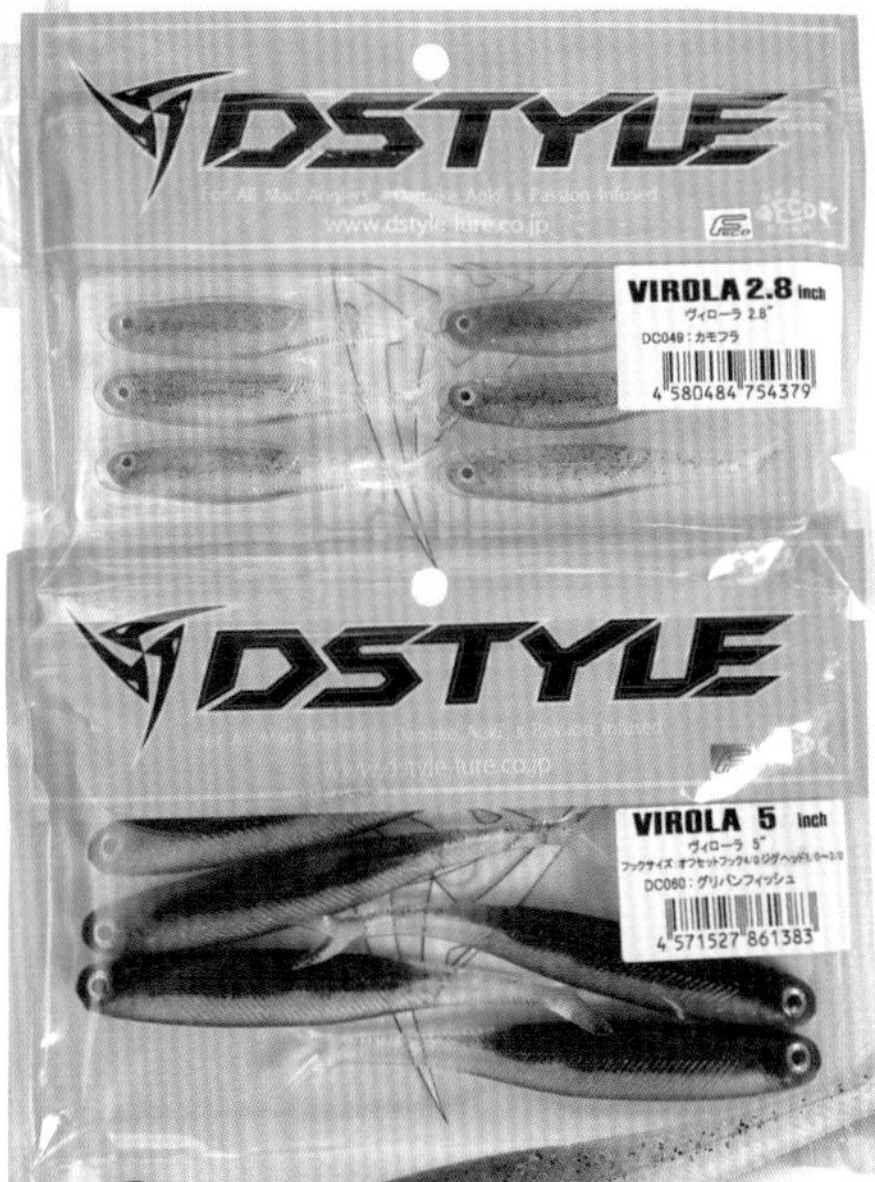

ディスタイル『VIROLA（ヴィローラ）』

【特徴】

5inch、4inch、2.8inchがラインナップ。軽めのジグヘッドを合わせるのが基本。柔らかい中空ボディーにより、表層でアクションを加えやすく、中層のスイミングでも理想的なロールアクションでアピールする。テールはゆっくり泳ぐ小魚を思わせる派手すぎないピリピリとしたアクション。ボディーの中空部分にフォーミュラを注入したり、ミラー板を入れるアレンジも面白い。同シリーズには『VIRORA SLIM 2.5inch（ヴィローラスリム）』と『VIROLA MICRO 1.5inch（ヴィローラマイクロ）』もある

☆ジグヘッドリグの場合

フックシャンクが背中側に、薄めに通るようにセットするのがコツ。そうするとトゥイッチ後のフリーフォールでヒラ打ちしやすくなる

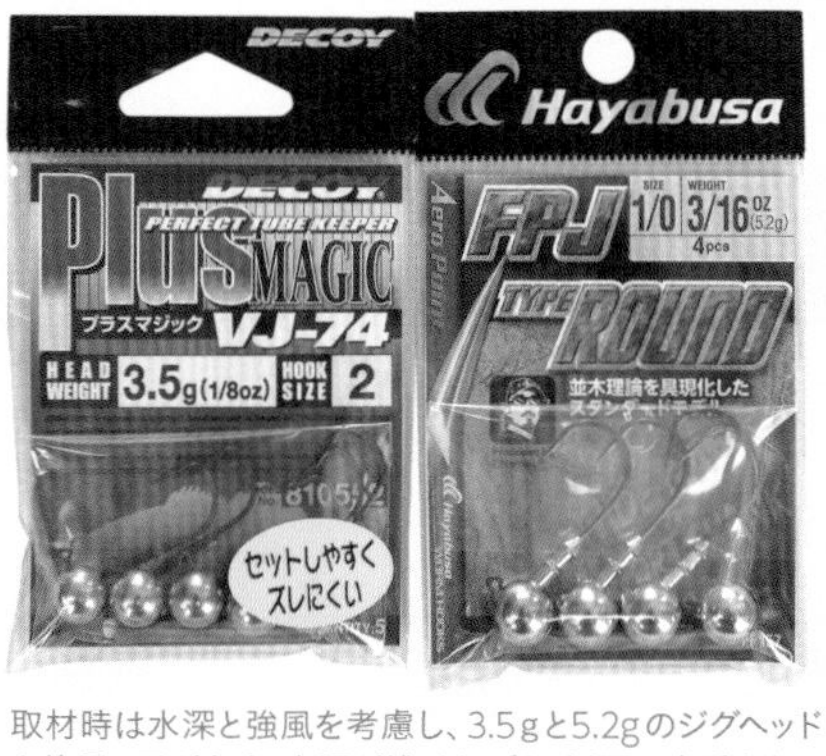

取材時は水深と強風を考慮し、3.5gと5.2gのジグヘッドを使用。風がなく、水深が浅ければ3g以下の出番もあるが、ボトムやフォール中のイメージをつかみやすい3g以上を選ぶことが多いそうだ

写真は5inchカモフラに5.2gのジグヘッドをセット。このサイズは冬のチカに似たシルエット。ワームの自重は8g。パーツの少ないスリム形状で軽量リグでも飛距離を出しやすい

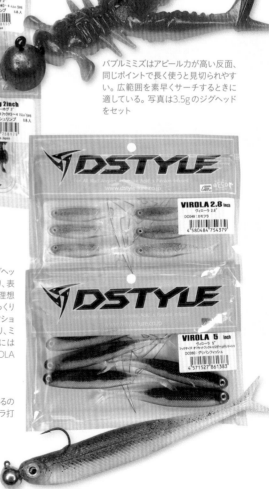

シンキングペンシルで釣った尺クラスの見事なサイズ。昔は「ガヤガヤぶつかるくらいいた」ことから付いた名だが、資源量が減少している近年、持ち帰りすぎは厳禁。標準和名はエゾメバル。ちなみに、玉川さんの自己記録は33㎝

MLロッド＆PE0.8

迫力満点！「尺ガヤ」を釣るために……

メバルは簡単に数釣りできるのが魅力だが、30㎝以上の大ものに照準を定めるならタックルやメソッドを工夫しなければならない。近年、大型が釣れることで人気の港を舞台に「尺ガヤ」にこだわる玉川正人さんの釣りを紹介。

乗っ込みの季節

港でエゾメバルやソイ類をねらうライトロックは、ほぼ年間をとおして楽しむことができる。「春は型」、「秋は数」と言われるように、春から初夏にかけては「乗っ込み」と呼ばれる産卵を意識した大ものがねらえる。普段は深場にいて大きく成長したエゾメバルやソイ類が、産卵のために浅場に移動してくる季節だ。

とはいえ、産卵前の魚は食いが悪く、ルアーへの反応はいまひとつ。そんな状況でも30㎝を超える大きなエゾメバル、通称「尺ガヤ」を毎年釣っているアングラーが、洞爺湖町の玉川正人さん。その攻略法とは？

先端部の船道へ

道央圏の太平洋側の港はエゾメバルの魚影が多く、「どこにでも魚がいるような感じ」と言う。ただ、比較的簡単に数釣りが楽しめる反面、大ものに的を絞るとなると簡単ではなく、非常にゲーム性が高いそう。経験豊富なアングラーでもハマる要素がいっぱいあるのだとか。

エントリーしやすい港がフィールドとはいえ、大ものが付きやすいポイントは限られる。①防波堤の先端付近など潮通しのよい場所、②近くに海藻やテトラなど身を隠せる障害物がある、③それなりに水深がある。これらの条件が重なるとチャンスが増す。

5月上旬に訪れたのは尺ガヤ

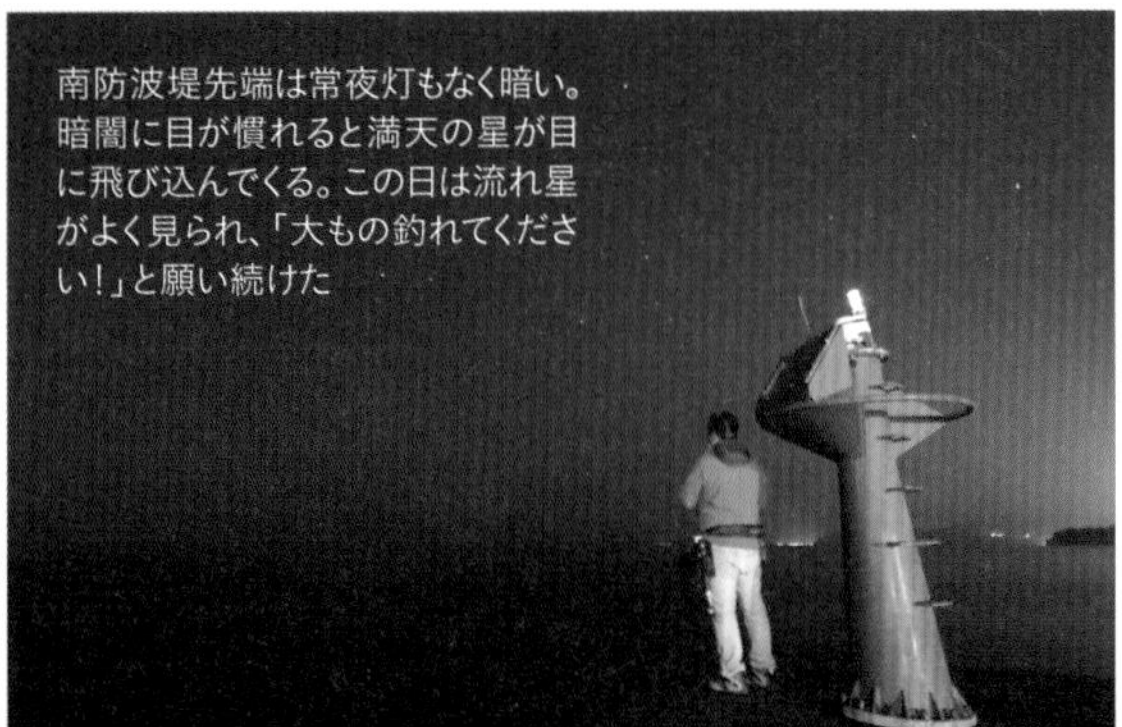

南防波堤先端は常夜灯もなく暗い。暗闇に目が慣れると満天の星が目に飛び込んでくる。この日は流れ星がよく見られ、「大もの釣れてください！」と願い続けた

同じ港内でも場所によって釣れ方やサイズが違う。常夜灯周りはサイズが落ちるとはいえ、数釣りが楽しめるのが魅力

の実績がある、洞爺湖町の虻田漁港大磯地区。近隣には古くからロックフィッシュのフィールドとして名高い豊浦漁港や虻田漁港本港地区、有珠漁港がある人気エリア。この日は入れ替わりながら数人がロッドを振っていた。

常夜灯の多い港なので、数釣りを堪能したければ、海面がライトで明るく照らされている場所を探るのがベター。とはいえ、今回ねらうのは大ものオンリー。玉川さんは水深のある防波堤先端部の船道近くに入る。

取材時は25〜27㎝のエゾメバルがよく釣れた。4インチワームをリフト&フォールで誘い、障害物にぶつかったときのイレギュラーなアクションに興味を示した

バスロッドを愛用

ライトロックのタックルといえば、メバリングやアジング用のような軽量リグをキャストできる7フィート前後のウルトラライトや、ライトパワーのロッドにPE0・4〜0・6号＋6ポンド前後のシステムが定番。しかし、尺ガヤには少し強めのタックルがよく、玉川さんはミディアムライトパワー以上のバスロッドを選択している。

「エゾメバルも尺クラスになると、掛けてすぐは相当に強い力で抵抗します。また潮流の速い場所や障害物の際に付いていることが多い。そこでライトリグを扱える繊細さだけでなく、多少強引に魚を寄せるパワーが必要になります。私の場合、バスタックルでいうML〜Mクラスのパワーフィネス用スピニングロッドと太めのラインを使用。このシステムなら不意にくる良型のソイにも対応できます。1〜2gのリグは扱いづらくなるものの、問題ありません」

決して柔らかくないロッドが、グイグイと引き込まれた。玉川さんは「デカい！」と叫んだ後、「カジカの引きじゃないし、ガヤなら記録ものだけど……」と真剣な表情に

強い引きの正体は37㎝のシマゾイだった。ヒットしてすぐ根に潜られて危なかったが、上手く引っ張り出した。魚とのやり取りで体温が上がり、眼鏡が曇ってしまった

ジグヘッドはオーナーばり『カルティバ ラウンドヘッド』3/16オンス、ワームはゲーリーヤマモト『ヤマタヌキ』2.5インチ・ブラックソリッド

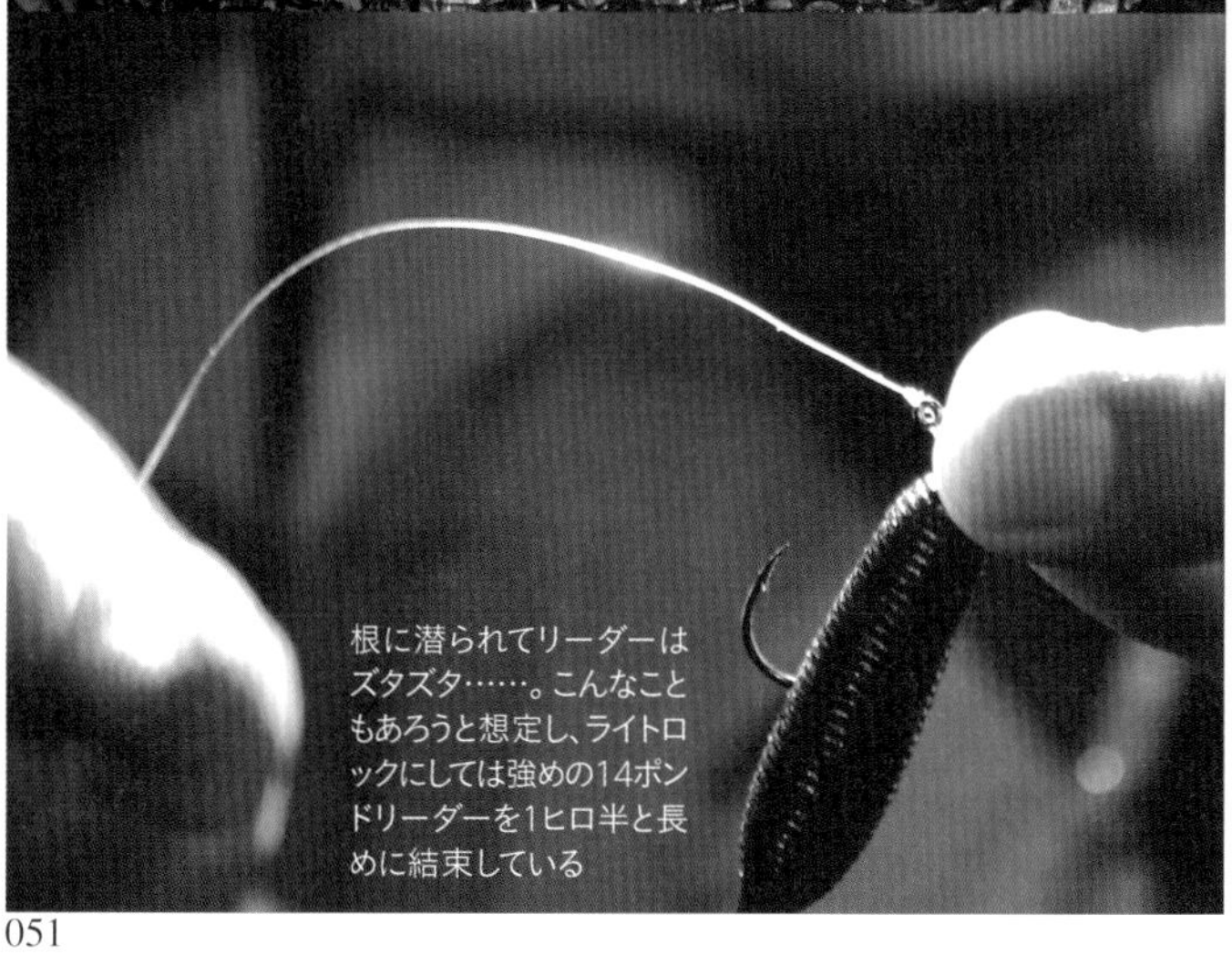

根に潜られてリーダーはズタズタ……。こんなこともあろうと想定し、ライトロックにしては強めの14ポンドリーダーを1ヒロ半と長めに結束している

MEMO

東護岸前の船揚場や南防波堤の港内側が主なポイント。先端は高台になっていて、その手前は風の影響を受けにくい。マリーナ周りも探る価値がある

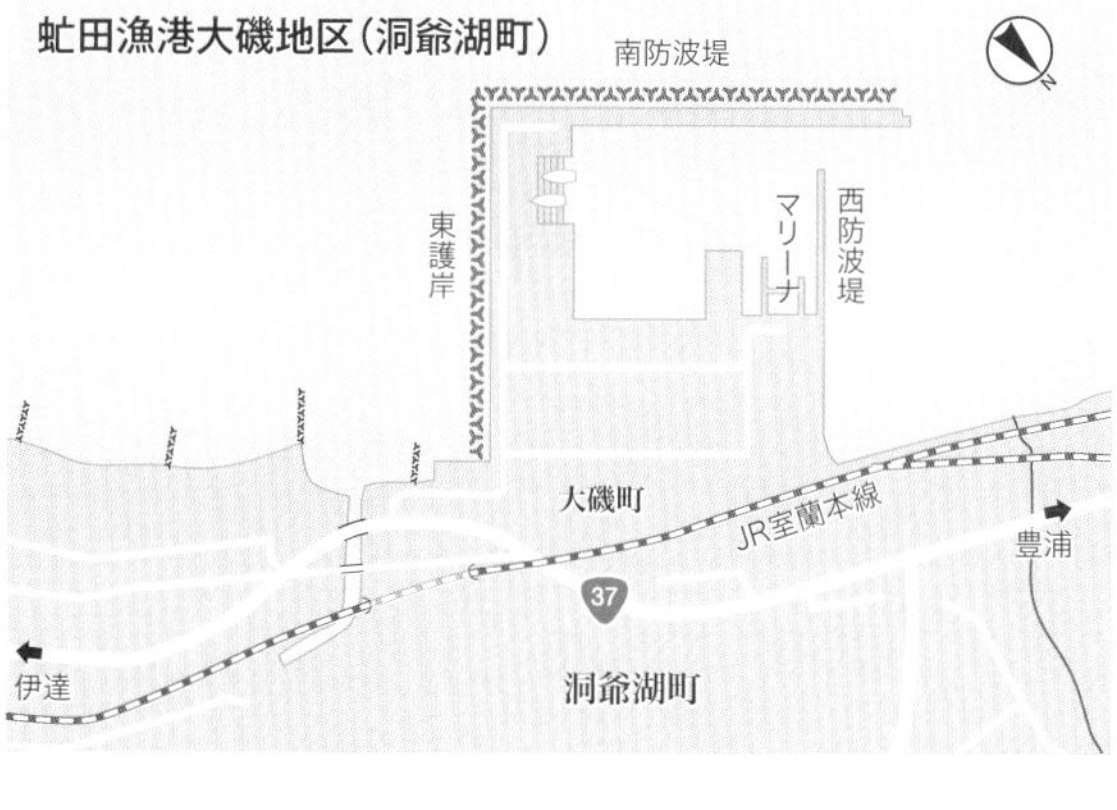

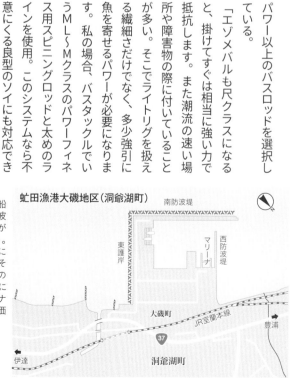

根ズレを考慮し、メインラインはPE0・8号、リーダーはフロロカーボン14ポンドを1ヒロ半ほど。FGノットで結束しているが、キャスト時はガイドとの干渉に気をつけ、ノット部分はできるだけ小さくなるように心がけている。

リグは操作性が高く、掛かりのよいジグヘッドを使用。重さは状況によって変えるが、2~7gの範囲で調整している。セットするワームによっても変える必要があり、操作しやすいのはもちろん、反応のよいフォールスピードを見つけるのがキモだそう。

ジグヘッドリグの基本テクニックは浮き上がりを抑えたリフト&フォール、スロー~デッドスローのスイミング。これにボトムでのステイを織り交ぜる。

まずはボリュームのある4インチのピンテール系ワームをジグヘッド5・3gにセット。広範囲を探るべくフルキャストする。着水後は一旦ボトムまで沈め、ゆったりとしたリフト&フォールで反応をうかがう。思いのほか潮の流れが弱く、魚からの反応は少ない。それでも10分程度で25㎝のエゾメバル2尾、カジカ1尾をキャッチ。日本海側の港ではうれしいサイズだが、玉川さんは納得いかないよう。深場を探ることにした。

常夜灯の明かりが届かないポイントでは、遠投して広範囲を探る。潮流や障害物などにより、エゾメバルが溜まりやすい場所がある。反応があった周辺を丁寧に探る

このサイズが連発するのだから楽しくないはずがない！ ライトロックで多用されるのは3インチくらいまでだが、大もののエゾメバルねらいではボリュームのあるピンテールタイプの4インチをメインにしている

まずは広範囲を探ることから

移動した先は外海に面した水深のある先端側。常夜灯はなく、海面は真っ暗。キャストしても着水音が聞こえるだけで波紋は見えない。頭のなかでイメージしながら操作していると、すぐにロッドが曲がる。キャッチしたのは、お腹でっぷりの良型エゾメバル。

「この時期、大きなエゾメバルは卵または仔魚をパンパンにお腹に抱えている個体がほとんど。リリースする場合は、なるべく魚体に強い衝撃を与えないようタモを使ったり、なるべく堤防の低いところから放したいですね」

リフト&フォール中にリグが障害物にぶつかったようで、イレギュラーな動きになったワームに対し、リアクションバイトしてきたと考えられた。このパターンは再現性が高く、その後は1キャスト1ヒット状態に。

「デカい個体を釣るときに感じるのは、群れがピンポイントで小さくまとまっているということ。そのためポイントに着いたら、できるだけ広範囲を細かく刻んでトレースするのが重要です。1~数尾釣ると群れは危機を察知するのか、小移動を繰り返すことも少なくありません。そこで反応が遠くなったら少し移動します。ルアー選びに関しては飛距離が大事。とはいえ、スローにねらいたい場面が多く、シンカーとワームの重量バランスをもとに、理想のスピードになるよう調整する必要があります」

ところで、ハードルアーでも釣れる可能性は充分。一定のレンジをスローリーリングでキープできるものが実績は高いそう。ハードルアーが使いやすいと感じるシチュエーションとは？

「風や波がほとんどなく、魚が中~表層にいるときです。シンキングペンシルはワームと違い、引いたときに浮き上がりやすく、中~表層を丁寧に探れます。また、ゆっくりとした水平フォールもよ

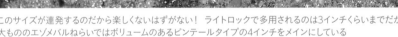

い。スローなタダ巻きやストップ&ゴー、底をとってロッドアクションを加えずにリールで小刻みなストップ&ゴーを繰り返すデジ巻き等、アクションの違いでワームとの差別化を図ると効果が見込めます」

引っ張り出した魚は……

しだいに反応が遠くなり、ワームを2・5インチにサイズダウン。今度も黒系のカラーを選ぶ。

「カラーはそれほど重視していませんが、潮の濁り具合や月の光の強弱を見て、〝目立ちすぎず見えにくくない〟程度のカラーを選んでいます。今日は曇っていて暗く、少しだけ濁りがあるので、シルエットがはっきりして目立ちやすい黒系をメインにしています」

この選択が功を奏したのか、間もなくロッドが弧を描く。「デカい、すごい引き！ これがガヤなら間違いなく尺超え」と真剣モード。しかし、根に潜られてしまった……。根にラインが擦れている感触があるそうで、時間をかけて何度も引っ張り直す。最後はリーダーがズタズタになりながらも、何とか引き出すことに成功。数分の格闘の末、ネットに収まったのは37㎝の立派なシマソイだった。

「ボトムバンプでじっくりと探った結果です。手前に引いてきて消波ブロックのエリアに差し掛かり、ワームがボトムに着いた瞬間、小さいバイトがありました。すぐ消波ブロックの間に入られてしまいましたが、うれしい1尾です」

その後はエゾメバル、小型のシマソイ、カジカと釣れてストップフィッシング。目標の尺ガヤをキャッチすることはできなかったものの、玉川さんは笑顔を浮かべた。

6月に入ると乗っ込みのエゾメバルは終盤を迎え、尺ガヤは少なくなるが、港内の常夜灯周りでは、小型の数釣りが楽しめる。常夜灯のない暗い場所では、警戒心の強い一回り大きい魚が期待できる。とくに水深があり、潮通しのよい船道周辺は良型の実績が高い。

【使用タックル】
ロッド：ダイワ『ジリオン701MLFS・K』
リール：メガバス『リン258HM』
ライン：PE0.8号
リーダー：フロロカーボン14lb

【ヒットリグ1】
ワーム：デプス『デスアダー』4インチ・ジューンバグ
ジグヘッド：エコギア『イワシヘッド』5.3g・#1/0

【ヒットリグ2】
ワーム：ゲーリーヤマモト『ヤマタヌキ』2.5インチ・ブラックソリッド
ジグヘッド：オーナーばり『カルティバラウンドヘッド』3/16オンス

◉両者の特徴と使い分け Comments by Masato Tamakawa

「デスアダーのようにボリュームのあるピンテール系ワームは、水切れのよいジグヘッドとマッチします。ゆったりとしたリフト＆フォールを行なうことで、いち早く反応を得ることができます。一方のヤマタヌキは、デスアダーでフックアップが難しく乗り切らないときや、アクションのスピードが速すぎると感じたときに出番。垂直に落ちやすいラウンド型のジグヘッドと相性がよく、ボトムバンプさせることで、移動距離を抑えながら長い時間アプローチが可能になります」

【推奨ハードルアー】
ハードルアーは魚がスレているときに有効。玉川さんのお気に入りルアー、上から。タックルハウス『ローリングベイト88』湾奥ベイト、アピア『パンチラインマッスル80』コットンキャンディー、ラッキークラフト『ワンダー80』キビナゴ

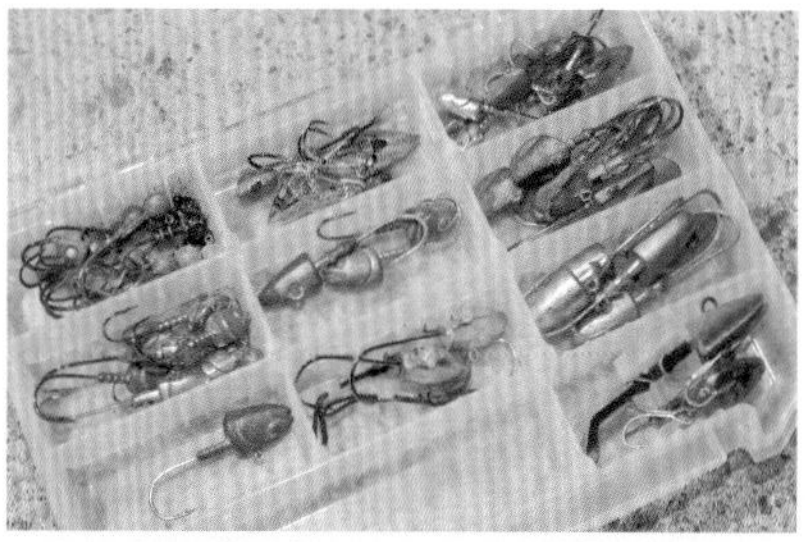

シンカー類は日中、アイナメねらいで使用するものとほぼ同じ。ケースに入っているのは2～7gが中心

港内をラン&ガンするので、必要最小限のアイテムをショルダーバッグに入れている。シマノ『ゼフォー エギングショルダーバッグ BS-222P』が相棒だ

港

小樽築港エリアでのナイトフィッシング。近くには築港臨海公園があり、日中は賑わうものの夜は人通りが少ない。水深は浅いとはいえ、小型のエゾメバルやソイが釣れる

イメージはオキアミとイカ

札幌近郊をソフト＆ハードで遊び尽くす！

札幌近郊で根魚釣りに入門する際、定番のフィールドは小樽港と余市港。小型軽量のジグヘッドリグとユニークなハードルアーを用意して可愛いソイとエゾメバルをねらおう。

大ものにはない醍醐味

小型のワームやハードルアーを使って楽しむライトゲームは、手軽にエントリーできることから初心者や女性におすすめ。本州ではアジやメバルの注目度が高いが、北海道のアジは魚体が小さく、ルアーで釣るには難易度が高い。その点、エゾメバル（地方名：ガヤ）やクロソイといったロックフィッシュは比較的イージーに釣ることができ、港の〝ライトロック〟が道内では人気のジャンル。

「ライトロックのよいところは、何より荷物が少なくて軽いこと」と笑顔を浮かべるのは札幌市の近間真亜子さん。続けて「近場でいろいろな魚種に出会え、子どもと一緒に気軽に楽しめのもいいですね」と話す。

子どもの頃はお父さんと一緒に釣りに行っていた近間さんが、ますますのめり込むきっかけになったのはご主人に出会ってから。ご主人はウエルエフ主催のロックフィッシュ大会『パワーオーシャンカップ』の常連で、近年は夫婦で参戦中。今の目標はツアー戦の上位入賞と、年間ポイントの上位者だけが選ばれるクラシックに出

『コイカッコブレード』で連続ヒット。ジグヘッドリグより飛距離が出るので、手前で反応がなくなったタイミングで使った。スレていない魚にアプローチできれば釣果を伸ばせる

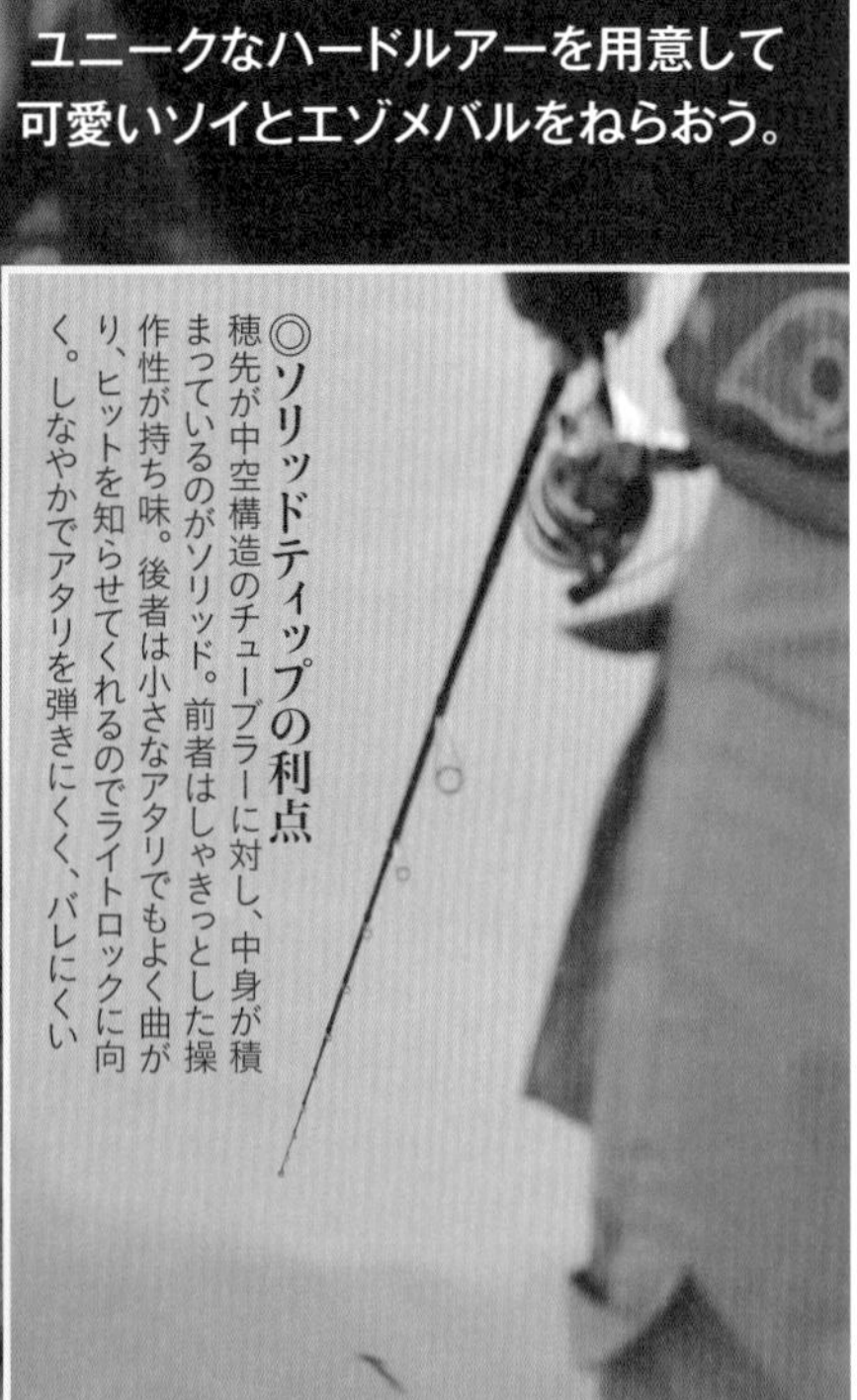

◎ソリッドティップの利点

穂先が中空構造のチューブラーに対し、中身が積まっているのがソリッド。前者はしゃきっとした操作性が持ち味。後者は小さなアタリでもよく曲がり、ヒットを知らせてくれるのでライトロックに向く。しなやかでアタリを弾きにくく、バレにくい

MEMO

貯木場のある築港エリアについては、プレジャーボートが係留されているマリーナ内は釣り禁止。また公園側は日中、観光船などが通るので注意が必要。この他、ソイとエゾメバルねらいのポイントとして、北浜岸壁や厩町岸壁なども人気がある。アイナメも釣れる

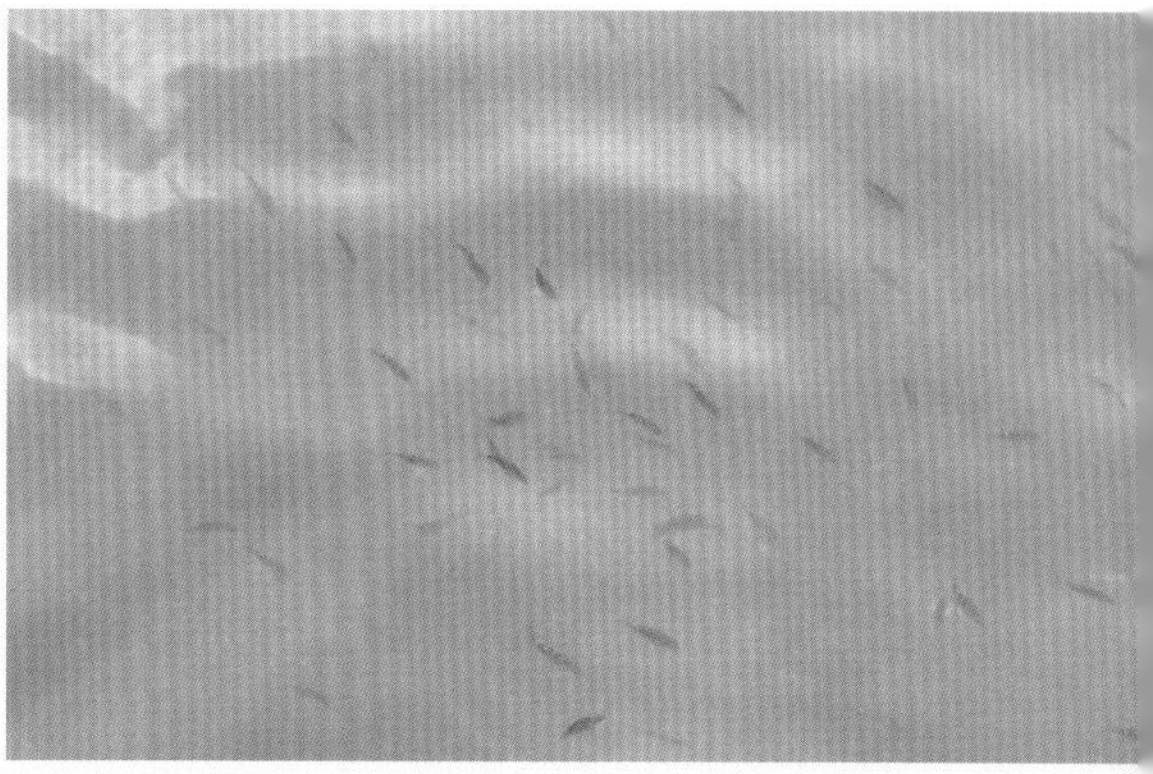

タマヅメの余市港から実釣スタート。足もとの水面をのぞくと、小さなエゾメバルの群れが泳いでいた。このまま順調に育ち、大きくなって私たちのロッドを絞ってほしい

場することだ。

近間さんはショアの釣りだけでなく、オフショアのジギングやタイラバにも積極的に挑戦している。思い出の魚はタイラバでゲットした68㎝のマダイ。「釣ったときは興奮で震えました」と目を輝かせる。そんな大ものを釣っていてもライトゲームには別の面白さがあるという。繊細なやりとりや数釣りの魅力を知ると、つい夜遅くまでロッドを振ってしまうのだとか。10月中旬、近間さんとまずは余市港を訪れた。

サバに的を絞ると……

1・5gのジグヘッドに34㎜のワームをセット。実はこの日の午前中、余市港では有志によるロックフィッシュの大会が開かれ、近間さんはエゾメバルを釣ってレディース賞を射止めている。その流れを受けたのか、ファーストヒットはエゾメバル。「日中はボトムにいるはずですが、サビキ釣りの寄せエサに反応して浮いているのかも?」と推測する。

日曜日のこの日、サビキ釣りを楽しむ子ども連れで賑わっていたが、小さなエゾメバルが多すぎて先に掛かってしまうほどの状況。逆にサバをねらおうとしても、なかなかヒットしない。一方、サビキ釣りではポツポツと20㎝ほどのサバと10~12㎝のアジが釣れている。

そんななか、「ちょっと深いレンジでサバが泳いでいるのが見えました!」と言い、シンカーを2gにチェンジ。すると今度はサバが掛ったが、惜しくもフックアウト。群れが多い日ならコンスタントに釣れるはずだが……。小型のサバとはいえ、青ものならではの強い引きを味わえ、ライトタックルの相手としては申し分ない。

ジグヘッドリグで数釣り

日没後は小樽港へ移動。常夜灯が多く、明るい築港エリアに向かう。地元では「貯木場」と呼ばれ、平成14年まで輸入木材の取扱水面として使われていた。水深が浅く大ものは望めないものの、小型のエゾメバルやソイがねらえ、ライトロックには適したポイントだ。ただし、隣接するマリーナ内は釣り禁止エリアなので注意。

水深の浅い貯木場は軽量リグがマッチする。ジグヘッドなら1~3g、テキサスリグでも10gあ

【おすすめルアー①】

『テトラワークス チビバーニー』は34㎜と小さく、シルエットはオキアミサイズ。つぶつぶピンクカラーは色もオキアミに似て反応がよかった。ジグヘッドはグリーンピースを思わせる豆型の『同ピースヘッド』。フックポイントはオープンゲイプ&マイクロバーブ仕様で抜群の刺さり。余市港では1.5gと2.0gを使用

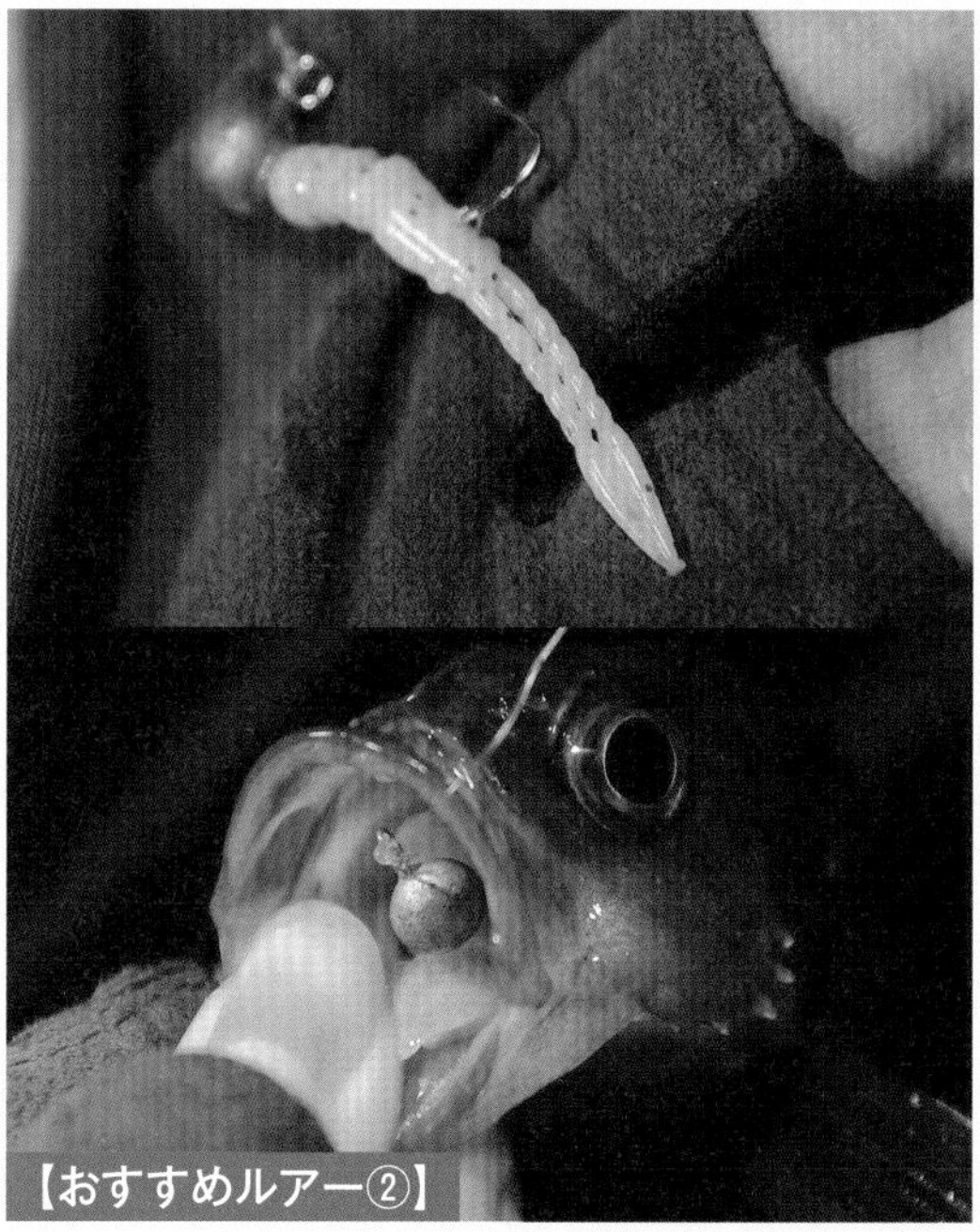

【おすすめルアー②】

小樽港の築港エリアでの夜釣りは、『テトラワークス チビバーニー』のスノーゴールド(グリーングロー)が効いた。深いバイトが目立ったのが印象的。なお、築港エリアは水深が浅く、ヒットレンジは表層になり、ジグヘッドは1.0gがマッチした

タオルとフィッシュグリップ、それにハサミは使用頻度の高いアイテム。近間さんは手の届きやすい腰にぶら下げていた

水面を常夜灯が明るく照らしてくれるおかげで、魚の姿を確認できた。夜でもエキサイティングなサイトフィシングを楽しめる

ればOK。夜は常夜灯の明かりに集まるプランクトンを捕食すべくエゾメバルが寄る。静かに水面をのぞくと表層に魚影が確認できるはず。しかも岸近くを回遊していることが多く、それほど飛距離は必要ない。

まずは1・5gのジグヘッドリグから。飛距離は15〜20mで、ちょうど常夜灯の明かりの明暗部に届く。スローに巻きすぎると根掛かりしやすいので、少し速めのリトリーブでレンジをキープ。すると「きた！」と近間さん。ロッドが大きく曲がったが、次の瞬間「切れちゃいました……」と天を仰ぐ。そのファイトから「少しよいサイズのアイナメでしょうか」と残念がる。良型のソイやアイナメを視野に入れ、多少強めのリーダーを選択しているが、想定外の大きさだったよう。

気を取り直して再開する際、よりゆっくり魚に見せるようジグヘッドのウエイトを1・0gに落とす。これが功を奏してアタリが頻発。「ミニバーニーはサイズが小さく軽いシンカーと相性がいいですね。スローにフォールさせると、表層を泳ぐガヤが好反応を示します。リトリーブからのステイ、またはちょんちょんと数回トゥイッチを入れると食ってきました」とニッコリ。

ハードルアーで締める

後半は遠投性能が高いイカの形をしたジグミノーを使用。34㎜3・5gというサイズはライトロックにピッタリだ。ジグヘッドリグに比べてフォールスピードは速めだが、ブレードと独特なボディー形状によりレンジキープしやすいのが利点。もちろんブレードによる集魚効果は高く、タダ巻きでもヒット率が高い。

小樽港はマメイカの人気フィールドとして知られるだけに、イカをイメージしたルアーはハマると考えられる。しかも、このルアーは本物のイカを思わせるクリア系カラー。実に艶めかしい。ハードルアーは「釣った感」が強いだけでなく、ワームのようにリグを組む手間がない。特に手がかじかむ冬は頼りになるタイプだ。

イカ型ジグミノーは存分に威力を発揮。数釣りを満喫した後、「常夜灯の明かりが届かない沖めも探ることができ、サイズアップにつながりました。ハードルアーのワームでは出せない素早い誘いも有効な場面がありますね。反応のよかった誘い方は、本物のイカをイメージした表層の速巻き。それと、3〜4回巻いて1〜2秒ステイを繰り返す誘いでも釣れました」と振り返った。最後に近間さんからアドバイス。「釣れ始めると夢中になり、あっという間に時間が過ぎていきます。ただ、冬は寒いので、防寒対策はしっかりと。それと飴やグミ、チョコなどのお菓子があるといいです（笑）。今回参加した大会後にゴミ拾いをしましたが、釣り人が捨てたものもありました。〝マナーも腕のうち〟を肝に銘じ、今後も釣りを楽しみたいですね」

【使用タックル】
ロッド：ダイワ『7½（セブンハーフ）76ULS-S』
リール：シマノ『ヴァンキッシュ2500S』
ライン：バリバス『8 マーキング』0.6号
リーダー：サンヨーナイロン『アプロード ナノ ダックスショックリーダー』11lb
ロッドは7'6"のソリッドティップ仕様で、ルアーウエイトは1〜7g。アジやメバルといった港のライトゲームに対応する。近間さんはロックフィッシュに的を絞る場合、不意の大ものに備え、少し強めのラインを選択している

小樽港は小さなイカがベイトになっていることもあり、イカ型ルアーはマッチ・ザ・ベイト。当日は表層の速巻きとストップ＆ゴーが効いた

夜の余市港でサバをキャッチ。青ものだけに泳ぐスピードは速く、ヒット後は横に走るのでスリリング。小さくても侮れない

今回使用したデュオ『テトラワークス』シリーズは、アジやサバ、メバル、ソイなど身近なソルトのターゲットを釣るためのアイテムがそろう。ライトゲームで活躍してくれる

◎ブレードあり
写真上は『テトラワークス コイカッコブレード』（34㎜3.5g）、写真下は『テトラワークス イカッコブレード』（38㎜3.5g）。ソリッドボディーを採用した小さなイカ型のジグミノー。両者のボディーサイズは異なるものの、重さは3.5gで共通する。ブレード付きモデルは、フラッシングと回転時の波動によりアピール度が高い

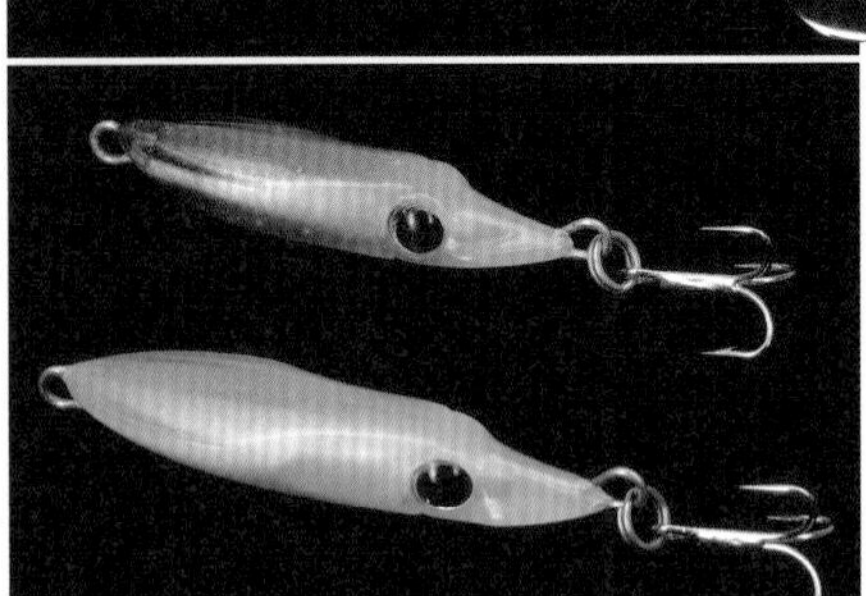

◎ブレードなし
写真上は『テトラワークス コイカッコ』（34㎜4.6g）、写真下は『テトラワークス イカッコ』（38㎜5.7g）。ブレードの付くモデルよりも重いのが特徴で、ラクに遠投できるのが利点

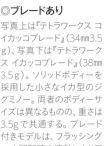

目標は3種制覇

津軽海峡メバル行脚

アイナメやソイ類のような大型種ではなく、
30㎝を超えれば立派な大ものといえるメバル類。
道内ではガヤと呼ばれるエゾメバルがなじみ深いが、
青森を間近に望む函館周辺では本州の定番種にも出会える。

夏はトップでも

津軽海峡に面した海は、道内で一般的なエゾメバルだけでなく、北海道以南でポピュラーなメバルやウスメバルもねらえる。港のライトゲームでも、メバル3種を揃えることは夢じゃない。

陸っぱりのメバリングで熱いエリアは、戸井方面、知内、福島などだが、函館の漁港も侮れない。函館市内の海岸線の総延長は約90㎞だが、そこに漁港と大型港を合わせて30近い港が存在する。港の"密集率"という面では道内屈指だ。魚の反応は多いとはいえ、アベレージサイズは小さめ。小型のワームだと簡単に釣れるだろう。そこでメバルフリークのなかには、良型を求めてハードルアーをメインに使う人もいる。

メバルに適したハードルアーは、沈下速度が遅めのタイプ。オールマイティーに使えるのはシンキングペンシルだが、常夜灯周りではライズ（ボイル）が起きることもあり、そんな場面ではフローティングミノー、あるいはペンシルベイトなどトップウオータープラグも面白い。刺激的なバイトシーンを目の当たりにするとトップの虜になるはず。とくに夏場は水面から表層で釣りやすい。有望ポイントは明暗部の境目だが、潮の流れや風向きなどでヒットパターンは変化する。それを見極めて釣りたい。

ハードルアーに限ったことではないが、軽量ルアーを使用する釣りでは、風の影響が少ない場所に入るのが釣果を上げるコツ。そんなポイントを求め、愛好者はラン&ガンして数カ所の漁港を巡る。前述のように港は多数あるので、どこかに風裏になる場所があるはず。夏の夜は短い。ラン&ガンして魚の反応に一喜一憂していると、あっという間に朝を迎えてしまうかも……。粘りすぎは厳禁。

メバルは従来1種と考えられていたが、近年になって背面が黒く（青味がかることもある）胸ビレも黒いクロメバル、全体的に赤みを帯びているアカメバル、やや色の薄いシロメバルの3種に分類されている。最大約35㎝。写真の魚は知内町の知内漁港涌元地区でヒット。日中にジグで釣れた

ウスメバルは、オキメバル、アカメバル、アカハチメ、オオヤナギなどとも呼ばれる。薄い赤褐色の体の背中側にはっきりとした褐色の模様が入る。近縁種のトゴットメバルに似ているが、この模様が丸みを帯びないこと、体の赤味が強いこと、より大型になることで区別できる。最大約40㎝。函館にはウスメバルを専門にねらう遊漁船もある

常夜灯が点灯したらメバル釣りのスタート。温暖な津軽海峡エリアでは春から冬まで楽しめる

◎愛好者の選抜ルアー

道南のメバルファン5人が選んだハードルアー。トップウオーターやシンキングペンシルが人気。左上から時計回りに、メガバス『ハスキー』、ガンクラフト『鮎邪ジョインテッドクロー70』、スミス『ガンシップ36F』、ダイワ『月下美人 漂40F』、中央はバスデイ『S.P.M.75』

◎専用タックルがマッチ

本格的なメバリングは専用のライトロッドで挑みたい。写真左はヤマガブランクス『ブルーカレントⅢ74』、右は『同69』。リールはシマノ『ストラディックCI4+2500S』、ラインシステムはPE0.2号＋フロロカーボン3ポンドを50㎝ほど接続

港

3gで遠投した結果。尺には届かなかったものの、余市港では良型といえるクロソイに笑みがこぼれた沙織さん。「ライトタックルならこのサイズでも充分引きが楽しめます。冬はPEラインだと凍ったりして大変ですが、夏～秋は初心者でも満喫できます」
ヒットリグは『月下美人 SWライトジグヘッドSS レッドグロー』3g #6、同『月下美人 デュアルビーム』2インチのレッドグロー

5g以上はNG!?
人気港は0.5gで差がつく

札幌近郊の余市港は条件しだいで良型のソイやエゾメバルが期待できるが、道央エリアでも屈指の人気港だけにそう簡単には釣れないのが現実。グッドサイズに出会うにはどうすればよい？

ルアーこそ初心者向き

6月中旬、霧雨の降るなか余市港を訪れたのは、利尻町出身で石狩市に住む甲斐沙織さん。「子どもの頃は、お父さんと一緒に行く釣りがたまらなく楽しかったですね～」。18歳で親元を離れて札幌に引っ越してから、しばらく釣りから遠ざかっていたが、突如「そうだ、釣りに行こう！」と思いたったという。

そうして道内だけでなく九州や沖縄まで釣行するほど、どっぷり釣りにハマった女性アングラー。すっかり釣りの幅を広げた近年、積丹のブリジギングや海アメ&海サクラ、ヒラメ、ロックフィッシュなど旬のターゲットを追っている。

「釣りをするようになり、たくさんの人と知り合うことができました。そうしてダイワさんのフィッシュジャンク公認アングラーに選ばれたり、旦那とも出会えたり……。釣りを趣味にしてよかったと思っています」

翌朝はショアからヒラメをねらうというが、その前に余市港でロ

中防波堤と呼ばれる甲・乙防波堤の基部側は常夜灯があり明るく、ガードロープも設置されているので初心者やファミリーにおすすめ

中防波堤の中間部の常夜灯はかなり明るい。光に集まるプランクトンを捕食するエゾメバルの姿も確認できる。ちょい投げでサイトフィッシングが可能

ックフィッシュに挑戦するということで同行した。

風は弱いとはいえ霧雨混じりで肌寒い状況下、短時間勝負ということで常夜灯があり明るい甲・乙防波堤にエントリー。ここは歩く距離が長いせいか、夜は釣り人の姿が少なめ。あまりスレていないフレッシュな魚に出会える可能性がある。沙織さんが手にするロッドは7フィート8インンチのメバル用。2gのジグヘッドに1・5インチのワームをセット。

まずは常夜灯の横でロッドを振る。水深が浅く底まで見えているものの、浮いている魚の姿は確認できない。広範囲を探るべくフルキャスト……とはいえ、ジグヘッドが軽く、リグが着水したのは15ｍほど沖だった。

少し沈めて巻き始めると、すぐに12～13㎝の可愛いエゾメバルがヒット。自衛隊の浮き桟橋にも常夜灯があり、周辺全体が明るいせいか、魚は散らばっているよう。トレースラインを変えながら探ってみると、3～5キャストに1尾のペースでエゾメバルが釣れる。

「魚影が濃く、割と簡単に釣れるので、お子さんや初心者の方でも楽しめそうですね。初心者の方ってエサで釣るじゃないですか？ワームはエサを取り換える手間がない分、本当は初心者向き。私はイソメなどの虫エサが苦手で、最初は鳥のささ身を使っていましたが、ルアーを使うようになってからはワームとルアーだけです」と話す。

スレさせない誘い方とは?

小さいエゾメバルの数釣りを堪能した後は、どんどん先に進むことに。２本目の常夜灯には先行者がいて、話をうかがうとヒラメねらいとのこと。アタリはなく、ソイのアタリもないそうで、さらに先を目指す。

3本目の常夜灯には2人いて、明かりに集まったマイワシをサビキで釣っている。表層に群れているので大漁かと思いきや、食いが悪いらしく、バッカンには数尾入っているだけ。ここより先に先行者は見当たらず、最後の常夜灯近くは貸し切り状態。船道に面していることもあり、潮通しのよい好ポイントだ。

ゆっくりとヘチに近づくと、たくさんの魚が泳いでいて、ワームを落とすとすぐに反応。ヒットする瞬間を見ることができた。沙織さんは言う。

「サイトフィッシングはワームの動かし方の違いで魚の反応が変わるので勉強になります。港のライトゲームは簡単とはいえ、やり込むと奥が深いですね。私の場合、いつもは30ｇ以上のルアーをキャストしているので、2g前後の軽いルアーの操作は難しく感じます。重たいルアーだと着底やルアーの動きがはっきりと分かるので。ライトロックの醍醐味は、繊細な部分なのではないかと……。小さなアタリを感じて合わせるのは難しくても楽しい」

常夜灯に照らされている場所で数釣りを満喫した後、ジグヘッドを2・5g、ワームを2・2インチにチェンジ。光の届かない広範囲を探ってみる。すると暗い場所でヒットするのは、ひと回り大きい17～18㎝。表層ではなく、着水後は5～10秒待ってから巻き始めると中層で反応する。

中防波堤の自衛隊側の明るいエリアでは、小さなエゾメバルが入れ掛かり。2gのジグヘッドに1.5インチの小さいワームがマッチした

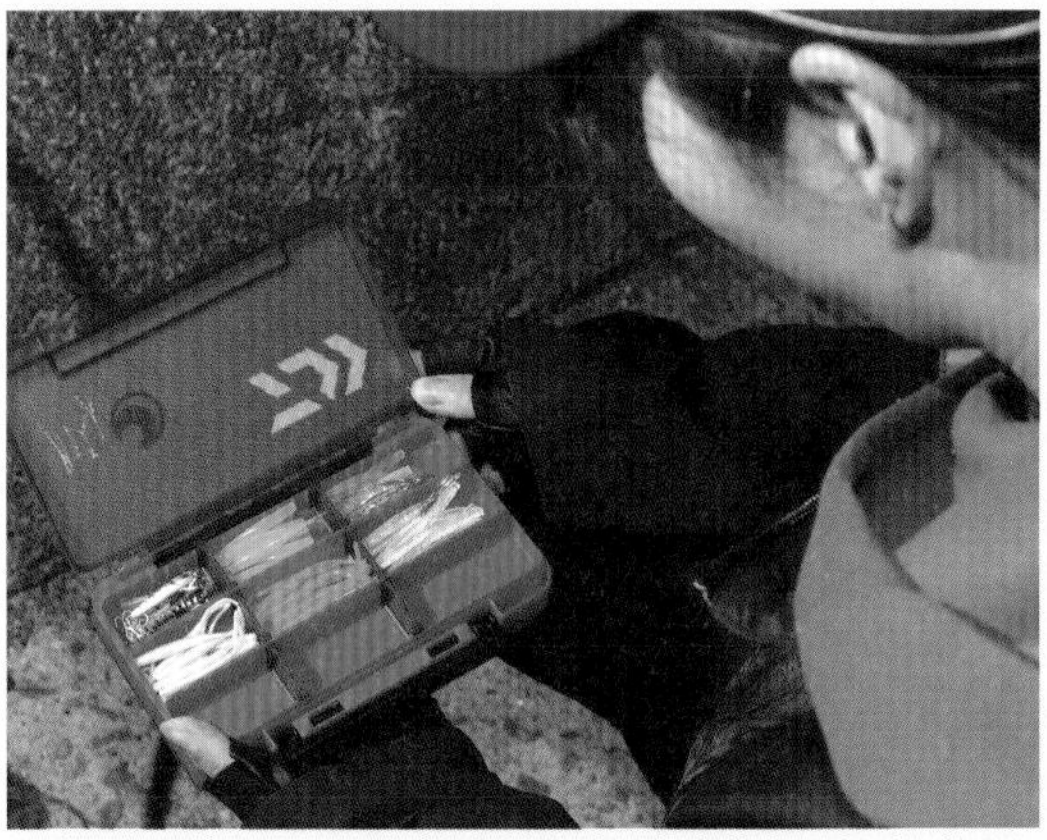

小さいワームは釣り場で取り出しやすいよう、カラー別に分けてケースに入れて持ち歩くとよいだろう

ジグヘッドを2.5g、ワームを2.2インチに替え、明暗部を探るとサイズアップに成功！　明暗部から暗部にかけては少し沈めるため、2.5g以上にウエイトをアップさせた

中防波堤の先端部は常夜灯がないので暗い。キャップライトは必須アイテム。初心者は一人ではなく、複数人で釣行したい

誘い方は、「タダ巻き」、「細かくシェイクしながらのリーリング」、「フワフワ&チョンチョンを繰り返す」という感じ。同じ誘いを繰り返していると反応が悪くなる。スレさせないようにアクションを変えるのがコツだ。

3gにウエイトアップして

最後は常夜灯のない先端部でクロソイをねらってみることに。クロソイは常夜灯周りでも釣れるが、エゾメバルが先に食ってくるケースが多い。また、近年は魚影が減ってきているのか、以前のようには釣れなくなっている。チャンスがあるとすれば常夜灯がなく、エゾメバルの少ない先端部だろう。

状況に合わせてジグヘッドのウエイトやワームを交換した。風が吹いてきたタイミングで3gにウエイトアップすることに

少し横風が吹いてきて、2・5gでは流されてしまう。ここで3gにチェンジ。ライトゲームの場合、わずか0・5gでも操作性は大きく変わる。状況に合わせマメにウエイトを替えるのが大事。

しばらくアタリはなく、キャストを繰り返していると、隣でロッドを振っていたご主人の隆之介さんが25㎝ほどのクロソイをキャッチ。斜めにキャストして手前のカケアガリでアタリがあったとのこと。沙織さんも同じようにキャストし、カケアガリをねらう作戦で臨む。

キャスト後は一旦着底させてからリーリング。そんな操作を少しずつ移動しながら繰り返していると、またも隆之介さんのロッドが曲がる。リールのドラッグ音が響き、「けっこう引きますよ〜」とうれしそう。釣りあげたのは30㎝超えるナイスなクロソイ。余市港では良型の部類に入り、なかなか出会えない価値ある一尾だ。

「3gのジグヘッドで遠投し、着底させてからのストップ&ゴーで食わせました。遠投すると砂地に根が点在しているようで、フラットなのに時々ゴツゴツした根に当たります。手前にはブロックが敷かれているようで、カケアガリになっています。1尾目はそのカケアガリ、2尾目は沖の根できました」と隆之介さん。

同行したご主人の隆之介さんがゲットした30㎝アップの良型。「3gで遠投した後、着底からのストップ&ゴーでバイトしてきました」。魚の活性が高いらしくワームを丸のみ。近年の余市港はクロソイの魚影が少なく、簡単に釣れなくなったと言われているが、丁寧に探ればチャンスはある

丁寧に探っていた沙織さんのロッドも弧を描く。無言で巻いているので魚じゃないのか? と見守っていると「やった〜、クロソイ!」と歓喜の声。待望のクロソイは23㎝のアベレージサイズとはいえ、本命キャッチに笑みがこぼれる。

ヒットパターンは「遠投して底まで沈め、ゆっくり巻いてくると手前のカケアガリに差しかかったくらいで食ってきました。今日イチの強い引きで本命だと直感し、緊張のあまり無言になってしまいました」と笑う。

リールのドラッグは強めに設定してあり、寄せてからは一気に抜きあげた。リーダーはエゾメバルなら4ポンドで充分とはいえ、「30㎝アップのクロソイがねらえるポイントでは、8ポンド以上が

【おすすめルアー】

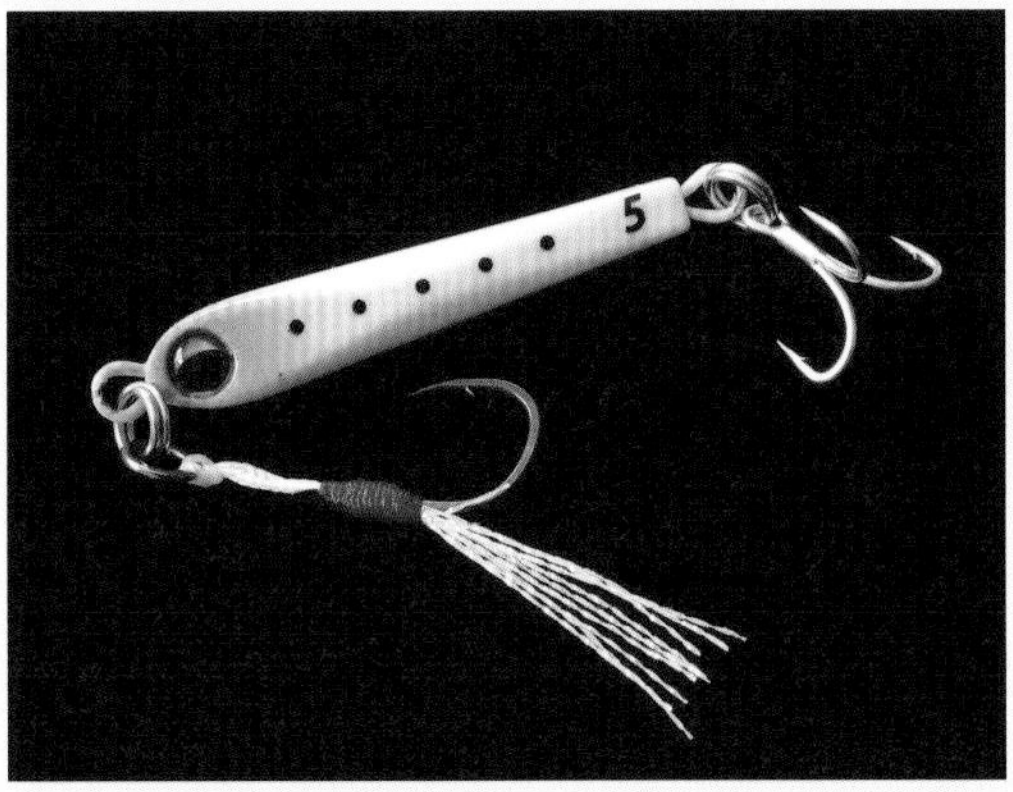

ジグ：ダイワ『月下美人 プリズナー』5g夜光ピンクシラス
エゾメバルはもちろん、サバやニシンねらいでも活躍するメタルジグ。空気抵抗が少ないので遠投しやすく、素早く広範囲を探りたいときに向いている

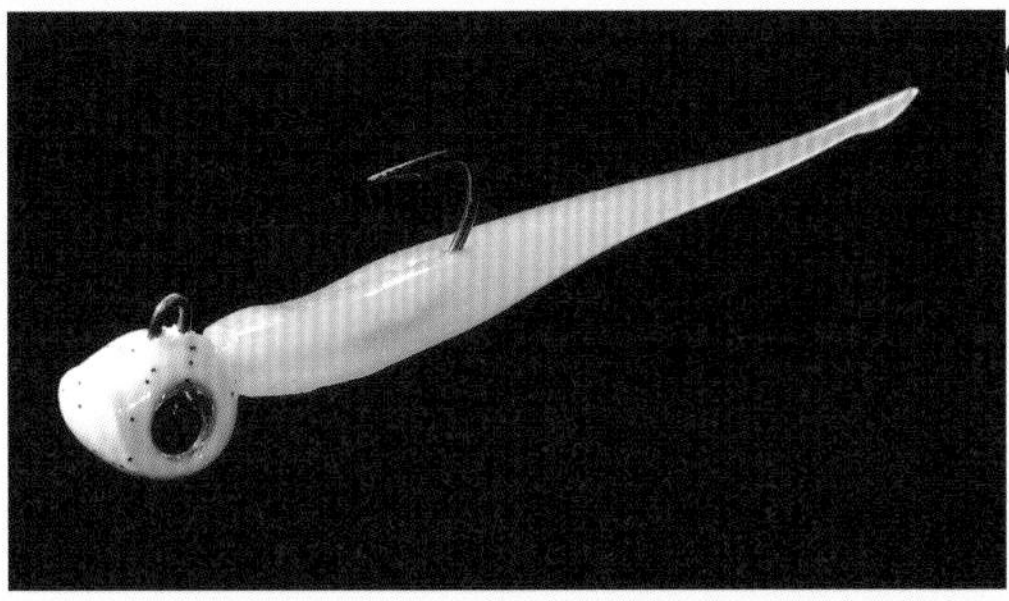

ワーム：ダイワ『月下美人 デュアルビーム』2inレッドグロー
ジグヘッド：ダイワ『月下美人 SWライトジグヘッドSSレッドグロー』3g #6
よくある緑色の夜光色ではなく、赤く光るジグヘッドに同じように赤く光るワームを合わせた。夜光色の違いでカラーローテーションするのも面白い

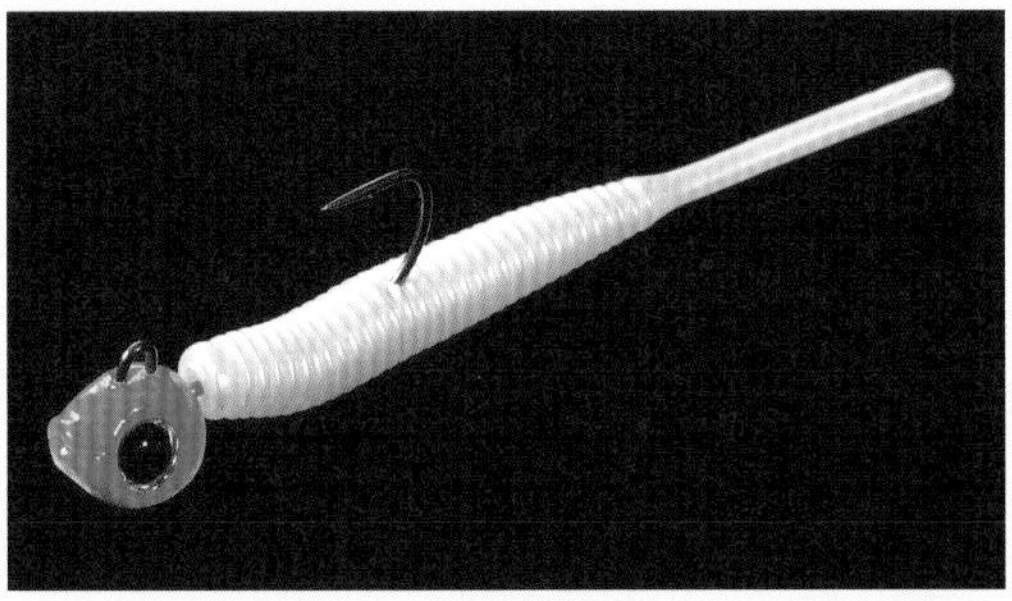

ワーム：ダイワ『月下美人 ビームスティック』2.2inパールホワイト
ジグヘッド：ダイワ『月下美人 SWライトジグヘッドSS夜光』2.5g #6
取材時に有効だった組み合わせ。常夜灯周りではそのまま、明暗部から暗部にかけてはジグヘッドに蓄光して使用。状況によってグロータイプに変えた

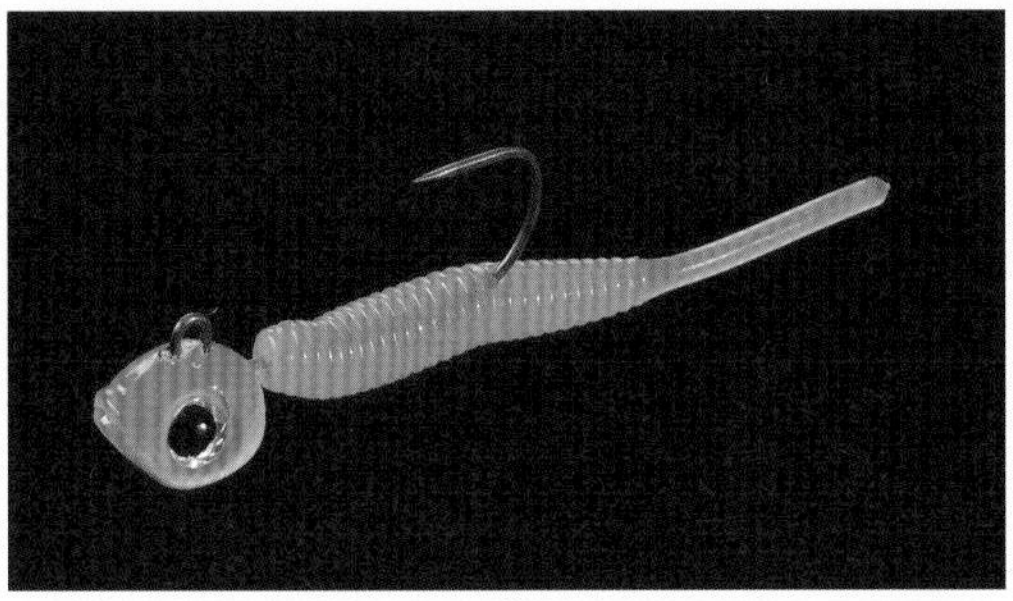

ワーム：ダイワ『月下美人 ビームスティック』1.5inグローピンク
ジグヘッド：ダイワ『月下美人 SWライトジグヘッドSS夜光』2g #8
常夜灯周りの浮いているエゾメバルに効果的な組み合わせ。ちょい投げしてサイトフィッシングで釣るのもよい。とにかくたくさん釣りたいときに

【使用タックル】

ロッド：ダイワ『月下美人 MX（メバルモデル）78ML-T』
リール：ダイワ『月下美人 X 2000S』
ライン：ダイワ『UVF月下美人 デュラセンサー+Si 2』
リーダー：フロロカーボン8ポンドを1mほどFGノットで結束
使用ロッドはルアーウエイトの幅が1.5g～10gと広く、ジグヘッドリグはもちろん、メタルジグやプラグ、フロートリグにも対応する。チューブラー・ティップモデルで感度がよく、繊細な釣りが求められる港にマッチ

【おすすめアイテム】

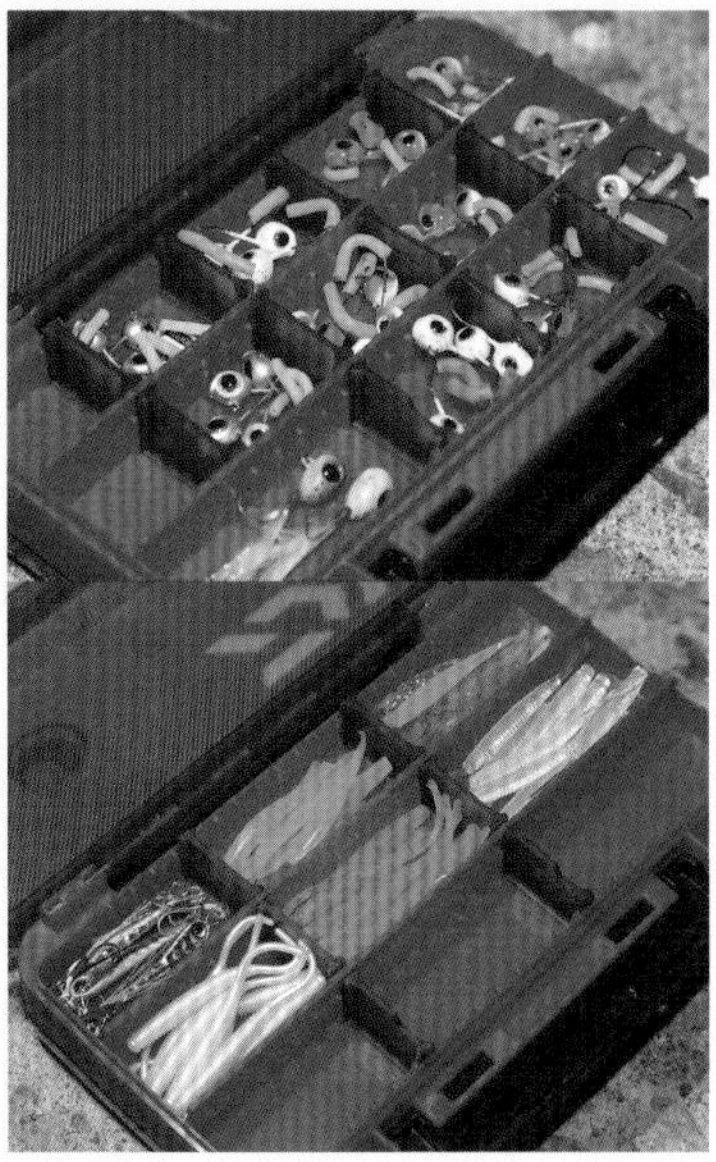

ワームとシンカーはリバーシブルタイプの、ダイワ『月下美人 ランガンケース175』タイプCにひとまとめにし、ポケットに入れて持ち歩いている。ロッド以外のアイテムは、このケースとリーダーのみ。シンカーは2g、2.5g、3gで、それぞれ#4、#6、#8のフックサイズを用意。ワームの他に5gのジグを入れている

安心ですね」と言う。その後もアベレージサイズのクロソイとエゾメバルを数尾キャッチすることができた。

風向きは要チェック

今回は2～3gのリグを使ったが、初心者の方は慣れるまで、軽くて扱いにくいと思うかもしれない。とはいえ、ロッドに重さを感じられるからと5g以上を使うとフォールスピードが速くなり、根掛かりの確率も上がってしまう。中層を探るときもリーリングスピードを速くしなければならず、結果として釣果に大きな影響を及ぼす。

取材時に沙織さんが根掛かりしたのは1度だけ。その1回もロッド操作で外すことができた。ジグヘッドの場合はボトムをタイトに探るより、少し浮かせたレンジをトレースするよう心がけたい。もちろん水深や風、潮の流れによっても選択肢は変わってくるが、水深の浅い余市港では2・5gをメインに調整したい。

軽量リグを扱うには、今回使用した『月下美人』シリーズのような繊細なメバルタックルと、0・6号以下のPEラインがマッチする。それでも風が吹くと難易度は上がる。とくに横風はメンディングしないとアタリが取れなかったり、根掛かりのリスクも高くなる。その場合、風が正面や後ろから吹くポイントを選びたい。

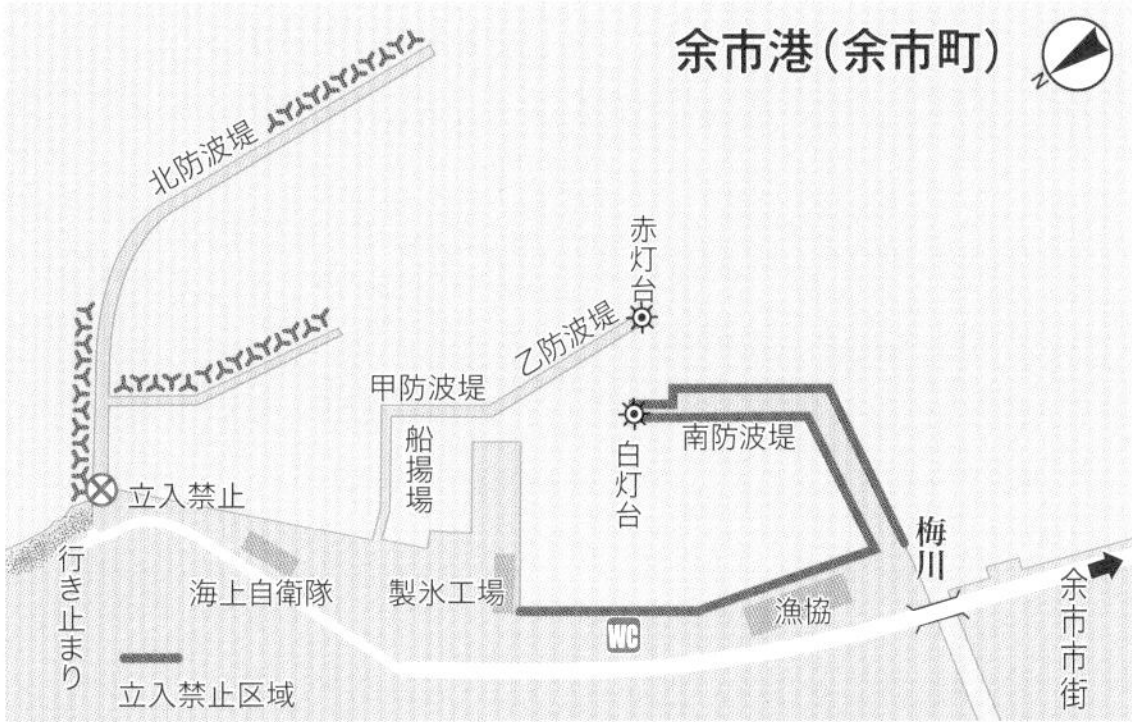

MEMO 中防波堤と呼ばれる甲・乙防波堤が主なポイント。常夜灯は海上自衛隊のある基部から先端の赤灯台まで計4本あり、夜でも見通しがよいものの、魚が散らばりやすい傾向にある。なお、市場前の岸壁から人気が高かった南防波堤全域は2023年3月、釣り人のマナー違反が原因で立入禁止エリアに設定された

十勝港のクロソイは30cmに迫る良型がアベレージサイズ。この日釣ったのは22~32cmだったが、40cmを超える大型も望める。ロッドはノリーズ『ロックフィッシュボトムパワーオーシャンRPO72MHC2』

夏枯れ知らず、秋も期待大!

十勝はクロソイの楽園

各地の港が夏枯れで厳しい季節、日中に良型のソイをねらえることで、太平洋に面した十勝港は異色だ。潮の色などからねらうエリアを読み、好ポイントを見定めて的確に撃つと、たしかに釣れた!

日中に良型連発!?

夏枯れ真っ只中の8月下旬、三上顕太さんから「クロソイねらいで十勝港に行きませんか?」とのお誘い。時期的にアイナメは厳しいとはいえ、日中にねらってクロソイが釣れるのだという。しかも、アベレージサイズは30cmに迫るそうで、パターンがハマれば連発するのだとか。

十勝港に到着したのは13時。まずは港内奥の漁業埠頭からスタートした。三上さんが手にしているタックルは、7・2フィートのベイトロッドとハイギアリール。ラインはフロロカーボン10ポンド。リグは甲殻類系2インチのワームをセットした14gのビフテキリグ。

開口一番「壁に開いている穴の中を探ります」と三上さん。「えっ、壁に開いている穴? ボトムに敷き詰められている被覆ブロックの穴のこと?」と聞き直すが、「いいえ、今立っているコンクリートの下が空洞になっていて、その中にソイがいるんです」と話す。

そういって壁際にリグを落とし込む。開始3秒? ロッドティップがポンッと弾かれてアワセを入れる。残念ながらフッキングにはいたらなかったが、「いますね~」と笑顔。ズレたワームをセットし直して同じ場所に入れる。コンブをかわすとすぐにバイトがあり、今度はうまくフッキングが決まった。

ロッドが大きく弧を描き、壁の穴にラインが引き込まれる。「マズイ、中に入られたら出すのが大変」と、強引に壁から離すようにコントロールしてキャッチ。いきなり30cm近い良型のクロソイをキャッチ!

「濁りもいい感じですし、理想とするヒットパターンでした。たぶん、連発しますよ」と自信たっぷり。その言葉どおり、次々キャッチ&リリースを繰り返した。港のソイは夜に釣るものだと思っていた筆者は唖然……。どうしてこんなに? しかも良型ばかりが……。

濁りが影響

「初夏まで足もとで釣れていたアイナメが、水温の上昇とともに釣れなくなるのは他の港と同じです。しかし十勝港では、アイナメ

日の高い時間帯は漁業埠頭で楽しんだ。ヒット後は素早く抜きあげないと足もとの穴に入られてしまう

夕方、アタリが途絶えたと思ったら、イルカが現われた。まさか港内に入ってくるとは……。この光景を見てストップフィッシング

この日は小さい魚体が多かったが、春～夏はガヤの良型もねらえる

外道で多いのはカジカとカレイ類。これらを本命にするのも面白いだろう

と入れ替わるようにソイが釣れだします。アイナメがいなくなってクロソイが寄ってくるのか、もともといるけどアイナメが先にヒットするからいないと感じるのか……。それは分かりませんが、同じポイントでターゲットだけ変わります」

日中にクロソイが釣れる理由として、海水の濁り方が影響していると考えている。冬から春にかけてのシーズンは、底が見えるほど水質はクリア。ハイシーズンといわれる春でもクリアな日が多く、日中にソイの姿を見ることは少ない。おそらく根やブロックの陰などに隠れて暗くなるのをジッと待っているのだろう。

ソイ類は本来夜行性ゆえ、夜になるとベイトを求めて動きだし、ルアーに好反応を示す。とはいえ、クリアな条件下では根やブロックから離れることが少なく、できるだけタイトに探る必要がある。ハイシーズンで活性は高く、釣り方はオーソドックスなリフト&フォール、もしくはボトムぎりぎりのスイミングでOK。クリアな水質には透過系カラーのワームがマッチする。

逆に濁りがきついときは警戒心が緩むのか、日中でも釣れるようになる。さすがに激しい濁りは厳しいが、一目で濁っていると判断できる程度でも問題はないよう。濁っているときはシルエットのはっきりするカラーのワームを選択し、ボトムだけではなく少し浮かせてスイミングさせると釣果に結びつくそうだ。

【使用リグ】

ワーム：エコギア『ロッククロー』2インチ・ウォーターメロンバグ
フック：ジャングルジム『リングロッカー』#1
シンカー：ジャングルジム『ビーンズ TG』14g
取材時の状況では、この組み合わせがベストといえた。ウォーターメロン系は万能とはいえ、十勝港では濁りの状況に合わせてカラーを替えてみたい

十勝港は農業関連品を本州へ輸送するための物流拠点。大型の貨物船などが行き交う大型港だ。外海に面する2本の防波堤は立入禁止。水深は船道に近い第4埠頭で13mと最も深く、港内奥は6m以下。親潮の影響により夏でも水温は低め

例年夏はクリアでもなく激しく濁っているわけでもない。そんな状況では壁際にソイが付くらしい。

「激しく濁るとソイは広範囲に散らばってしまいます。でも、若干の濁りならすぐ陰に隠れられる壁際に集まってくるのでは？　そう思っています。クリアだと壁際よりも水深のあるボトムの穴などに隠れてしまい、日中はほぼノーチャンス。日中に釣りたいなら若干濁る夏から秋がチャンス」

十勝港では10月に入るとアイナメも釣れ始め、カジカやカレイもワームにヒットする。濁りを確認して壁の穴を撃っても反応がないようなら、キャストして何かしら変化のあるポイントを探ってみるとよいだろう。

漁業埠頭では壁から10cm以内を探るのがキモ。ヒット後はコンブに巻かれないように注意。念のため遠投して広範囲を探ってみたが、魚からの反応はなかった

【十勝港】（広尾町）

MEMO　実績が高いのは港の一番奥に位置し、漁協施設のある漁業埠頭エリア。堤防が空洞になっていて、その穴に魚が付いている。空洞の堤防は大きな常夜灯が目印の第2埠頭にもある。第3埠頭は空洞がなく、先端は水深があり、やや潮流が速いとはいえ、良型が期待できるポイント。遠投してねらいたい。旧フェリーターミナルにトイレあり

港

ビッグベイトで
テンビンリグを利用して
カジカを豪快に釣る！

大食漢のカジカに対して大きなルアーが効くのは明らかでも、潜行深度や沈下速度などの面からハードルアーはイマイチ使いにくかった。が、それを解消するアイテムがある。ビッグベイトで楽しくカジカを釣ろう。

開始早々、崎守埠頭でキャッチした35cmほどのケムシカジカ。タダ巻きで反応せず、20cm程度のリフトアクションを加えてヒット。シンカーがボトムにタッチした瞬間にバイトが伝わった

ルアー派が増加中

普段はロックフィッシュねらいの外道として扱われるフシのあるカジカだが、秋が深まり雪のちらつく頃になると、港では「やったー、カジカゲットー！」という喜びの声を聞く。身体を芯から温めてくれる冬の定番鍋料理・カジカ汁のメイン食材になるからだ。

なかでもトゲカジカ（地方名：マカジカ）とケムシカジカ（地方名：トウベツカジカ）は、あまりの美味しさに箸がすすみ、鍋の底

室蘭港（室蘭市）

を壊してしまう意味から、別名〝なべ壊し〟と呼ばれる。普段は水深50ｍ以上の深場に生息しているが、10月中旬から産卵のために岸寄りし、陸っぱり派の射程圏内に入る。

トゲカジカとケムシカジカ、両魚種が釣れることで人気なのが室蘭港。同港をホームグラウンドにする室蘭市の吉野崇憲さんによると、例年ケムシカジカが釣れるのは10月中旬～11月下旬、トゲカジカは11月中旬～2月中旬。前者は産卵を終えると深場に移動するため、産卵期以外は陸から釣れなくなるものの、後者はほぼ一年中湾内にいて釣るのは可能だという。

カジカといえば、釣り方はかねてよりイカゴロを使うエサ釣りが知られるが、近年はワームを使ったロックフィッシュのスタイルで臨むアングラーが増えている。実績が高いのは匂いのきついワームだが、吉野さんは「ビッグベイト」と呼ばれる大型のハードルアーを愛用している。

口が大きく悪食なカジカには「ビッグベイトがマッチしていて、アプローチの仕方で釣果は大きく変わります」とのこと。パターンをつかめば連続キャッチも珍しくないものの、そうでなければバイトすらないことも……。11月中旬、吉野さんに同行し、ビッグベイトの釣りを拝見した。

コレでボトム攻略が可能！

タマヅメにエントリーしたのは水深10ｍ以上ある崎守埠頭。「とにかく目立つルアーでアピールすること、それとバイトしやすいようスローに誘うことが重要」とは吉野さん。この日はテンビン仕掛

ルアー:ガンクラフト『鮎邪ジョインテッドクロー改148F』
(148mm1.2oz class)
バスの世界で圧倒的な人気を誇るビッグベイト。やや浮力をアップさせるため、フックは小さめの#4に変更。潮流に対してアップにキャストし、潮になじませつつ少しテール側が上がるくらいのスピードを意識して巻くとよい。ボトムを這うように泳がせたく、ディープトレーサーのシンカーは潮が緩いときは14g、速いときは21gを選択

ルアー:ダイワ『T.D.ダイビングミノー105SP』
(105mm13.5g)
潜行深度約2.5mのサスペンドタイプのディープミノー。海で使うとフローティング気味になる。細身のシルエットゆえ、ディープトレーサーのシンカーは10gでも充分ボトムまで届けられる。潮流に対してダウンにキャストすると、デッドスローでもワイドなリップに潮流が当たり、自発的にアクションを起こしてアピールを続けてくれる

ルアー:ダイワ『モアザン モンスターウェイク 156F』
(156mm40g)
これもフックを小さめの#4に変更。もともと浮力の高いビッグベイトゆえ、ディープトレーサーのシンカーは14gを選択。ヘッドの水受け面積が大きく、本来は水面直下で引き波を出して誘うタイプ。潮流に対してダウンにキャストし、ボトムをスローにリトリーブすることで、このルアーならではの強いウオブリングでアピールしてくれる

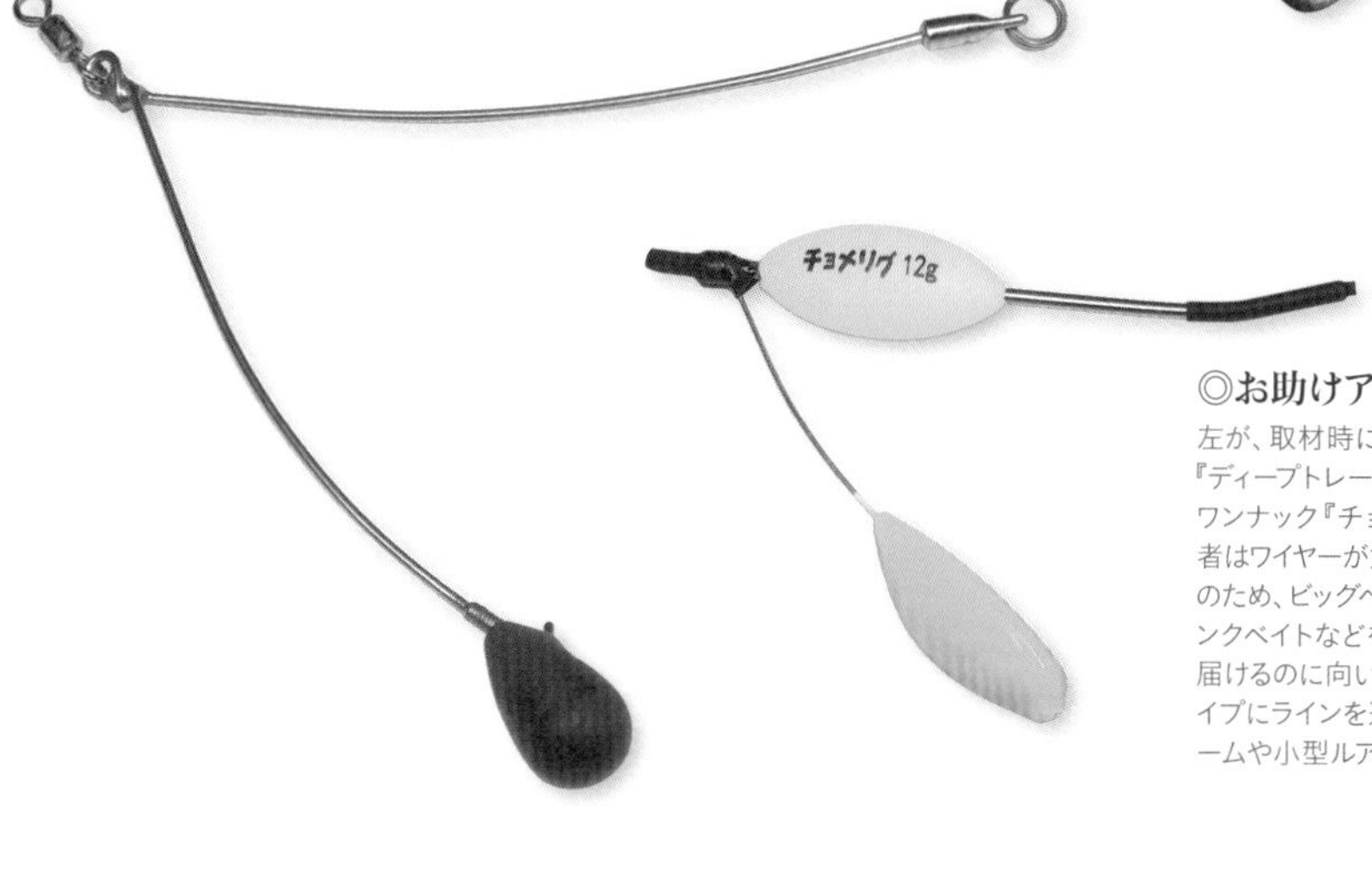

◎お助けアイテム
左が、取材時に活躍したリューギ『ディープトレーサー』21g。右は、ワンナック『チョメリグ』12g。前者はワイヤーが太く張りが強い。そのため、ビッグベイトや小型のクランクベイトなどをディープエリアに届けるのに向いている。後者はパイプにラインを通して使うため、ワームや小型ルアーに適している

翌日は北外防波堤に渡った。シーズン終盤を迎え、想像以上にカジカのバイトが少ない。こうなるとラン&ガンを繰り返して魚を捜すしかない

初日のタマヅメ、風を避けられる崎守埠頭へ。水深が10m以上あり、ビッグベイトでスローに探るのは難しい。吉野さんは迷わずディープトレーサーを使った

けを連想させる、ワイヤーとタングステンシンカーを用いた『ディープトレーサー』というアイテムを用意していた。

　このアイテムはワイヤーを介して下にシンカーが付属し、上にルアーを付けるというシステムで、ルアーがフローティングタイプでも沈む。当初は壁際のアイナメねらいで使っていたそうだが、今ではカジカにも有効だと考えている。最初はルアーとのバランスで苦労したが、コツをつかんでからは調子がよく、壁以外でもビッグベイトによるボトムの攻略が可能になったという

　ロッドはベイトタイプの7フィート2インチで、重量級のルアーを操作しやすいバスのパワークランキング用。ラインはハードタイプのフロロカーボン14ポンド。ハードタイプは風が強くても張りがある分、ラインが直線的になりやすいのがよいそうだ。

　ラインの先に結ばれているセッティングは、『鮎邪ジョインテッドクロー改148F』とディープトレーサー14g。潮流に対してアップにキャストし、潮になじませつつボトムまで沈める。その後は、テール側の浮力を保ちつつ、シンカーがボトムを這うようなスローリトリーブを心がける。

　1キャスト目は反応がなく、続くキャストでは20㎝ほどリフトするようにアクションを加えながら探る。タングステンシンカーが「トーン・トーン」とボトムにタッチするのを手もとに感じていると「ググッ」とバイト。カジカの場合、直線的な横の誘いより、上から落ちてくるものに反応がよ

吉野崇憲さん。埼玉生まれの函館育ち。子どもの頃から釣りに親しみ、就職で室蘭に越してからはロックフィッシュをメインに楽しんでいる。千葉に赴任中は毎晩のようにシーバスやヒラメをねらってビッグベイトをキャストしていた

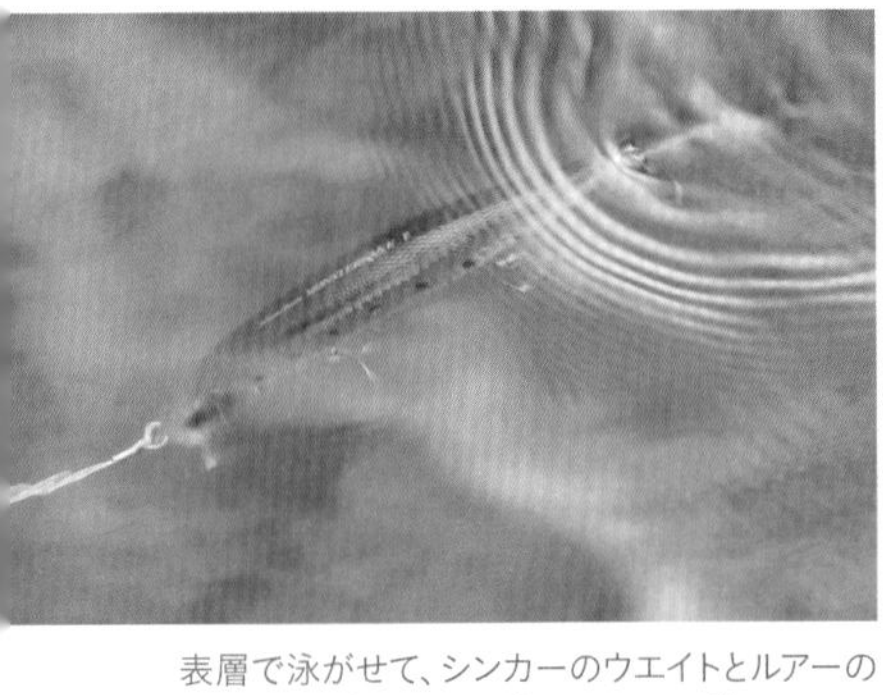

表層で泳がせて、シンカーのウエイトとルアーのバランスを確認する。デッドスローで巻いてみて、しっかりウオブリングしていればOK

潮流や風速にマッチするセッティングを探るため、数キャストごとにルアーをチェンジ。マメなローテーションと調整が釣果のカギを握る

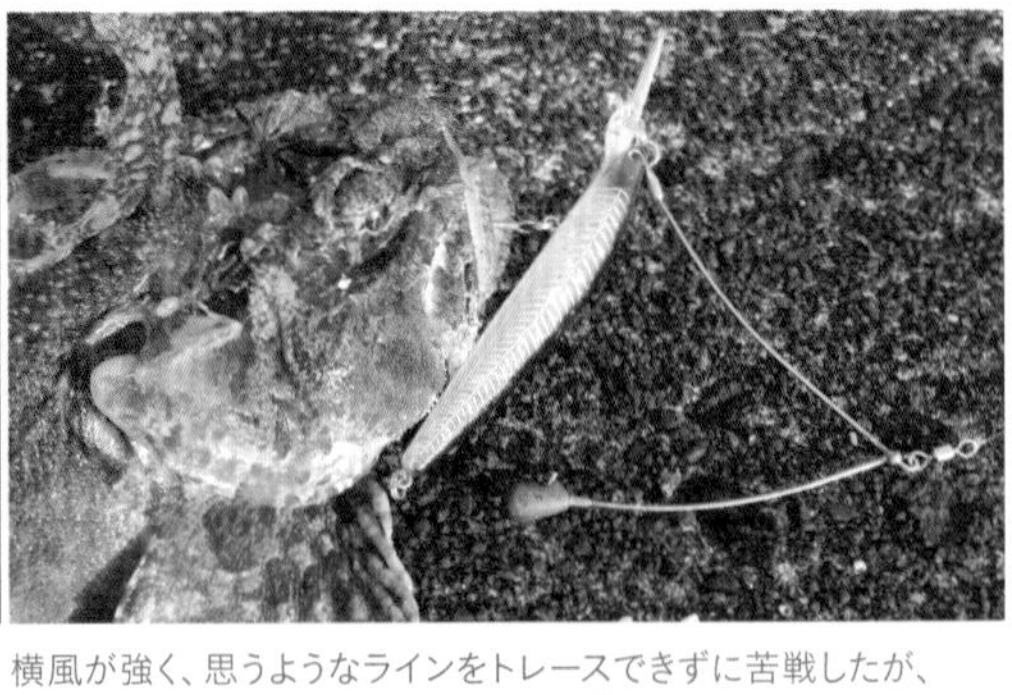

横風が強く、思うようなラインをトレースできずに苦戦したが、沖堤に渡ってもケムシカジカをゲット。『T.D.ダイビングミノー105SP』+ディープトレーサー10gの組み合わせ

アイナメのように派手な首振りダンスはしなくても、どっしりとした重量感と、怪獣のような魚体が魅力的

カジカは足もとのブロックエリアを中心に探る。堤防に対し平行または斜めにキャストすることでヒットゾーンを長く通せる

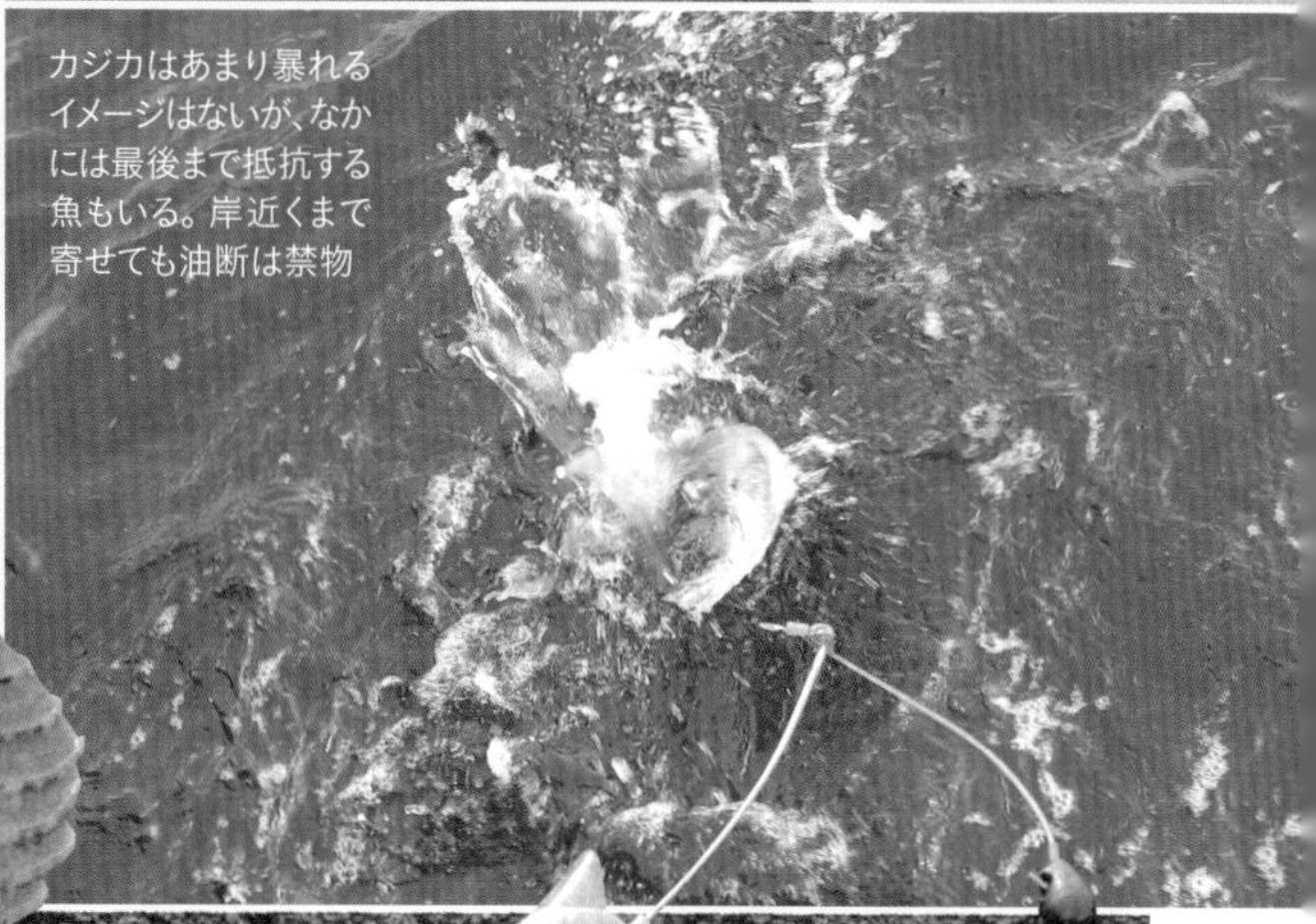
カジカはあまり暴れるイメージはないが、なかには最後まで抵抗する魚もいる。岸近くまで寄せても油断は禁物

本来は表層で使う『モアザン モンスターウェイク 156F』をボトムに届けて。ヨタヨタとしたアクションと大きな波動はカジカに効き、一発で食ってきた

ケムシカジカMEMO

取材時にヒットしたのはすべてケムシカジカ(地方名:トウベツカジカ、カワムキカジカ)。苫小牧～函館の太平洋側に多い。旧当別村(現北斗市)でよく獲れたのが地方名の由来ともいわれている。カジカ科の魚は見分け方が難しいが、ゴジラのような姿態のケムシカジカは頭部にコブ、皮膚にいぼ状の突起があり、他の種と容易に見分けられる

いらしく、縦のアクションが功を奏した。難なくキャッチしたように見えたが、14gでは軽くてコントロールしにくかったそう。

「水深が10m以上あるうえ、風が強いのでラインがたわみ、ボトムタッチが分かりにくい状況でした。時々リールを巻きながらラインを張り気味にして、やっと着底が分かった感じ。運よく釣れましたが、次は21gに替えてみます」

21gにすると着底は明確になったとはいえ、ボトムがゴツゴツした場所ではワイヤーが先に当たり、タングステンシンカー特有の「カンカン」という金属的な感触が半減する。とはいえ、ワイヤーが先に当たることでシンカーが跳ね上がり、根掛かりを回避しやすいのは利点。その後は1度バイトがあったものの、強風により1時間ほどで終了。翌日は好釣果が出ている沖堤に渡ることにした。

理想のスピードを追求する

「沖堤でビッグベイトを使ってアイナメをねらっていると、カジカもよく釣れます。カジカといえば秋のイメージがありますが、春でもマカジカは釣れます。今年の5月上旬、アイナメが調子よく釣れていたのですが、中旬になって釣れなくなるとマカジカのラッシュになりました。春のマカジカは積極的にアタックしてくるので楽しいです。ちなみに秋は先にケムシカジカ、その後にマカジカが釣れ

ケムシカジカは歯が鋭く、素手で触るのは危険。プライヤーやフィッシュグリップを使ってフックを外すこと

【使用タックル】
ロッド：ダイワ『スティーズ721MHFB-LM』
リール：ダイワ『スティーズ SV TW 1016SV-HL』
ライン：フクレハ『シーガーR18フロロリミテッド ハードBASS』14lb

ます」

そう話す吉野さんは先週、港内の奥でマカジカを3尾ゲットしたという。その釣果から「そろそろケムシカジカは終わりかもしれません。ちょうど入れ替わりのタイミングなのか、数日前からカジカのヒットが少なくなりました」と話す。

前日に続いて、ビッグベイトに手を伸ばす。開始から30分後、ファーストヒットはディープトレーサー10g+『T・D・ダイビングミノー105SP』のセッティング。このミノーはよく潜り、速く巻くと潜り過ぎる。そのため、デッドスローに巻いてユラユラと動かした。バイトがあるのは被覆ブロックや捨石ゾーン。飛距離はそれほど必要ない。沖に遠投するより斜めにキャストし、ヒットゾーンを長く引いたほうが効果的だ。

重要なのは「ディープトレーサーのシンカーと、ルアーとの浮力バランス」と推測する。速く沈めたいから重くするのではなく、理想のリーリングスピードでルアーがよい動きをするように調整する。キャスト方向が潮流に対してアップなのかダウンなのかでも変わる。「タックルはヘビーですけど、やっていることはフィネスという感じ」。シビアに調整する必要があるようだ。

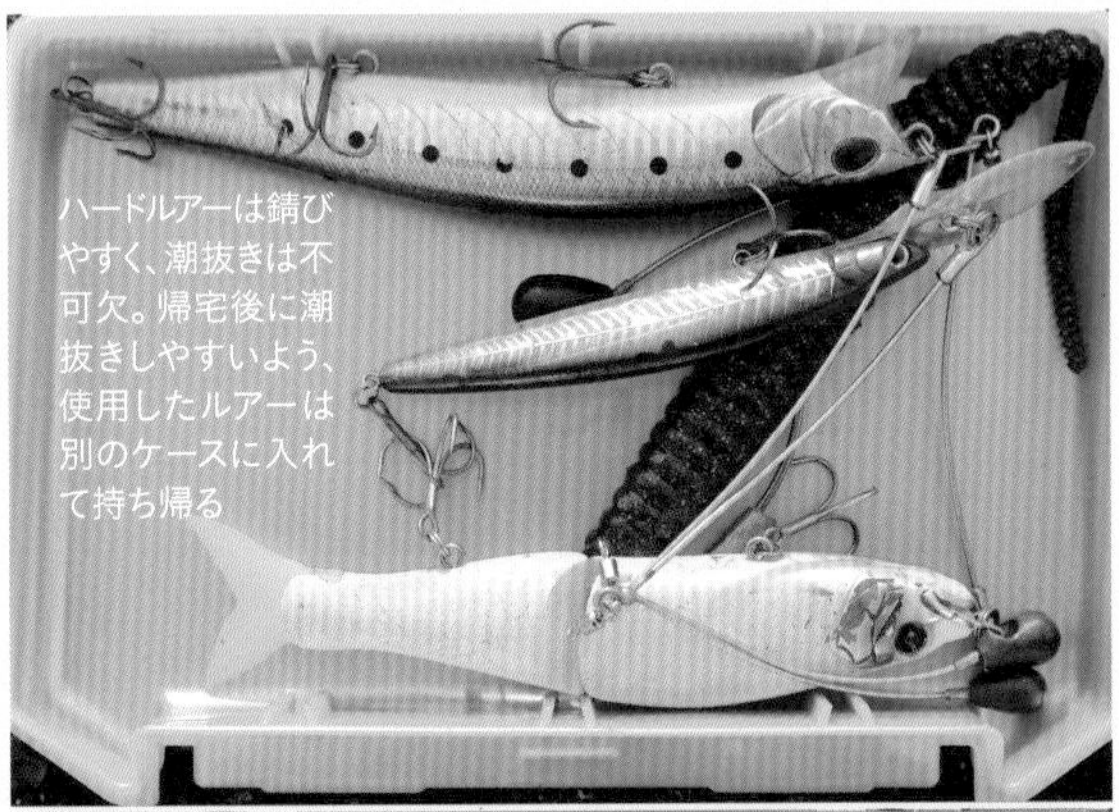

ハードルアーは錆びやすく、潮抜きは不可欠。帰宅後に潮抜きしやすいよう、使用したルアーは別のケースに入れて持ち帰る

潜行深度4mのクランクベイト。これをディープトレーサーと組み合わせれば、さらに深いレンジを探ることができる。特に壁際をねらう際に有効だ

ボトムでも変わらないアピール

今回の実釣をとおし、一番マッチしていたビッグベイトは『モンスターウェイク156F』。キャスト前に表層で動きを見ながらリーリングスピードを確認すると、かなりゆっくり引けると実感。そこで斜めにキャストしてボトムまで沈め、リーリングを開始。

「当初、カジカはワームのほうが有利だと思っていました。でも、ディープトレーサーを使うことでハードルアーでも問題なく釣れることが分かりました。ワームとは違う動きを出せるので、ワームに反応しなかった魚にも効果がありそうです」

そんな話をしていると、ロッドが大きく弧を描いた。

「楽しい～！　一発で食ってきました。ボトムから少し浮いているかな～というレンジで巻いているときにきました。これは本来、水深1mくらいの干潟なんかで使うビッグベイトですが、大きなゆらゆらした動きはカジカに向いているんでしょうね」

その後、ルアーを替えて2尾追加。普段は水面直下で使うルアーが、ボトム攻略の切り札になるとは……。ボトム付近で表層と同じように浮遊感のあるナチュラルなベイトを演出できること、ハードルアー単体よりもスローにアピールできることなどメリットは多い。カジカだけでなく、いろいろなターゲットに試してみたい。

◎なぜ、ノーマルギア？
リールは高ギア比が人気のなか、あえてギア比6.3のリールを愛用。その理由はリーリングによるスローアクションを繊細に、かつ連続で行ないやすいため。ロッドでスローにサビく方法もあるが、ロッドを戻すときにスラックが発生し、「アクションが途切れてしまうのが難点」と吉野さん。ギア比が低いとリーリング時のバイトも感じやすいメリットがある

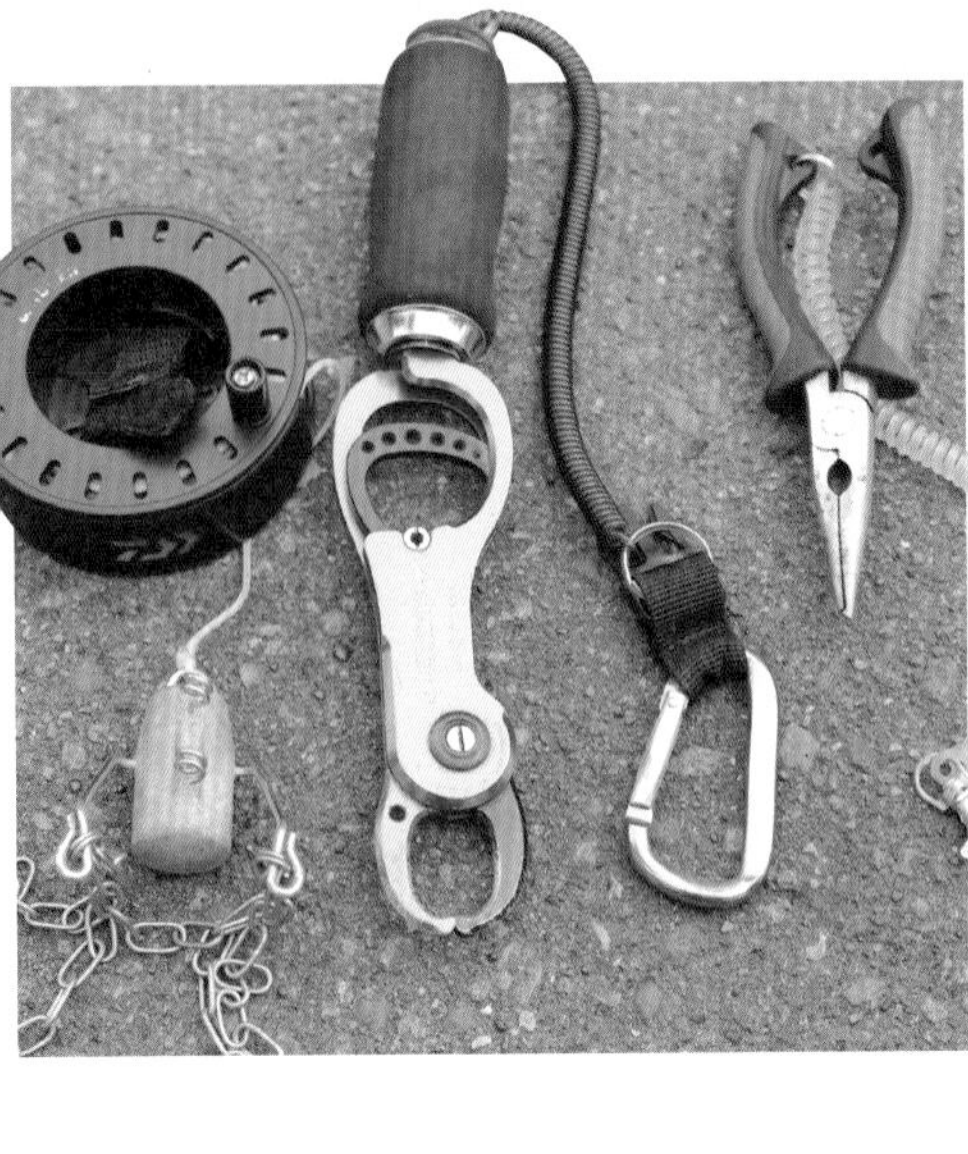

◎必携！ 根掛かり回収機
ハードルアーはフックがむき出しのため、壁に付着する貝などに引っ掛かりやすい。高価なハードルアーをロストするのは避けたく、根掛かり回収機（写真左）を必ず持ち歩いている

イクラよりも
プチプチしていて
クセになる食感♪

カジカ卵の醤油漬け

調理前に、醤油1に対し、めんつゆ1、みりん1、酒2の割合でつけ汁を作っておく。今回は250gの卵に対し、醤油100㎖をもとに500㎖のつけ汁を用意

01 膜を割き、ざるに広げて置く。今回はケムシカジカの卵を使用

02 アニサキス対策で65℃の湯を掛ける。アニサキスは70℃の湯では一瞬、60℃の湯では1分間で死滅するといわれている

03 湯を入れたまま、30秒ほど箸でかき混ぜ、膜と卵をほぐす（卵が白くなるものの、あとで戻るので大丈夫）

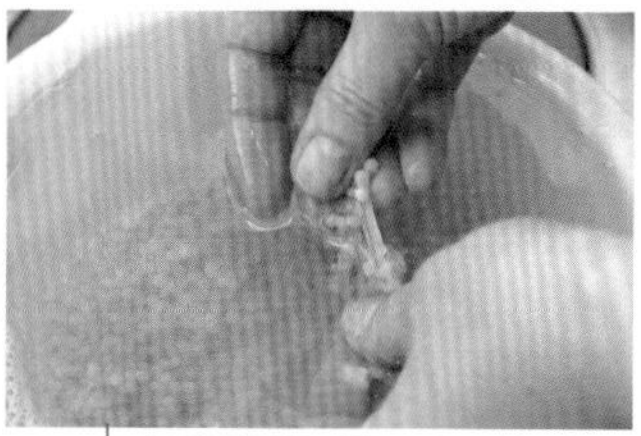

04 素早く膜を取り除く。卵に熱が入り込まないよう、湯を掛けてから1分間で終わらせること。湯での膜取りはアニサキス対策も兼ねている

05 湯を切り、水で冷やす

06 水を切り、少し塩をまぶす

07 塩が混ざるようにざるを振る（ここで色が戻ってくる）

08 すすぐため、水を溜める

09 すすぎはざるで水を切るのではなく、殻や膜を流すように水を捨てる。生臭さを除去するため、06～09の工程を3～5回繰り返す

10 卵を容器に移し、つけ汁をひたひたに注ぐ

11 そのまま15分ほど待つ

12 ざるに戻し、つけ汁を捨てる。卵に水分が付いていると日持ちしない

13 洗った容器に戻し、殺菌作用のある粉ワサビを少しまぶす。少しなら辛さは感じない

14 残りのつけ汁をひたひたに注ぎ、冷蔵庫で一晩寝かせる

15 酒の肴にも最高だが、贅沢にご飯に乗せていただいた

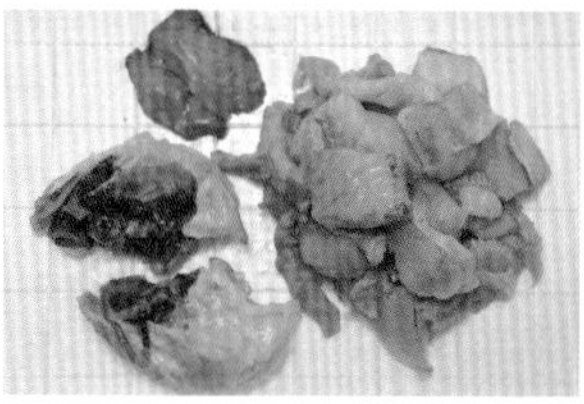

肉厚でプリプリの身、濃厚なオレンジ色の肝を抱えていたケムシカジカ。肝はマカジカよりも大ぶり

カワムキカジカの名前からも分かるように皮が堅く、剥いでから調理する。ゆっくり行なえば難なくできる

空揚げも旨い

ケムシカジカの空揚げは鶏肉を思わせる食感。適度なもっちり感があり、子どもも喜ぶこと間違いなし

冬を乗り切る鍋

だしはカジカから旨み成分が出るので、基本的には薄めでOK。メインのマカジカはぶつ切りにした後、熱湯を掛けることで臭みが取れる。具材は白菜などの葉もの野菜やキノコ、豆腐、大根、ジャガイモ、ニンジンなどを好みで。味噌仕立てで煮込むが、肝の半分をすりつぶして汁に溶かすことで濃厚な味になる。あまりの美味しさに「箸で鍋底を突いて壊してしまいそうになる」ことから、ナベコワシ（鍋壊し）の異名を持つカジカ。身はもちろん、肝がまた美味

港

リフトは速く、フォールは遅く

カジカをワームでねらう場合、「アピール度の高い大きなワームを使うことが多く、強めのタックルが頼りになる」と吉野崇憲さん。タックルはハードルアー使用時でも愛用する7・2フィートのベイトロッドで、ルアーウエイトは7～42g。重量級ルアーでも飛距離が稼げ、遠距離でのフッキング性も高い。取材時のスタート時に選んだワームは、6・8インチのフィッシュ系、10gのビフテキリグを組んだ。

産卵を意識したカジカが付きやすい壁際のボトムをねらい、潮流に乗せた緩やかなリフト&フォールで探る。数キャストごとに船道側と外海側を交互に撃ち、少しずつ先端側に移動しながら探る作戦。

ほどなくして吉野さんのロッドが弧を描く。「けっこういいかも!」。そう言って慎重に寄せるも、残念ながらあと少しのところでバラシ……。どうもワームの後ろ側をかじっているようで、フッキングが決まらない。「今ヒットしたのもテールを食った感じ。ハリ掛かりしていないのかも。魚の活性は低めで丸のみはしないようです」と渋い顔。

ワームやリグを替えながらキャストを繰り返していると、今度はしっかりとフッキングが決まり、無事ネットに収まった。「フッキングしやすいラバージグを選択し、ワームを4・8インチにサイズダウンさせました。リフトを速く、フォールを遅くさせる誘いに変えて釣れました」と笑顔を浮かべた。

小刻みにコースを変えて
カジカはワームも大きめがハマる

ビッグベイトは最高に面白いとはいえ、手堅いルアーはやはりワームだ。10月下旬、吉野崇憲さんに同行した室蘭港沖堤の実釣を交えながら、ワームで釣果を上げる秘訣を探りたい。

今回訪れた室蘭港沖堤・南外防波堤は、大黒島側のシャローから船道側のディープエリアまで水深の変化が大きい。当日はアイナメねらいの人が多いシャローを避け、中間よりも先端側のディープエリアで勝負した

釣れる場所、動きは?

●どちらも釣り方は同じ

ケムシカジカもマカジカもねらい方は同じとのこと。大きな口から想像できるとおり、より大きなものに興味を示し、ワームも大型を好む。

「カジカは他の魚に食われることが少ないせいか、警戒心が低く、常に貪欲に捕食するチャンスをうかがっているはず。ルアーでのカジカねらいは、カジカの好奇心を刺激しつつ、広範囲を探れるビッグベイトが有利。具体的には5～9インチがおすすめ。水深を考慮し、スローアクションが可能なシンカーとの組み合せが重要です」

たとえば水深5mなら水噛みの大きい5～6インチのシャッド系ワームに10gのウエイトがベター。水深15mで同じワームサイズなら14～18gといったところ。根掛かりが激しければ2gずつ軽くし、ボトムコンタクトを減らしていく。

●一連のルアーアクション

ねらいのポイントへキャストしたら、テンションを保ちながら着底させる。着底前にヒットすることも少なくないので油断は禁物。着底後はボトムから50㎝までの範囲でリフト&フォール、またはリーリングで探る。「ルアーの存在に気づかせることに成功すれば、カジカは躊躇せずにバイトしてくるはず」と吉野さん。

とはいえ、しっかりヒットレンジを合わせても、なかなかバイト

に持ち込めないときもある。カジカにも時合があり、釣れないときはウエイトを軽くしたり、ルアーを大きくしてみたい。また、ボトムでよりスローにアクションさせてみる。食わせの間を与えるイメージで、時折ステイを混ぜるのもあり。

ノーシンカーで挑むのも手。無重力浮遊感に近く、食い気のないカジカの目の前にごちそうをぶら下げ続ける誘いが可能になる。その他、強めの匂いがするワームも効果的。何をしても反応がなければ、魚がいないと考え、ポイントを見切る。サビキ釣りでにぎわう場所はベイトが溜まりやすく、アミの集魚効果も加わり、驚くほど釣れることもあるそうだ。カジカはマジメにねらうと意外に難しく、ハマる要素はたくさんある。

いずれにしてもカジカはその場で居食い、または少し追いかけて食う程度と考えられ、ここぞというポイントでは、小刻みにトレースコースを変えてねらうのが重要。ところで、ケムシカジカの釣れる場所は、外海に面した沖堤のほうが若干早いようだ。気づいたら沖堤全域の壁にいて、堤防ごとの差はそれほど大きくない。トゲカジカにいたっては、沖堤だから釣れるということはなく、港内と釣果の差は少ないと感じている。

食いの浅いバイトが続き、吉野さんがフッキングしやすいラバージグを選択。リフトを速く、フォールをゆっくりさせる誘いに変え、本命を見事にキャッチした

外海側を探っていた吉野さんのロッドが大きく曲がった！　重量感たっぷりの引きにカジカと確信してファイト

室蘭港沖堤では、タモの柄は5m以上がおすすめ。大潮の干潮時でも立ったままネットインできる長さは5m。「仕舞い寸法が短いと、出し入れの頻度が高くなり扱いにくい。短すぎない仕舞寸法680㎜を選んでいます」

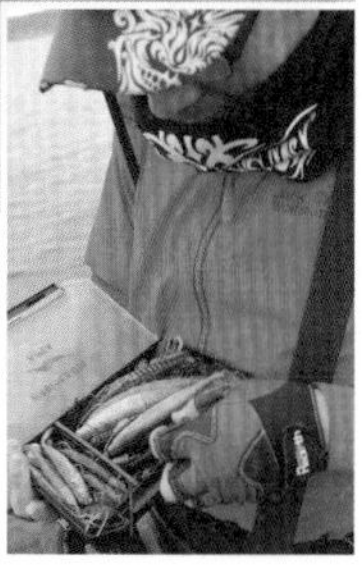

当日は産卵真っただ中で激シブ状態。壁には産卵中のカジカの姿が見られるも、食い気はほとんどなし。状況打破に向けてルアーをローテーションし、釣果を上げていた吉野さん

ケムシカジカは歯が鋭く、キャッチ時にはワームが食いちぎられていた……（写真上）
船道を挟んだ北外防波堤にも釣り人がたくさんいたが、カジカはいるものの食いは渋かったよう（写真下）

【ヒットリグ】

●写真上
ワーム：ガンクラフト『バリキシャッド』6.8in/42gパールホワイト
フック：オフセットタイプ #8/0
シンカー：ジャングルジム『ビーンズ』10g
●写真下
ワーム：ガンクラフト『バリキシャッド』4.8in/18g邪鮎
ラバージグ：ガンクラフト『ガンジグ コアヘッド』1/2ozナチュラル

☆使い分けについて

上のリグは、ブロックや捨石などのハードボトムに付いている魚をねらうときに使用。オフセットフックが根掛かりを回避しやすい。ワームとフックの自重でフォールさせることが可能だが、状況によって補助的にシンカーを付ける。そうすると姿勢をキープしやすいのが利点。アクションはボトムに付いた状態でのデッドスローでバイトが出やすいが、噛みつくバイトが多いカジカの場合、テールへのミスバイトが増える。フッキングしにくいときはリフト＆フォールで頭から食わせるようにしたい。水深5m以上のボトムねらいに向く。

下のリグは、活性が低いときなどフッキング重視で多用する。壁際に張り付いているカジカは産卵に意識が向いており、基本的には食い気がない。そのため、産卵前か産卵後の魚をねらう。ショートバイトでもフックが露出しているラバージグはフッキングが決まりやすい。ワームと一体のため着底などが分かりやすく、少し浮かせ気味のリフト＆フォールで頭から食わせるのに適している。コアヘッドはフックが上向きで安定する構造で、とくにフッキングさせやすい。水深7m以上の深めのボトムねらいに向く。

港ホッケは

シャッド・クランク・バイブetc.

ハードルアーで楽しさ倍増

真冬、著しく気温が低くなると
ソイやアイナメねらいは厳しくなるが、
日本海の港にはホッケが入ってくる。
数種のハードルアーを使い分ければ
ゲーム性の高い釣りを展開でき、
しかもグッドサイズにも近づける！

当日一番釣れたのがスプーン。魚の反応を見ながらレンジやアクションを変えられるのが持ち味。タダ巻きやフォールだけでなく、ドッグウオークも試したい

サイズを釣り分けられる?

アイナメが穴の中に入り、ソイ類が沖の深場に移動する真冬は、ロックフィッシュ愛好者にとって厳しい時期。「そんなときこそホッケの出番です!」と明るく話すのは、小樽市の小野修治さん。過去にウエルエフ主催『パワーオーシャンカップ』で優勝経験のあるアングラーでトーナメントではワームを中心に釣りを展開するが、プライベートではハードルアーを使うことが多いという。

「ホッケは海アメや海サクラの外道として扱われがちですが、私的にはロックフィッシュのシーズンオフにおけるルアーの貴重なターゲット。ワンキャスト、ワンバイトを大事にして釣っています。近年はジグ単体やジグ＋サビキを使い、広範囲を探る人をよく見ますが、私は普段アイナメやソイをねらうルアーで釣っています。数はエサ釣りに敵わないとはいえ、ゲーム性が高いのが魅力です」

最初に訪れた幌武意漁港。船道に近い場所から釣り始めた。外海が荒れていて、予想以上にルアーが流され苦戦を強いられた

深いポイントの一定レンジを確実に引けるディープタイプのクランクベイトも必携ルアー。フルキャストした後、スローに潜るように巻いて本領を発揮した

シャッドはルアーがしっかり潜るよう、手もとにブルブルと振動を感じる速さでリーリング。ハンドル5回転ごとにジャークを入れて誘うとアクション後にきた

バイブレーションも活躍してくれる。フルキャスト後はボトムをとり、2mほどリフトしてフォールを繰り返して釣った。回遊レンジが分かればタダ巻きでねらう

そう話す小野さんは、ルアーならある程度サイズを釣り分けることができると思っている。小さいルアーは小型がヒットしやすいが、4~6インチのワームや120㎜前後のミノー、あるいはクランクベイト、スピナーベイトなら大型に的を絞れるのだとか。1月中旬、小野さんに同行し、積丹町の港をいくつか巡った。

シャッドとスプーンで!

最初に訪れたのは数日前、釣果情報があった幌武意漁港。ここは西寄りの風に強く、昔からホッケ釣りでにぎわう港。しかし外海に面する北防波堤先端部が立入禁止になってから、ホッケねらいの釣り人は少なくなった。この日、先行者は北防波堤中間の突堤に3人と、漁協施設近くに3人。皆さんウキフカセ釣りだが、釣れている感じはない。とりあえず船道に近い突堤にエントリーしてみた。

どこに、どのレンジに、どのくらいの数がいるのかは分からない。まずは船道に近い水深のある側を探る。最初に選んだのは55㎜スローフローティングタイプの『イヴォークシャッドMR』。潜行深度は約2mで、中層を手早くチェックできる。キャストを繰り返しても反応はなく、ウキフカセ釣りも沈黙しているが、「数日前は釣れていたので、全くいないことはないはず」と小野さんは前向き。

北東の風が強く、外海は荒れ気味。船道側は潮の流れが強いが、港内側は穏やかで表層にカタクチイワシの姿を確認できた。そしてよく見ると、カタクチイワシの下にホッケの群れが付いて泳いでいる。スローリトリーブにジャークを混ぜて誘っていると待望のヒット。的確にレンジを合わせられるシャッドの持ち味が発揮された。

それから連発かと思いきや、ホッケの回遊スピードは速く、後が続かない。と突然、水面に逃げまどうカタクチイワシの群れを発見。ホッケに襲われていると判断し、次に飛距離の稼げるスプーン『ガノブレード』19gをキャスト。表層~中層を探ると数回のバイト後、フッキングが決まった。このパターンがハマり、連続ヒットに結びつけることに成功した。

「タダ巻きとフォールを混ぜたパターンの他、ルアーが手前に近づいたら連続トゥイッチを駆使し、ペンシルベイトの操作でいうドッグウオークのようなアクションでバイトに持ち込みました」と満足げに話す。

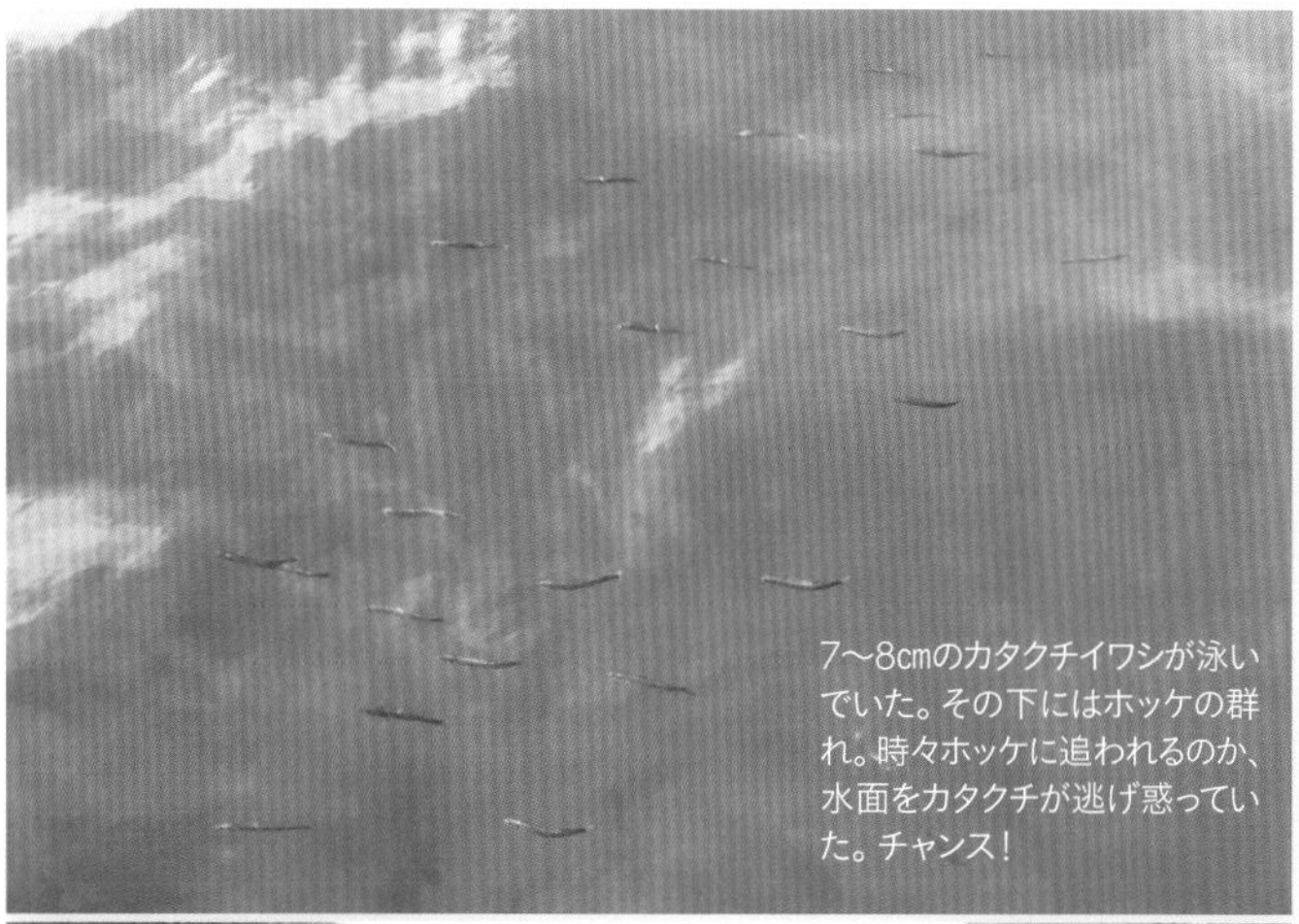
7~8cmのカタクチイワシが泳いでいた。その下にはホッケの群れ。時々ホッケに追われるのか、水面をカタクチが逃げ惑っていた。チャンス!

ホッケの群れの進行方向を読んでキャストしてヒット。水面近くでバレることもあるので要注意

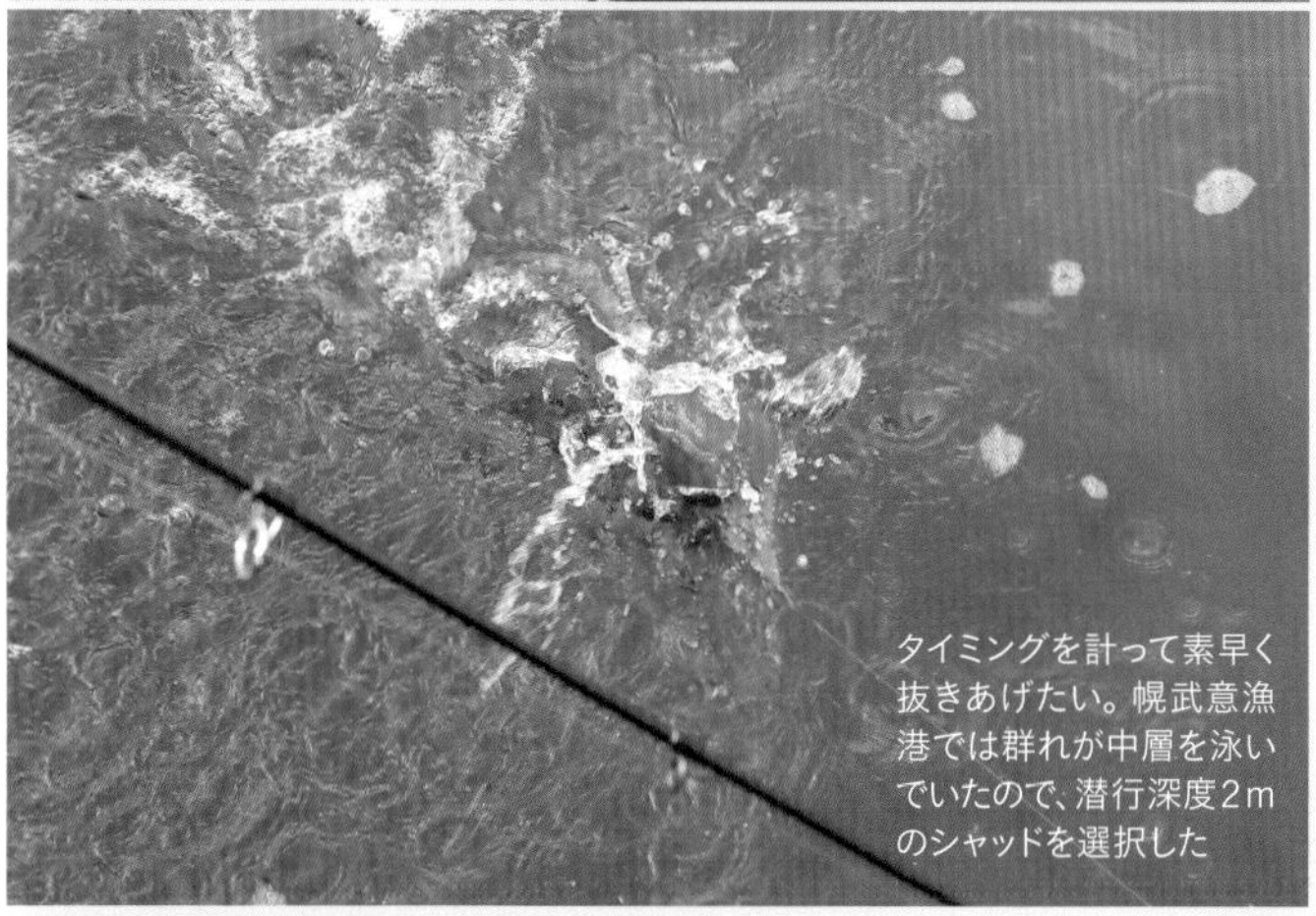
タイミングを計って素早く抜きあげたい。幌武意漁港では群れが中層を泳いでいたので、潜行深度2mのシャッドを選択した

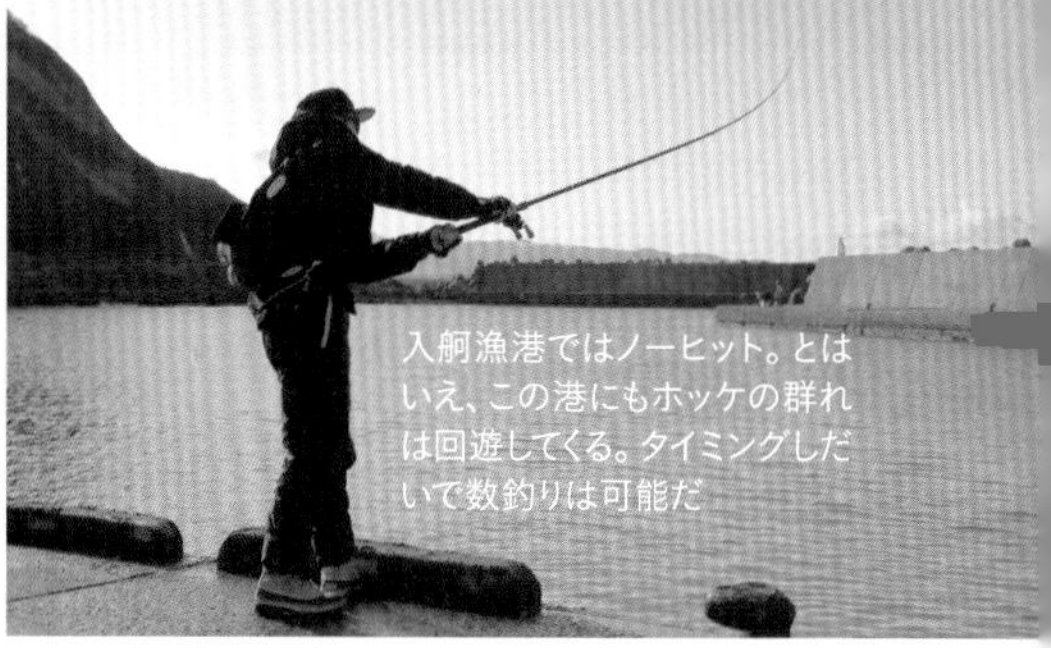
入舸漁港ではノーヒット。とはいえ、この港にもホッケの群れは回遊してくる。タイミングしだいで数釣りは可能だ

小野さんの場合、1本のロッドで各ルアーを使い分けるのではなく、ルアーに対してベストなロッドを選択している。当然ロッドの本数は多くなり、ホルダー付きのタックルボックスを持ち歩いている

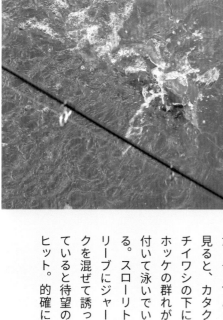

神岬漁港の釣り方

その後は釣れなくなり移動。入舸漁港まで走る。外海に近い北防波堤の先端部は人気があり、数人の先行者がロッドを振っていた。そこで突堤の港内側へ。水深は浅く、簡単にボトムを探ることが可能。ひととおりルアーをローテーションするが反応はない。

最後に向かったのは神岬漁港。ホッケの人気ポイントとして評判で、外海に面する西防波堤は入る隙間がないほど混み合っている。小野さんは内側の北防波堤の手前にエントリー。

「この港はよく来ますが、港内の水深は4～5m。外海は磯が絡んでいて6m以上。内と外で使うルアーは違ってきます」

釣った人に状況を聞くとレンジは深いらしく、まずはクランクベイト『スティーズクランク500』を投入する。3キャスト目にバイトがあり、難なくランディングに成功した。

「港内中央にフルキャストし、ゆっくりと巻きました。このルアーの潜行深度は約5m。深いレンジを探れるため、ボトムをノックしたら巻く速度を遅くし、魚に長くアピールするように心がけました」

深いレンジでのバイトが多く、バイブレーション『MSバイブレーションTG』のリフト&フォールでも連続ヒット。魚の活性が上がって表層～中層を回遊するとスプーンが効いた。

「スプーンで試してもらいたいのは、先ほども効いたドッグウオーク。タダ巻きで反応しない魚が、なぜかドッグウオークだと釣れることがあります」

なお、神岬漁港は風向きによりエントリーする場所を考えたい。取材時のように東風なら問題ないが、西風が強いと西防波堤は波を被る。そんなときは無理せず北防波堤に入りたい。また傾向として午前中は外海側のボトムに潜んでいることが多く、底を探れるルアーを選択するのがキモ。重ためのスピナーベイトまたはチャターベイト、バイブレーションも面白いそう。水深を把握

神岬漁港は魚影が多く、釣果を伸ばすことに成功。深場に的を絞り、潜行深度5m以上のディープクランクを選択。ねらいどおりに良型をキャッチして笑顔がこぼれた

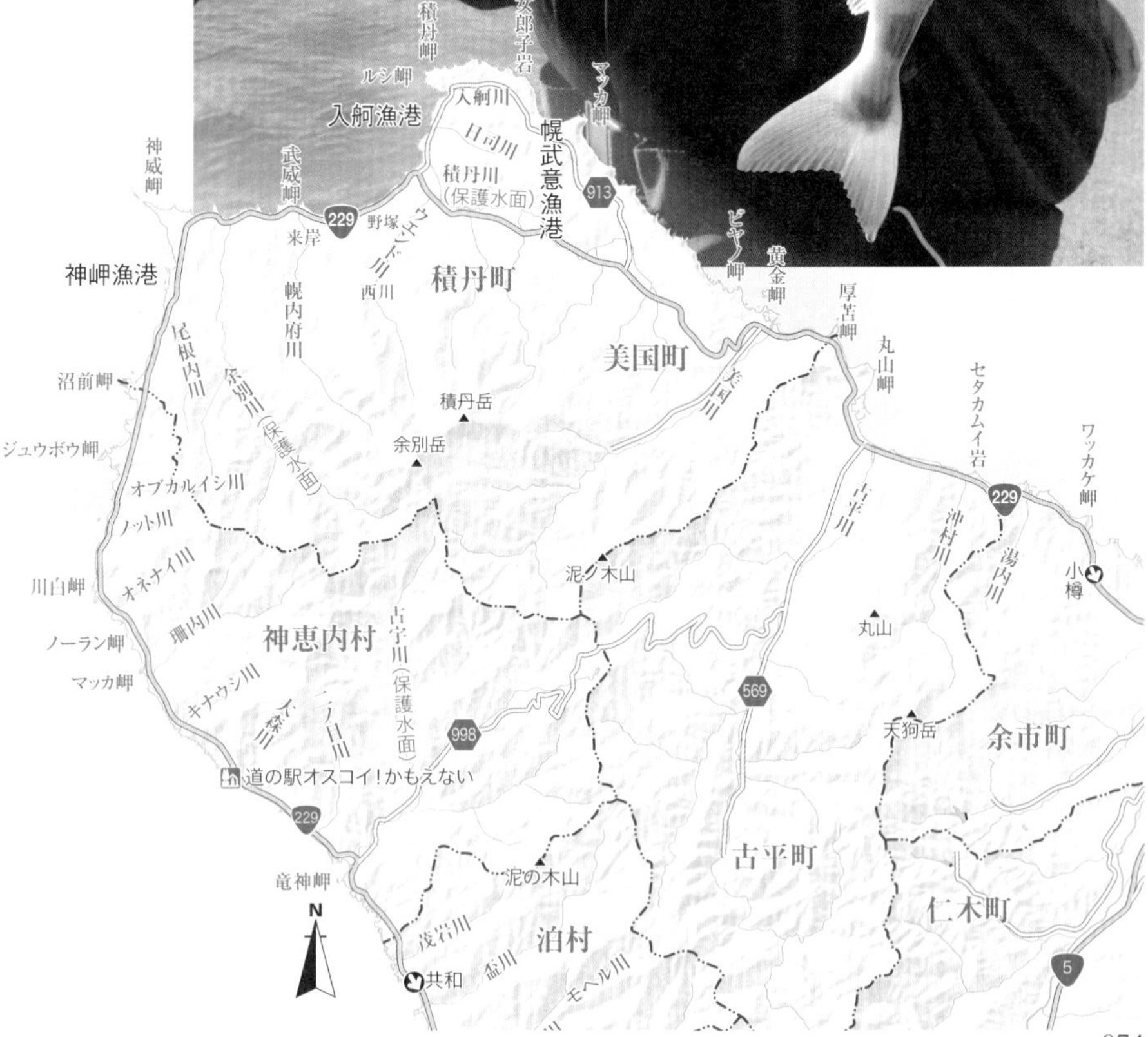

できればディープクランクという選択もアリだ。

潮回りにもよるが、午後になると外海側を回遊していたホッケが港内に入ってくることもある。港内の水深は深くなく、ミディアムタイプのクランクベイトやシャッドを用い、中層をメインにねらうとよいだろう。最後に小野さんからのメッセージ。

「ホッケを釣って血などで堤防が汚れてしまったら、海水で流して帰りましょう。〝来たときよりも綺麗に〟を合言葉にして、今後も楽しめる環境を残していきたいですね」

反応はあってもヒットに持ち込めない場合も多々。そんなときはいろいろなルアーを試す。ホッケの回遊スピードは速く、飛距離の出るルアーも欠かせない

使用済みのルアーは別のケースに入れて分けておく。反応のよかったルアーをすぐに取り出せる他、帰宅後に塩抜きする際も楽だ

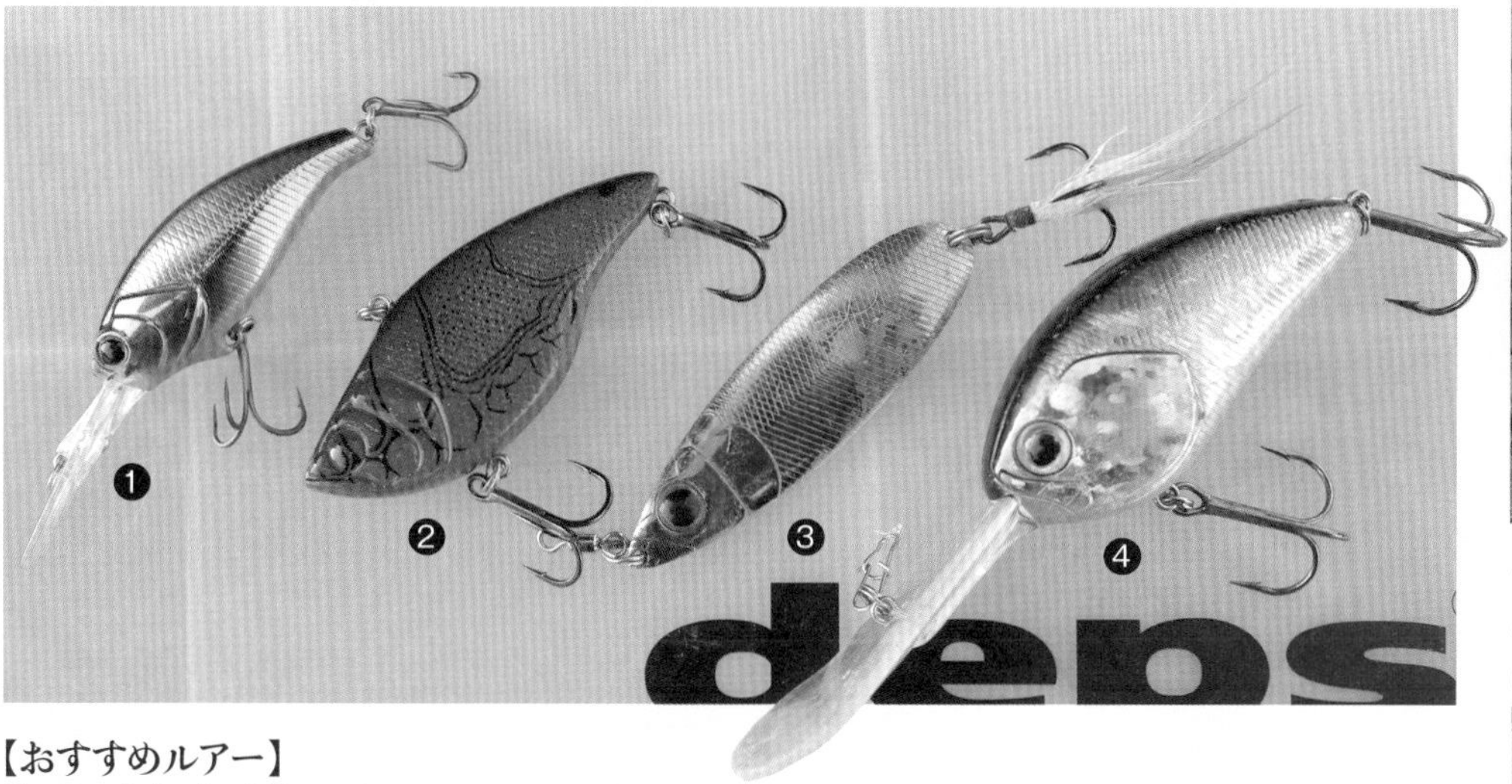

【おすすめルアー】

Comments by Syuji Ono

❶デプス『イヴォークシャッドMR』（55mm7.7g）

水深4〜5mの深くない港では、中層を回遊しているホッケの群れが一定数いる。そんな状況でマッチするのがコレ。最大潜行深度は約2m。ゆっくり潜行するのではなく、一気に2mくらいまで潜る。細いPEラインを使うことでさらに深度を稼げるはず。ちなみに冬は、夜のソイねらいでも常にボックスに入れている。シャローに入ってくる良型のクロソイやアイナメを釣るのにも最適だ

❷デプス『MSバイブレーションTG』（71mm3/4oz）

魚が散ってどこにいるか分からない場合、遠投できて底から中層まで探れるバイブレーションが重宝する。このルアーにはRT（ラトルモデル）とTG（タングステンモデル）の2種類ある。取材時は最初にRTを使うも反応がなく、風に負けず安定して飛距離が出せるTGに変更。RTに比べラトルサウンドは控えめでスレた魚に効く。アクションはリフト＆フォールを中心にタダ巻きを混ぜる

❸デプス『ガノブレード』（72mm19g）

バイブレーションと同様、広範囲を探りたいときに出番。私の場合、スプーンは中層から表層ねらいで使用する。表層を泳ぐベイトに対し、中層で上方向を意識しているホッケにアピールできる。これはバス用スプーンだが、あらゆる魚種に対応できる。冬〜春は海アメ、海サクラにも有効。これまでミノーやジグで釣れない状況下、ガノブレードを投入すると一撃でヒットしたことも多々

❹ダイワ『スティーズクランク500』（70mm27.8g）

水深6m以上の深場で頼りになるディープクランク。取材時に良型は横の動きに反応を示すことが分かると、このルアーがハマった。ボートロックでは消波ブロック帯を探るときに向いている。ディープクランクというと、どうしてもボディーが大きくなりがちだが、これは比較的小型で食わせやすい。重心移動システムを搭載して飛距離も稼げる。リップの先端は丸くウイードをかわしやすい

【使用タックル】

写真上から　Comments by Syuji Ono

ロッド：デプス『サイドワインダー TGC-70HR/GP フェルデランス』
リール：ダイワ『リョウガ1520L-CC』
ライン：東レ『ソラローム ビッグバス フロロ』20lb
私はクランクベイトを使うことが多く、小型から大型のマグナムサイズまで幅広く対応できるこのロッドは欠かせない。一般的にクランクベイトは引き抵抗が大きく、手首に掛かる強い負荷が疲れにつながる。その点、グラスコンポジットのロッドは負担が軽減されるのがよい。パワーもあり、口の硬い根魚でもフックアップしやすい

ロッド：デプス『サイドワインダー HGC-70HF/GP バレットショット』
リール：ダイワ『ジリオン TWHD1000-XH』
ライン：東レ『ソラローム ビッグバス フロロ』16lb
様々なルアーに対応するマルチロッド。ミノーからスピナベ、チャタクー、バイブレーション以外に、テキサスリグや大きめのワームをノーシンカーリグで使うことも可能。今回はバイブレーションと合わせた。遠投した先でアクションさせるには、ある程度のバットパワーが必要だが、鋭敏なティップと金属的なバットが、それを可能にする

ロッド：デプス『サイドワインダー HGCS-72MHRF ルードバイパー』
リール：ダイワ『イグジストPCLT3000-XH』
ライン：YGK『エックスブレイド アップグレイドX8』0.8号
リーダー：フロロカーボン16lbを1.5mほどFGノットで結束
普段はライトテキサスリグで使用しているMAXウエイト3/4ozのスピニングロッド。冬は海アメや海サクラも港に回遊するため、スプーンを使うときは不意の大ものに耐えられるバットをもったこのロッドを選択している。7.2フィートの長さは港でも操作性が高く、ロングディスタンスからのショートバイトを取りやすいのも魅力

ロッド：デプス『サイドワインダー EMS-602ML エントリーモデル』
リール：ダイワ『セルテートLT2500-H』
ライン：YGK『エックスブレイド アップグレイドX8』0.6号
リーダー：フロロカーボン8lbを1.5mほどFGノットで結束
シャッドに合わせたライトタックル。このロッドは軽めのルアーでもしっかりロッドに重みを乗せてキャストできる。少しでも探れる範囲を広げられるのは大きな利点。港内のライトゲームにマッチし、最近はロックフィッシュでも使用頻度が高い。遠投性能を上げるため、ラインシステムはPE0.6号＋フロロカーボン8lbと細めにしている

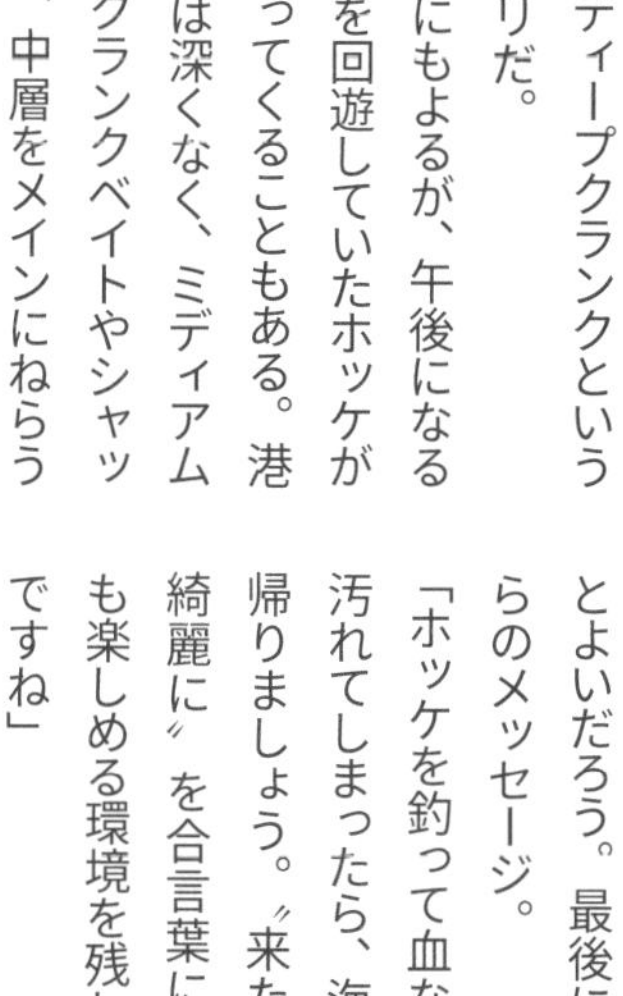

イトくずを釣り場に残さないよう、回収ケースとゴミ入れをバッグに付けてラン＆ガンしている

ポイントは平盤が主体

6月中旬から開幕

ナニを使って、どう釣る？

磯は港に比べると夏枯れの影響が少なく、速い潮に鍛えられた大型がねらえるうえ、変化に富んだ素晴らしい景色も魅力的。道央屈指の人気フィールドとして有名な積丹半島をホームグラウンドにする2人が、磯で釣果を上げる方法をアドバイス。

菊地さんがコンブ際でキャッチした47㎝。着底後に大きくリフト&カーブフォールさせ、ボトム近くで少しテンションを緩め、フリーフォール気味にしたタイミングでバイトが伝わった。ワームは『DCAPTURE』4.8インチ・DC072キラードーン

底をダイレクトに探り、鈍重な引きを感じたらカジカであることが多い。アイナメだけが磯のターゲットではない

【積丹半島】

磯

菊地さんは28gのテキサスリグで沖の根周りを探ることから始めた。ロッドは7フィート3インチのベイトタイプを相棒にした

磯には複数人で釣行し、転倒によるケガや落水に充分注意したい。今回訪れたエリアは浅いとはいえ、ポイントまでは水中を歩くためウエーダーを着用した

まずは安全に楽しむため

気温が上がり、一気に夏らしくなった7月上旬。積丹半島の西側に位置する泊村の磯を訪れたのは札幌市の菊地正彦さん、小樽市の野場一志さんの2人。

菊地さんは釣りをとおして「楽しい休日の提案」をテーマに北海道の釣り総合誌『North Angler's』で情報を発信し、タックル開発にも携わっているエキスパート。一方の野場さんは仕事帰りの〝ちょいロック〟が得意とはいえ、磯の釣りのキャリアも長い。2人に同行し、積丹半島の磯の楽しみ方を紹介したい。

「磯の魅力は港と違い、変化に富んだフィールドが目の前に広がり、素晴らしい景色を堪能しながら次々にポイントを撃てること。速い潮の流れの中で育った魚は、サイズ以上のファイトで楽しませてくれます」と野場さん。菊地さんは「〝こんなポイントで魚が釣れるんだ!〟という驚きと、暴力的なファイトが魅力」と目を輝かせる。

野場さんは10.5gのテキサスリグで海藻の生えるスリットから探り始めた。ロッドは6フィート6インチのスピニングタイプ

共通する意見は次のとおり。

「まず磯は危険な場所であると認識すること。命を懸けてまで釣りをする必要はありません。危険だと感じたら素早く引き返す。当たり前ですがライフジャケットを着用し、緊急時に使える携帯電話を持ち、複数人で釣りに行くこと」

磯は移動距離が長くなり、途中で岩を登ったり降りたりすることもある。つまづいたり転倒を考慮すると、荷物は少なくして片手は空けておきたい。菊地さんはフローティングベストに小物類を入れ、手に持つのはロッド1本のみ。野場さんは肩掛けタイプのバッグとロッド1本のスタイルで臨む。

外海とつながっている入り江の奥でエゾメバルが連発。この日、魚の反応は多かったが、本命のアイナメのヒットは少なかった

磯歩きの注意点

積丹半島のロックフィッシュねらいの場合、目の前に広がるのは大きな岩がゴロゴロ転がっている磯ではなく平盤が大半。時折足元が波で洗われるエリアで、ウエーダーを履いて移動するのが基本になる。

今回訪れた泊村の磯もそんな釣り場で、ウエーディング時に注意したいのは「エンカマ」と呼ばれるくぼみ。まるで落とし穴のように海藻で覆われているエンカマは転落に要注意。できるだけ岩肌が見えている場所を選ぶか、海藻の上を歩く場合は足元を確かめながら慎重に進みたい。

2人はポイントに着くと、それぞれのスタイルでスタート。菊地さんは7フィート3インチのヘビーバーサタイルモデルのベイトタックルで沖根周り、野場さんは6フィート6インチのパワーフィネスモデルのスピニングタックルで足元や根周りに生い茂る海藻の中を探る。同じエリアを釣るのに2人とも全く違うスタイルなのが面白い。

もちろんシーズナブルパターンはあり、いつも同じパターンで釣れるとは限らない。とはいえ、磯はシャローから一段、二段と水深が深くなっている場合が多く、探るレンジを変えることでヒットチャンスが増す。また、1つの岩でも潮の流れが当たる面と当たらない面があり、シーズンや時間帯により、どちらかに偏って反応が出ることがある。

真夏は日中に良型のソイ類がロッドを絞ることもある。クロソイだけでなく、写真のマゾイも期待できる。こんな出会いも磯の釣りならでは

それぞれのスタイルで

開始から20分。最初に本命のアイナメをキャッチしたのは野場さんだった。

「潮の当たらない小さなワンドで、甲殻類系ワームのリフト&フ

ォールで探っても反応がなく、ワームをフィッシュ系に替えて横の動きに変えました。それでもダメで、魚はもう少し沖側の潮の当たる面にいると想定。偏光グラス越しに水中の岩が足元から岬状に続いている場所を見つけ、潮の当たる面にキャスト。５ｍほど沖にあるカケアガリに対し、リフト＆フォールで探るとバイトがありました。リフト幅を50㎝ほどに抑え、少し速めに誘ったのがよかったのだと思います」

同じパターンで連続キャッチもサイズがいまひとつ。そのうえ、ボトムでしかアタリがない。ワンド内のシャローは釣れず、沖に遠投してみる。沖の岩に対し、潮の当たる側を探りたくても立ち位置からは難しい。撃てそうなポイントは1尾目を釣った岬の延長線上にある離れ岩。水中にカケアガリがあると推測し、際から５ｍほど離れた場所にキャスト。これが功を奏しねらいどおりにバイトがあり、サイズアップに成功した。力強い磯のアイナメの引きを堪能し、「楽し〜！」と笑顔を浮かべる野場さん。

一方、菊地さんがねらっていたのは、波が被るスリットのサラシ部分。ピンポイントに撃ち込み、大きなリフト＆フォールで誘って食わせた。波が絡んでいる場所は魚の警戒心が薄く、だましやすい傾向にあるようだ。

開始から20分で本命を釣った野場さん。エゾメバルが釣れた手前5m辺りでアタリがあり、上げ幅の短いリフト＆フォールで誘った。11.25gのリーダーレス・ダウンショットリグで、ワームは『D2 HOG』2インチ・ミミ／ナイトクローラー

エゾメバルの活性は高く、移動する先々で姿を見せてくれた。磯の魚は小さくても動きが速く、アワセが遅れると根に潜られやすい

良型を釣った菊地さん。波が被るスリットのサラシの中を、移動距離の長いリフト＆フォールで誘うとフォール中にバイト。28gのテキサスリグで、ワームは『TRUSTER』3インチ・シナモンブルーフレーク

釣るべきポイントは？

その後も移動した先でコンスタントにアイナメが出る。結局４時間半の実釣で、野場さんは35〜43㎝を8尾、菊地さんは47㎝を頭に良型を5尾キャッチ。菊地さんにねらうポイントを聞いてみた。

「磯では沖に向かって投げなくてもいいです。魚がいそうだと思えば、岸に向かって投げるのもアリですし、岸と平行に投げるのもOK。どこを釣ればよいか分からなければ、目に見えて変化のあるポイントや、岩または

ねらいどおりサイズアップに成功。開始から1時間半で4尾は好調に感じるが、これでもよいとはいえない状況。やはり磯のポテンシャルは高いと実感した

沖の岩の潮が当たるピンポイントをねらってヒットさせた野場さん。ファイト中は根に潜ろうと強い引きで抵抗した。特に磯では多少強引にやり取りできるロッドが望ましい

外海に面したポイントで虫パターンを試した野場さん。引き波により落ちた虫をイメージするように操作し、足元でアイナメを釣った。11.25gのリーダーレス・ダウンショットリグで、ワームは『SVSB』1.8インチ・プレミアムモエビ

磯歩きで注意したいのが「エンカマ」。海藻で覆われていると、まさに落とし穴のよう。あやしい箇所には近づかないようにし、確実に底の状況が分かる場所を歩くのが安全だ

沖を探っていた菊地さんにヒット。リールのドラグはフルロック状態。ロッドパワーで一気に根から引き離す

夏のフィールドでは熱中症対策を忘れずに。スポーツドリンクなどを多めに持ち歩き、こまめに水分と塩分を補給したい

菊地さんが重いシンカーを使うとき、「ドスンとボトムに当て、その衝撃でワーム後方のパーツを動かすイメージで操作します。速いアクションでボトムバンプさせることでバイトを誘える」と言う。28gのテキサスリグで、ワームは『D1』3.8インチ

浅瀬に8㎝ほどのカタクチイワシが打ち上げられていたのをヒントにワームをセレクト。答えはいつだって釣り場にある

海藻の際ギリギリに投げてみる。あるいは水の色が変わって見えるスリット、白波に向かってキャストするとよいでしょう。ただ、白波は日本海ではポイントになることが多いとはいえ、太平洋ではシケの前兆を意味することもあるので注意が必要です」

積丹半島の磯シーズンは例年6月中旬から始まり、7月はスリットの奥やシャローに魚が入ってきて8月まで期待できる。ちなみに8月は日中、アイナメだけでなく40㎝を超える良型クロソイが釣れることもある。しかし、お盆を過ぎる頃から水温が高くなり、水深の浅いエリアは夏枯れ状態に陥る。水温が下がり始める9月中旬から再び釣れだし、秋から初冬にかけては産卵を意識したアイナメがシャローに姿を見せる。

季節ごとにねらうポイントは変わるので、ディープ、シャロー、スリット、ワンドなど、魚がどのエリアにいるのか的を絞りたい。そして縦と横の動きを試し、どんなスピードに反応するかをチェック。そうして絞り込む項目を細分化すれば釣果を伸ばせるはず。

【おすすめリグ3】菊地さん（写真上から）

●ワーム：ディスタイル『DCAPTURE』4.8インチ・DC072キラードーン
●フック：ハヤブサ『TNSオフセット』#4/0
広い範囲から魚を呼ぶことのできるシェイプが魅力のワーム。フォールとスイミング時はテールがピリピリと細かくバイブレーションし、小魚をイミテートしてくれる。取材時はカタクチイワシをイメージして使用

●ワーム：ディスタイル『SVSB BIG』3.4インチ・ワインペッパー
●フック：ハヤブサ『TNSオフセット』#5/0
パーツの数は多いとはいえスリ抜けがよく、コンブの中や狭いスリットにもアプローチしやすい。テキサスリグで使用する場合、触角側からフックを刺す。各パーツのピリピリ感で誘う。フナムシや甲殻類をイメージ

●ワーム：ディスタイル『TRUSTER』3インチ・シナモンブルーフレーク
●フック：ハヤブサ『ロックフラットオフセット防錆ケイムラコート』#1/0
オールマイティーに使えるシェイプのワーム。一口サイズで小さいが、ツインテールとワンシャッドテールで水をかくアピールは強い。縦と横の釣り、どちらでもしっかり動いてくれるためサーチベイトにも適している

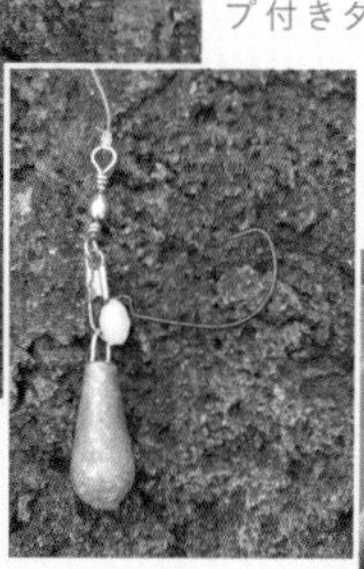

☆磯に適した“リーダーレス・ダウンショットリグ”

ワームをセットした状態で常に水平を保てるようにしたく、オリジナルのリーダーレス・ダウンショットリグを作成している野場さん。スナップ付きタル型サルカン8号に11.25gのシンカー、ビーズ夜光グリーンソフト4号、フックをセット

【おすすめリグ3】野場さん（写真上から）

●ワーム：ディスタイル『SVSB』1.8インチ・シロマダラ
●シンカー：10.5g
●フック：ささめ針『ワイドゲイプオフセット ロックフィッシュフック ダークレッド』#2
先行者に撃たれた後のエリアでも反応がよい虫ワーム。シルエットを抑えたクリアカラーだが、水中で細かく動く脚の青ラメでアピールする。テキサスリグで使うとシンカーと離れやすく、よりナチュラルに誘えて◎

●ワーム：ディスタイル『SVSB』1.8インチ・プレミアムモエビ
●シンカー：11.25g ※ナス型3号 ●フック：デコイ『キロフックワーム17R』#2
1.8インチながら横の細かい脚がボリューム感をかもし出す。人気の緑ラメは虫パターンの中心的カラー。引き波に乗せてコンブの中に落とし込む。コンブの間を通しやすいリーダーレス・ダウンショットリグと相性バッチリ

●ワーム：ディスタイル『D2 HOG』2インチ・ミミ／ナイトクローラー
●シンカー：11.25g ※ナス型3号 ●フック：ハヤブサ『瞬貫フック』#4
フォール中は爪がパタパタと動き、小ささを感じさせないアピール力が特徴。スローフォールや巻き上げで誘うのもよい。上げ幅の少ない素早いリフト&フォールでリアクションバイトを誘発するのも有効なメソッド

野場さんのリグケース。メインとなる11.25gのリーダーレス・ダウンショットリグは自宅でセットしておくが、釣り場でも作れるようにシンカーとフックを1つのケースにまとめて持ち歩いている

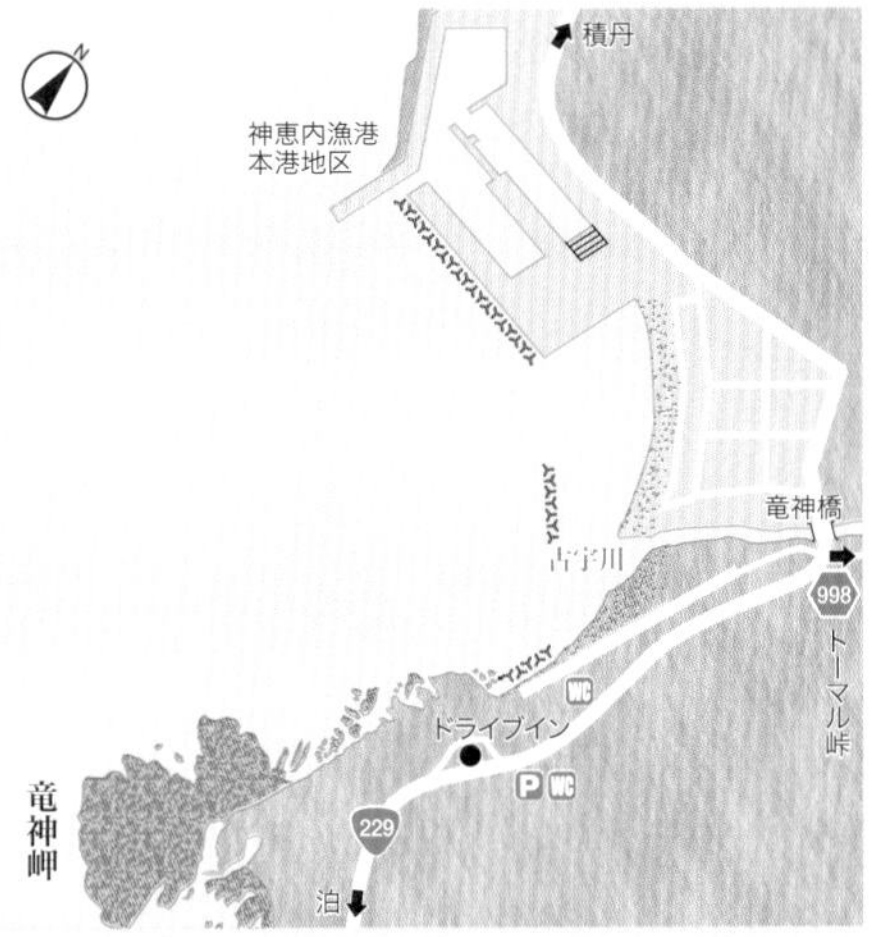

●竜神岬（神恵内村）

古宇川河口左岸から海岸沿いに竜神岬を目指すが、足首から膝ほどの水位の岩場を歩くことになる。所々にエンカマがあるので注意。基本的に足場の低い平盤からの釣りになり、ウエーダー類は必要。有望なのは波が低く、膝くらいまでのシャローエリアが広がる磯の南側。海底は岩盤や岩根主体で荒く起伏に富んでいる。スリットは少なく、広い釣り場なのでラン&ガンしてテンポよく釣り歩くスタイルがベター。ワームのカラーは白、チャートリュースが実績あり。北側（河口側）は波が高くなりやすいので気をつけたいが、わざわざ危険を冒してまでロッドを振るほどの魅力あるポイントは少ない

●カスペノ岬周辺（岩内町）

岩内港からR229を南へ約12km進み、カスペトンネルを抜けると山側に雷電温泉郷跡がある。駐車スペース付近から歩道を南に歩くと海岸に下りる階段があり、ゴロタ場を100mほど進めばポイントの磯が広がっている。足場の低い場所が多く、膝まで浸かれる装備が必要。また、海藻で気づきにくいエンカマやスリットに要注意。慎重に移動して立つ位置を決めたい。なお、コンブの生い茂る大きな沈み根が多く、全体的に根は荒い。根掛かりを減らし、よいリズムを保って探れるよう、底をとるときはボトムコンタクトの頻度を減らし接地時間を極力短くすること。遠投できるエリアでは広くねらうのもよいだろう

◎傾向と対策/東と西、どっちが釣れる!?

積丹半島は東側と西側に分けられるが、同じ日でも魚の反応が大きく違うことがある。傾向としては、西側はカニやヤドカリが多く、甲殻類系を中心に虫系のワームも効果的。特に朝日を背にする午前中は、足元の岩場の際にシェードができ、遠投しなくても釣果が望める。ただし西風には弱く、波が立ちやすい。東側は比較的風裏になりやすいポイントが多く、ナギの日に恵まれやすい。ワームは甲殻類だけでなく、カタクチイワシなどベイトフィッシュの群れが岸寄りしやすく、フィッシュ系も活躍する。日が昇ると横からの日差しでシェードが少なく、厳しい時間が続く傾向にある。朝夕のマヅメ時とドン深のポイントがねらいめ。

●珊内漁港周辺（神恵内村）

R299を泊方面に歩いて珊内川を渡る。船揚場を過ぎた辺りで消波ブロックを渡って海岸に下りると、マッカ岬まで岩場が続いている。川に近い平磯は人気で、入れるときはチャンス。沖に離れ岩や沈み根が見える辺りは深く、水深は4m程度。ただ、地形が複雑なのでリトリーブコースをしっかり考えてキャストしたい。岬先端周辺は足場が高く、柱状節理が斜めに続いていて平坦な場所は見当たらない。水深は5〜8m。掛かった魚を取り込める場所は限られる。根は荒く、ボトムをじっくり探りすぎると根掛かりが多発して釣りのリズムが悪くなる。ラインに傷が入りやすく、まめなチェックを忘れずに

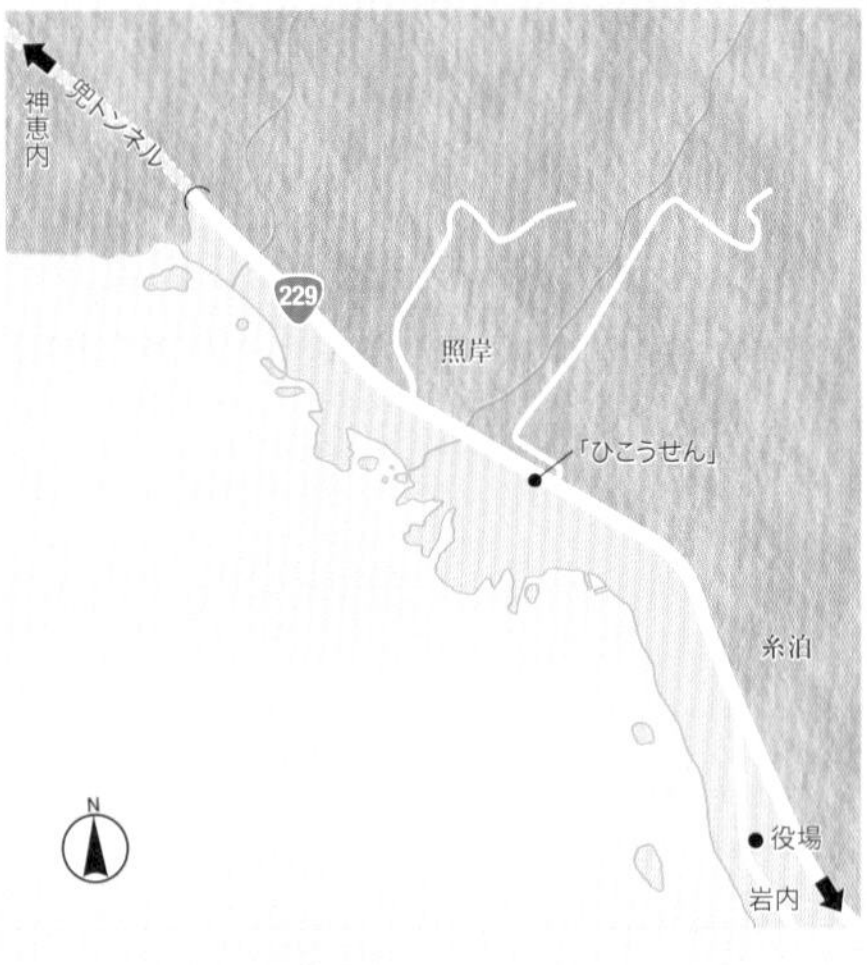

●照岸海岸（泊村）

R229の兜トンネル南口から海側に建つ民宿「ひこうせん」までが主なエリア。歩きやすい平盤が多く、無数にあるスリットを攻略することで釣果を伸ばせる。先端付近は水深10m前後あり、1オンスクラスのシンカーを用意するとテンポのよい釣りが展開できて数釣りが楽しめる。周辺の底は砂地主体とはいえ、大岩が点在している。よく釣れるスリットは日や時間帯により異なり、同じスリットでも太陽の出方で魚の反応が変化する。チャターベイトやスイムジグも効果的。アイナメ50cmアップの実績あり

【使用タックル】

（写真左・野場さん）
ロッド：ディスタイル『BLUE TREK DBTS-66M』
リール：ダイワ『カルディアLT 2500』
ライン：ダイワ『UVF エメラルダス デュラセンサー 4ブレイド ホワイト＋Si2』0.8号
リーダー：バークレイ『バニッシュ・レボリューション フロロカーボン』16ポンド
6フィート6インチの長さは操作性がよく、ファーストアクションで根をかわしやすいロッド。バットパワーも充分で、コンブ根からの抜きあげにも対応する。スピニングは細いPEを使え、ライトリグの遠投もこなせるのが利点。ロックフィッシュの標準的ロッドとして、磯だけでなく港や沖堤でも活躍するオールラウンダー

（写真右・菊地さん）
ロッド：ディスタイル『BLUE TREK DBTC-73H』
リール：アブ・ガルシア『レボ ビッグシューターコンパクト8』
ライン：ラインシステム『ザルツ ザ・ブラック フロロカーボン』16ポンド
重いウエイトのリグが使えるヘビータイプのロッド。ベイトタックルは太めのラインを使えるのが利点。コンブや海藻が生い茂る中、または岩の裏で魚を掛けてもキャッチ率が高い。また、ちょっとしたくぼみなどの変化を感じやすいうえ、クラッチを切るだけでフォールでき、素早く再アピールできる点も見逃せない

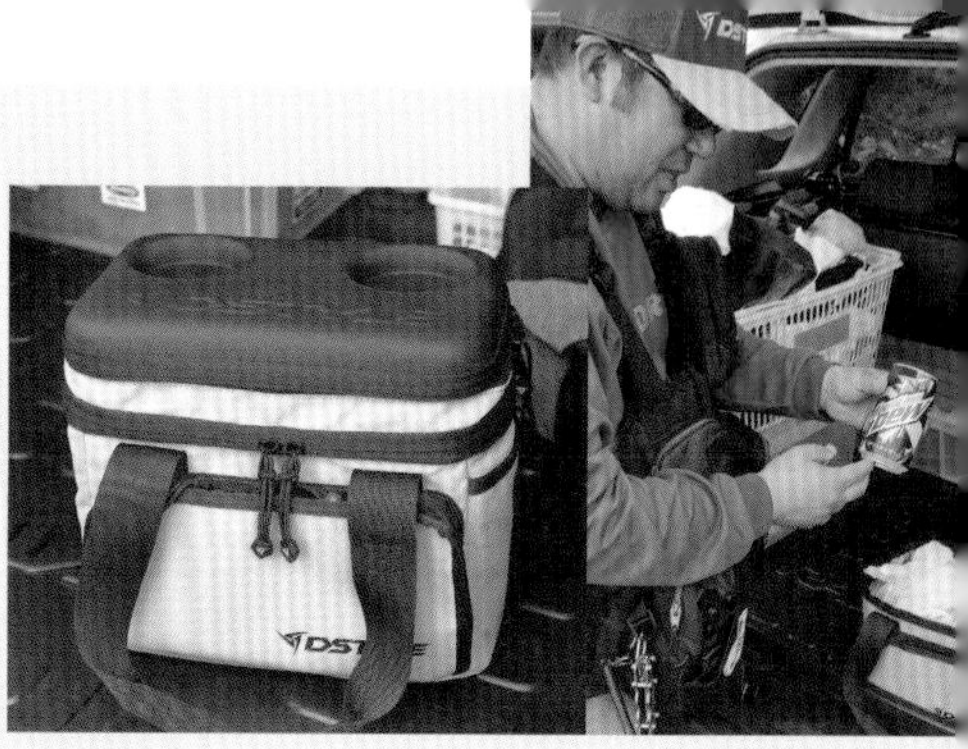

【便利アイテム①】

釣り場によってはコンビニや自販機がないことも……。夏場の車内は高温になるので、菊地さんは予備の飲食物をディスタイル『Soft Cooler 6L KuuRa 蔵』に保冷剤と一緒に入れている。「私は甘いものが好きなので、チョコ類が溶けないのはありがたいです。これはフタの部分にカップホルダーがあり、とても使いやすくおすすめ」

Caution!
初夏の磯で注意したいのは、マダニと写真のドクケムシの幼虫。近年は出没情報が少ないが、過去には多くの被害が聞かれた。ケムシが生息する草むらを移動する際、フードを被るなどの対策を忘れずに

【便利アイテム②】

磯のラン＆ガンはバッカンなど手で運ぶアイテムは避け、両手がフリーになるリュックやバッグを使用したい。野場さんは少し大きめのサイズを選び、飲み物やレインウエアを入れている。写真はディスタイル『Sling Tackle Bag Ver002』。身体にフィットする部分はメッシュ構造で快適だ。カラーはGray Camo/ Black

【水温が上がってきたら……】

溶存酸素量が豊富な潮通しのよい出岬の先端部が1級ポイント

狭くても広くてもよいので、深さのあるスリットが有望。水面近くはコンブで生い茂り、シェードになっているとなおよい

沖めの水深があるエリア

一日中、日陰を形成している場所

【ハイシーズン寄りの時季】

ワレカラなどのエサが多いコンブ類など海藻が繁茂したエリアを選ぶ

魚の活性が上がってくるので、エサを追い込みやすいシャローが隣接している場所が有望

沖めのカケアガリのショルダー付近がねらいめ

◎季節による有望エリア

【ハイシーズン前の時季】

冷たい北風を避けられるエリアがベター

少しでも海藻類が残っている場所を選ぶ

魚の活性が上がる太陽の出るわずかなタイミングを逃さない

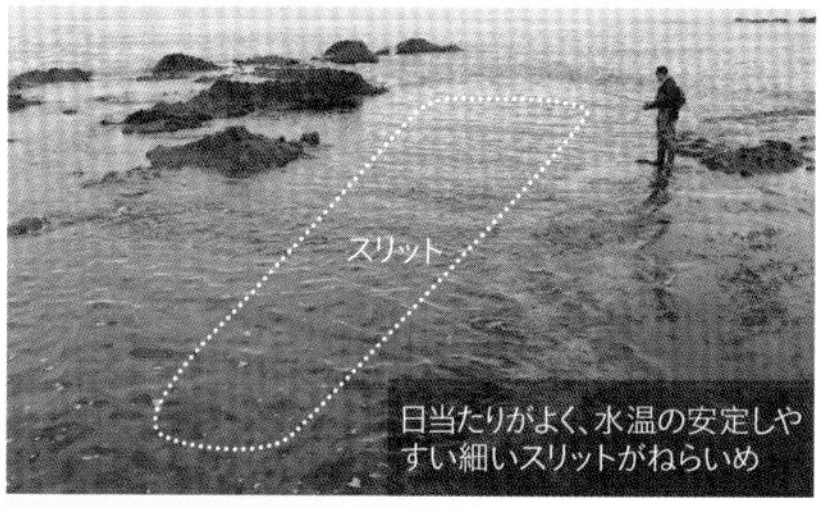

日当たりがよく、水温の安定しやすい細いスリットがねらいめ

西積丹の場合、背中側が崖（岩場）になるので、自分の釣るポイントに陽が当たるかが大事

早春から"磯ロック"を満喫
ロングスピニングで沖根を撃つ
温暖な海峡で60を追う!

磯で注目したいフィールドのひとつに津軽海峡に面した函館エリアがある。荒々しい磯は良型が望めるだけでなく温暖な地域だけにシーズンは長く、早春から釣れるのがうれしい。2月の実釣から、その魅力をお伝えしたい。

アイナメの捕食行動が活発になるであろう日の出からキャストを開始。飛び根のシルエットめがけ、遠投してリグを撃ち込んでいく

北海道でも有数の温暖なエリア、戸井方面にはエントリーしやすい磯が点在していて、そのほとんどで釣果実績がある

スピニングタックルによる遠投で仕留めたアイナメ。『ツーウェイシンカー』28gをフリーリグモードでセット。ワームは『HRFカブリカーリー』2.9インチ・トゥルーベイト

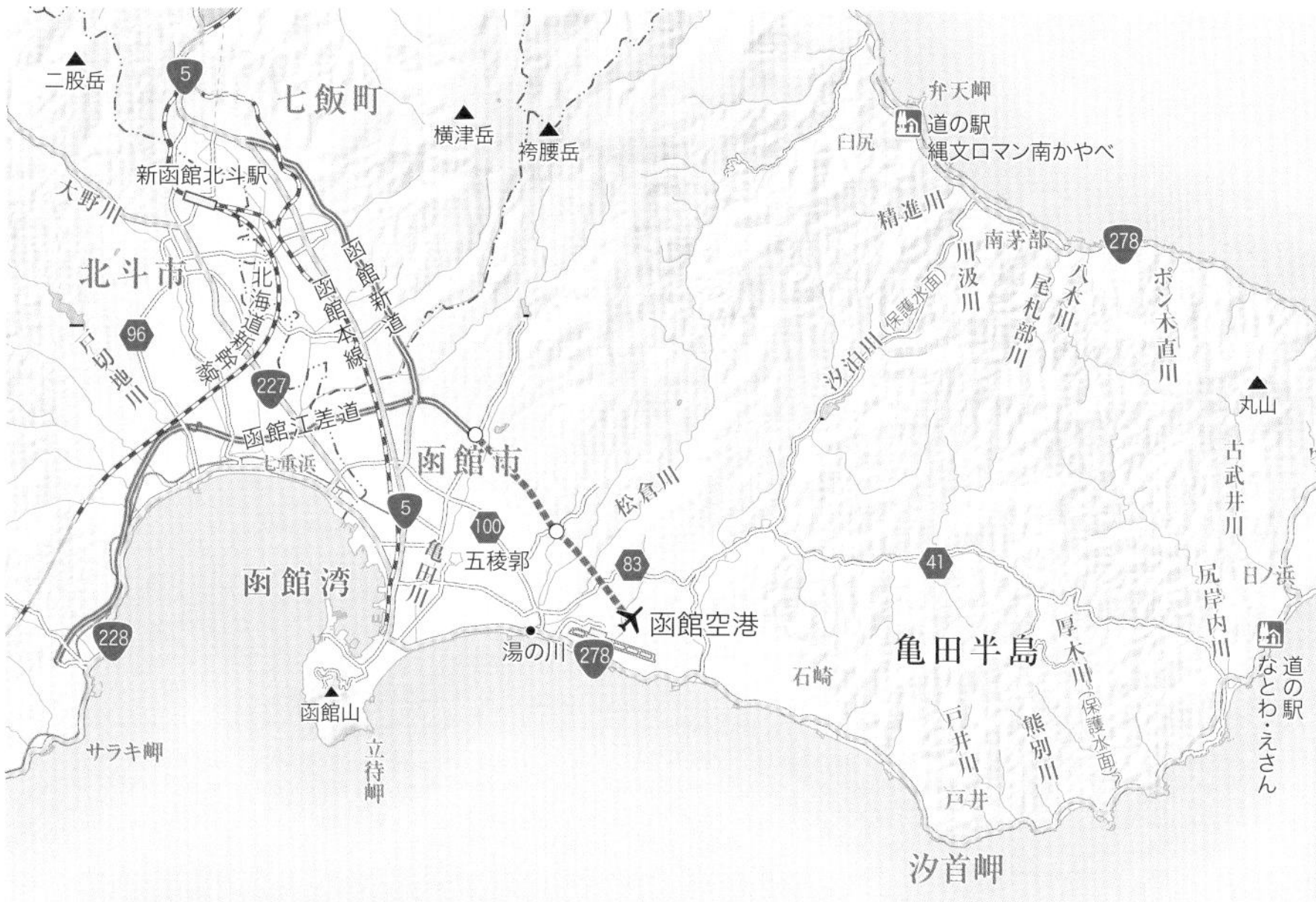

アイナメの捕食行動が活発になるであろう日の出からキャストを開始。飛び根のシルエットめがけ、遠投してリグを撃ち込んでいく

1尾目は惜しくも50㎝に届かなかったが、コンディション抜群の魚体が目を引いた。シンカーは24g、ワームはバス用の『スティーズクロー』3.1インチ・シナモングリーンフレーク

根が繁茂しているので、手前に寄せてからも気が抜けない。アングラーと目が合った魚は必死の抵抗を見せる

本州との最短地

函館市中心部から東に走ること30分、戸井地区を境に海岸線は岩盤が目立つようになる。同地区にある汐首岬と青森県下北半島最北端の大間崎との間は17・5㎞、本州との最短距離だ。この辺りは潮流が速く、昔からクロマグロ漁が盛んで、コンブの産地としても知られている。エントリーできる磯は意外に多く、釣り場としても人気。ブリねらいで訪れるルアーアングラーが多いなか、函館市の佐藤伸さんはロックフィッシュを求めて足しげく通っている。

2～3月は一番釣りにくいタイミングらしいが、秋に産卵で岸寄りした大型のアイナメが、そのまま残っていることも珍しくないそう。

早春は数釣りが難しいとはいえ、釣れたらデカい。「下海岸のなかでも戸井から恵山方面は良型が期待できます」と佐藤さん。

ところで、「下海岸」という言葉を函館のアングラーからよく聞くが、「どこからどこまでが下海岸？ 上海岸もあるの？」と思う方もいるはず。

函館市観光部に問い合わせると諸説あるようだが、函館市地域資料アーカイブによると「函館から東渡島の津軽海峡に面した沿岸一帯、郷土恵山町・恵山岬辺りまでを下海岸と呼ぶ。『下（しも）、上（かみ）』の区域については、もともと松前を中心に西側を上、東側を下と呼んでいたようである。それが、幕末から明治には、函館を中心に西を上、東を下と呼ぶようになったようである。明治初期に書かれた『函館月次風俗書補拾』にも「下（シ）モ在とは銭亀沢、志のり、小安等の諸村也」と記されている」とある。「下海岸道路」となると、峠を越えた椴法華方面まで含まれるらしい。

たくさんの立派な子孫を残してほしいと願い、やさしくリリース。ランディングネットを使い、水際で放そう

同じ形状の岩がボトムまで続く。シンカーが挟まりやすく、ボトムにタッチしたら素早くリフトして根掛かりを回避したい

本命として考えていた磯はウネリが高く、干潮時でも乗るのは難しそうだった。安全第一で無理はしないこと

2タックルを使い分けて

「まだ潮が満ちているので、朝イチは足場の高い船揚場でようすをみます」。そう言って向かったのは戸井にいくつもある船揚場のひとつ。その近くは砂地で、飛び根が点在している。黒いシルエットは沈み根を示し、その周りを探る作戦で臨む。

使用するロッドは佐藤さんが監修した『HRF AIR910H／XH』。パワーのあるロングスピニングタイプで、シリーズのなかで最長の9・10フィート。主に1オンス以上のリグを遠投し、広範囲を探るのを目的として開発された。沖めのサオ抜けポイントに向かって躊躇することなくフルキャストが可能。とはいえ、ただ硬いだけではなく、遠投した先でもしっかりとフッキングが決まるように仕上がっているという。

飛び根をピンポイントに撃っていくが、1時間近く経っても魚からの反応はなくポイント移動を決断。まだ潮位は高く、本命の磯には乗れないと近くの磯へ。ここも砂地に根が点在し、ねらうのは飛び根周り。まずは歩いて行けない沖の岩盤と飛び根周りを探る。

ほどよい波で雰囲気は上々でもアタリはない。シャロー側をねらうために手にしたロッドは『HRF AIR86M／MHB』、8・6フィートのベイトタイプ。遠投が必要なゴロタや磯場にマッチするパワーモデルで、張りのあるティップによりルアーを操作しやすく、魚を掛けると一気に浮かせられるパワーを秘める。

シャロー側にはゴロタ石が広がる。24gのフリーリグに3・1インチの甲殻類系ワームをセットし、リフト&フォールでねらうと2投目のフォール時に待望のバイト。遠い位置だったが、しっかりとフッキングが決まった。

「けっこう大きいかも!」。佐藤さんは強い引きを堪能しつつ、手前の荒い根に潜られないよう魚をコントロール。無事キャッチしたアイナメは50㎝には少し届かなかったものの、ファーストバイトをものにできた喜びは大きい。予想よりも浅いエリアでのヒットだったこともあり、しばらくはシャローを集中して探る。が、状況は厳しく、再び沈黙が続いた。

長く強いロッドだからこそ

干潮が近くなってきたので、大きく恵山まで移動。ところが、予想を上回るウネリで、予定してい

風裏になるポイントを捜して走り、再び戸井方面に移動。ここではスピニングタックルで広範囲をねらった

3尾目は沖根に向かってキャストし、ボトムをとってから横にサビくようにズル引いてキャッチした

た3ヵ所すべての磯が波で洗われていた。東からのウネリが強く、東向きの磯はあきらめるしかない。途中、漁港に入ってみたが時季的にまだ早く、戸井に戻ることになった。

いくつかの候補のなかから、干潮時にウエーダーを履けばアプローチできる磯を選択。根が荒いのが気がかりだが、佐藤さんが使用している『ツーウェイシンカー』はシンカー底部が広く、ボトムタッチを感じ取りやすいため、根掛かりを回避しやすい。ひととおりベイトタックルでスリットや根周りを釣った後、スピニングに持ち替えて離れ岩の裏をねらってみる。28gのフリーリグに2・9インチのカーリーテール系ワームをセットし、斜めにキャストすると裏側をとおすことができた。

根掛かりを考慮し、着底後は素早くリフト。テンポの速いリフト&フォールを続けているとガツンという強いバイトが伝わった。立ち位置からヒットポイントまでの間には大きな岩と海藻エリアがある。直線的に寄せられれば問題ないものの、左右に走られるとラインブレイクの危険性が高くなる。

多少のリスクは承知のうえで、ロッドパワーを信じてひとつ目の難所をクリア。海藻エリアは巻かれる前に立ち位置を変え、ロングロッドの利点を活かして角度をつけ、一気に浮かせることに成功。見事キャッチしたのは磯のアイナメらしい太さが印象的な婚姻色の残るオスだった。

函館市内からR278を戸井に向かうと、こんな看板が目に飛び込んでくる。野生化した馬が人里にも現われるので、車の運転には気をつけたい

雪代の時季は濁りやすいとはいえ、河口域はベイトも多く期待大。シャローとはいえ飛び根も点在している

2尾目は婚姻色の残るアイナメ。9.10フィートのレングスと自慢のパワーを秘めたロッドを手にし、遠くでヒットした魚を素早く根から引き離した

ラストはゴーマル！

ラストは風裏になる船揚場をラン&ガン。沖根に向かってキャストし、ボトムをとってから横にサビくようにズル引きして釣ったのは、この時季としては珍しい小さめのアイナメ。ゴロタ石エリアではズル引きするとスタックしてしまうので、ボトムタッチした瞬間にすぐリフトさせるという速いテンポで誘い、この日最大となる50㎝のアイナメをキャッチすることができた。

　下海岸は雪代が落ち着く頃からシーズンインを迎える。秋がハイシーズンとはいえ、春も充分に楽しめる。フィールドが広いだけに、まだまだサオ抜けのポイントはありそう。ただし、立入禁止の場所には絶対に入らないように。

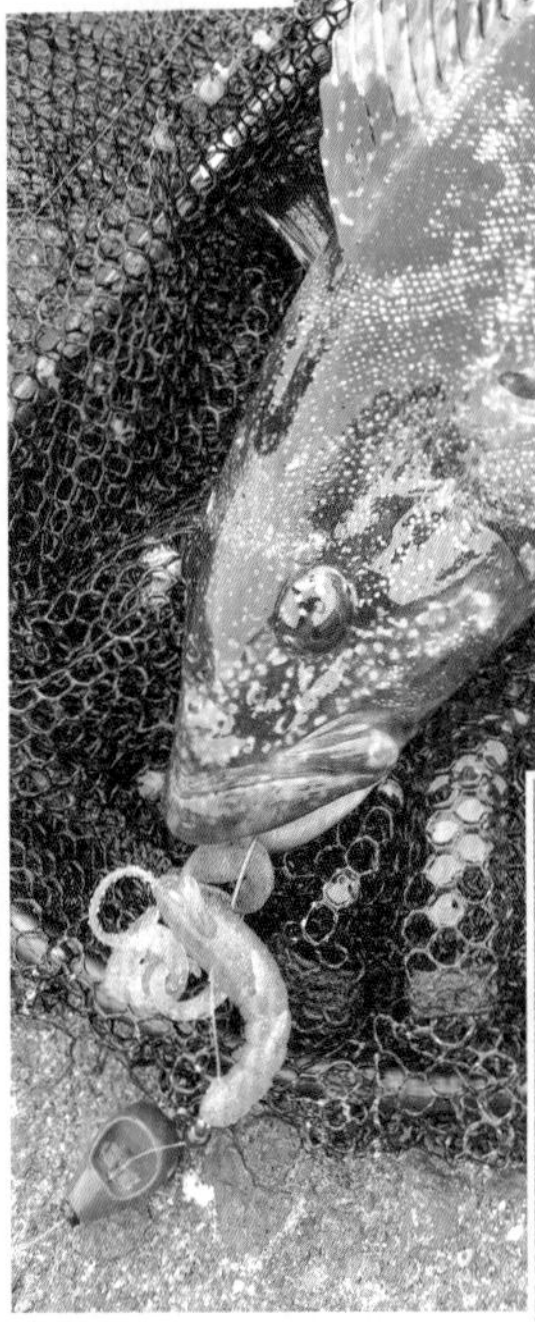

この日の最大魚である50㎝は、速いテンポのリフト＆フォール中にきた。この1尾をリリースして納竿。シンカーは24g、ワームは『スティーズクロー』3.1インチ・モエビ

【使用タックル】 すべて、ダイワ

（写真左）
ロッド：HRF AIR86M/MHB
リール：HRF PEスペシャル8.1R-TW
ライン：UVF HRFセンサー8ブレイド+Si 1.5号
リーダー：フロロカーボン20lb 約1.5m

（写真右）
ロッド：HRF AIR910H/XH
リール：ルビアスエアリティー LT4000-CXH
ライン：UVF PEデュラセンサー X8 +Si2 1号
リーダー：フロロカーボン20lb 約1.5m

☆HRF AIRシリーズの特徴 Comments by Shin Sato

「8本ともエンドグリップを拳ひとつ分にして軽量化を図ることで、キャスト時に掛かる手首への負荷を抑えられます。飛距離と操作性を追求した仕様です。さらに、ロングスピニングに関しては、エンドグリップまでの距離を、他のシリーズよりやや長めに設定したことで、キャスト時に引き手が使いやすく飛距離アップにつながります。振り抜きやすくキャストが安定することで、沖根もピンポイントでねらえるはず。パワーを確保したうえでブランクの贅肉を削ぎ落とし感度もアップ。8機種に細分化したことで、港、磯、ボートなど、それぞれのシーンにマッチした1本が見つかると思います」

【推奨アイテム①】
『バンクビーターネット』の柄には簡易メジャーが付き、魚の測定が可能。柄の長さは4m。「函館の磯では最低4mは欲しい」と佐藤さん

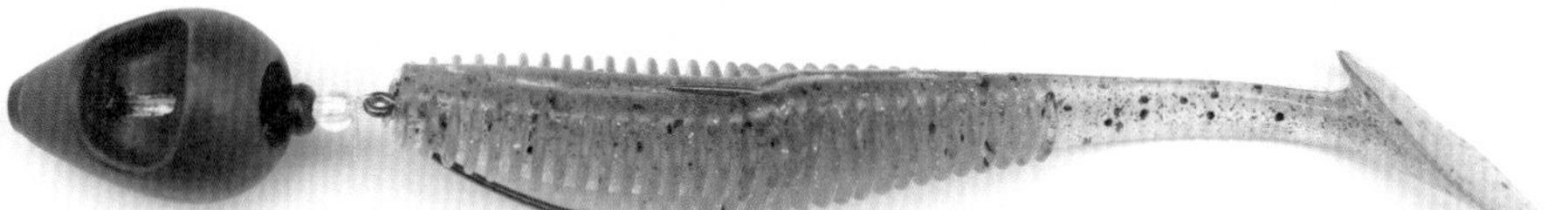

【ヒットパターン①】
『ツーウェイシンカー』28gのテキサスリグモードに『HRFガブリシャッド』3.5インチ。フックは『スティーズ ワームフック SS WOS ワイドオフセット』#1。ベイトフィッシュが追われているときはスイミングで使用することが多い

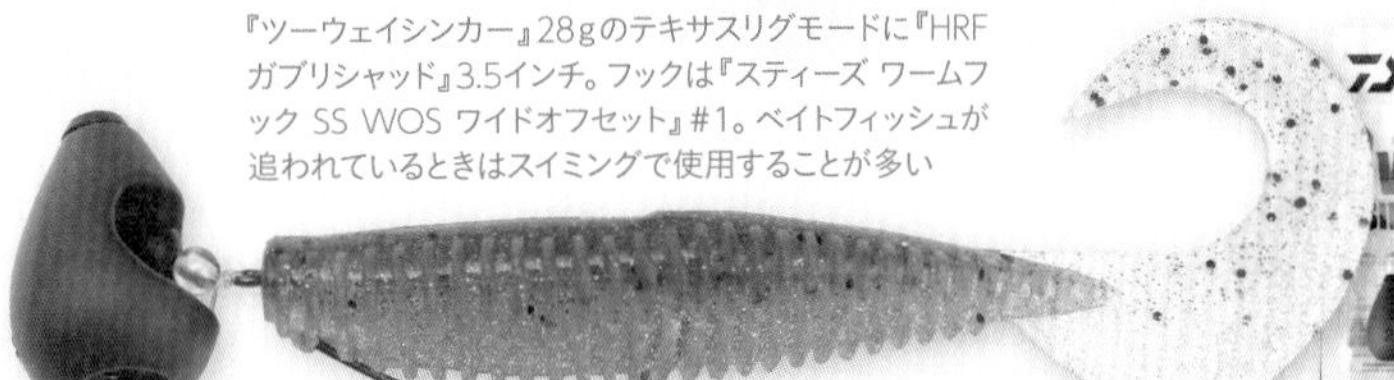

【ヒットパターン②】
『ツーウェイシンカー』28gのフリーリグモードに『HRFガブリカーリー』3.5インチ。フックは『スティーズ ワームフック SS WOS ワイドオフセット』#1。カーリーテール系はスイミングとリフト＆フォール、どちらも対応する万能ワーム

【推奨アイテム②】
『モバイルタックルバッグS40(B)スプラッシュホワイト』は、小物を持ち歩くのに便利なタックルバッグ。リーダーの組み直しなどで両手を使いたいときや、予備ロッドを携帯するときに重宝するロッドスタンドを2個装備

◎注目ワーム

『スティーズクロー』。カラーは左がモエビ、右がシナモングリーンフレーク。フリーリグやテキサスなど、あらゆるリグに対応するクロー系。取材時は水温が低くベイトフィッシュを追う感じではなく、甲殻類系の反応がよかった

◎注目シンカー

『ツーウェイシンカー』は、1つのシンカーでテキサスモードとフリーリグモード、2通りの使い分けが可能。底部が広いためボトムとの接地面積が多く、遠投してもボトムを感じ取りやすい。佐藤さんは磯で21～28g、港で7～14gをメインに使う

磯

【函館市②】

当日キャッチしたのは黄色の魚体が鮮やかなオスのみ。最大魚はスピナーベイトにきた。食欲と威嚇行為、どちらで襲ったのか？

大型アイナメを虜にする

釣れるのは40UPだけ!?

チャター＆スピナーベイト

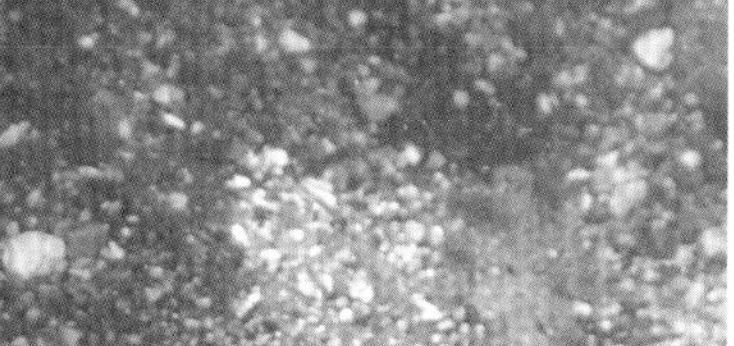

紅葉が進むにつれ、アイナメの産卵行動は本格化する。荒食いが始まるのは例年11月中旬以降

“アイナメ＝ワーム（ソフトベイト）”。この図式が定着して久しいが、北斗市のショップ『インパクト』スタッフ・野田侑史さんは磯の大型ねらいにチャターベイトとスピナーベイトを多用する。秋の取材時は50㎝を頭に良型を連発。釣れる理由や磯で撃つべきポイントとは？

今こそ磯へ！

全道各地で港の立入禁止区域が増えるなか、注目したいのは磯だ。〝磯ロック〟の愛好者は以前からいるものの、港に比べると圧倒的にアングラーは少ない。その背景には手軽に楽しめる雰囲気でないうえ、体力的な負担が大きいことやポイントが分かりにくいこともあるかもしれない。

とはいえ磯に行けば、釣れるアイナメの数と型は確実にアップする、そういって過言ではないだろう。ロックフィッシュ・ブームの高まりにより、港はプレッシャーが高くなり、一昔前と比較すると「釣るのが難しくなった」という声は多い。

磯で定番のリグといえばテキサスだが、底をネチネチと探る釣り方は「逆に釣れません」と話すのは野田侑史さん。11月上旬の取材時、チャター&スピナーベイトをメインに使った。

干潮と産卵

5時半、野田さんと待ち合わせたのは、函館市日ノ浜にある道の駅『なとわ・えさん』。ここから北上して太平洋に面した木直～古部の磯をラン&ガンする予定。なお津軽海峡における日本海と太平洋の境界は、恵山岬と本州の尻屋崎を結ぶラインといわれている。

この日は大潮で、函館の満潮は2時36分（潮位82㎝）と14時19分（同92㎝）。干潮は8時15分（同38㎝）と21時1分（同15㎝）。日本海よりも干満差が大きい太平洋の場合、干潮を意識して釣りのプランを立てたい。干潮時でなければアプローチできないポイントはプレッシャーが少なく期待大。反面、干満差に関係なくアプローチ可能な大場所はアングラーが入りやすく、意外に釣果は伸びないようだ。

野田さんは「干潮時しか入れない小場所を探してラン&ガンし、ポイントを開拓するのが面白い」と言う。ただし、潮が上がると来たルートが水没して戻れなくなることも……。安全面から事前に潮時表をチェックするのはもちろん、常に潮位の変化に注意を払いたい。

太陽の光を浴びて黄金色に輝く、チャターベイトでキャッチした1尾目。潮の濁りを受け、カラーはチャートリュースを中心に選んだ

◎チャターベイト

スナップ・ブレード・ヘッド・スカート・フックで構成されたルアー。リトリーブするとヘッドとブレードが当たって音を発する。感度もよく障害物にコンタクトしても分かりやすい。主に直進的に泳ぐタイプと、リトリーブ速度を上げると「千鳥足」などと呼ばれる不規則に動くタイプがあり、野田さんはリアクションバイトを誘いやすい後者を愛用。フックにはトレーラーのワームをセットするのが一般的だ

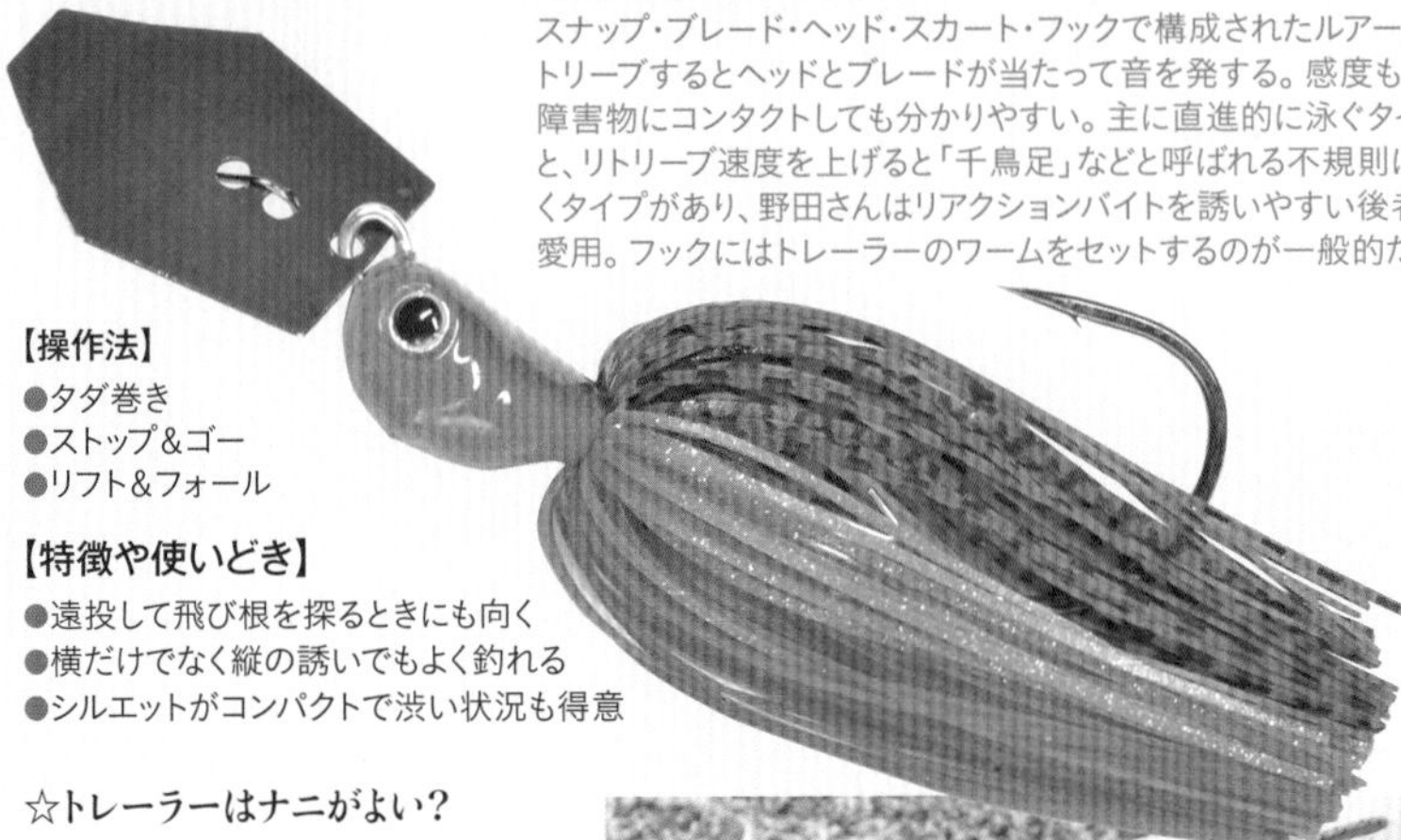

【操作法】
- タダ巻き
- ストップ&ゴー
- リフト&フォール

【特徴や使いどき】
- 遠投して飛び根を探るときにも向く
- 横だけでなく縦の誘いでもよく釣れる
- シルエットがコンパクトで渋い状況も得意

☆トレーラーはナニがよい？

トレーラーを選ぶ際に重視したいのは動きのレスポンス。ピンテール系などの水流を逃がすワームを使うことで、チャターベイトのレスポンスがよくなり、千鳥アクションをより引き出すことができる。またピンテール系は水の抵抗が少ない分、チャターの振動がワームに伝わりやすく、バイブレーションアクションも大きくなる。シャッド系やホッグ系などのワームより、リトリーブ時に浮き上がりにくいのも特徴。取材時はエコギア『熟成アクア スーパーどじょうM』（100㎜）を使用

◎スピナーベイト

ブレード1～2枚・ヘッド・スカート・フックで構成されたルアー。ヘッドとブレードの接続にワイヤーを介しているので、「ワイヤーベイト」とも呼ばれる。ブレードの枚数や形状により泳ぎ方などが変わる。チャターベイトより空気抵抗が大きい分、飛距離は伸びないが、アピール度はスピナーベイトのほうが上。トレーラーとしてワームを付けてもOK。操作はタダ巻きが基本とはいえ、気になるスポットで一瞬ストップを入れるのもよい

【操作法】
- タダ巻き
- ストップ&ゴー

【特徴や使いどき】
- カケアガリ沿いなど横での誘いに向く
- 濁りが強い状況で威力を発揮
- ルアーの構造上、根掛かり回避能力が高い

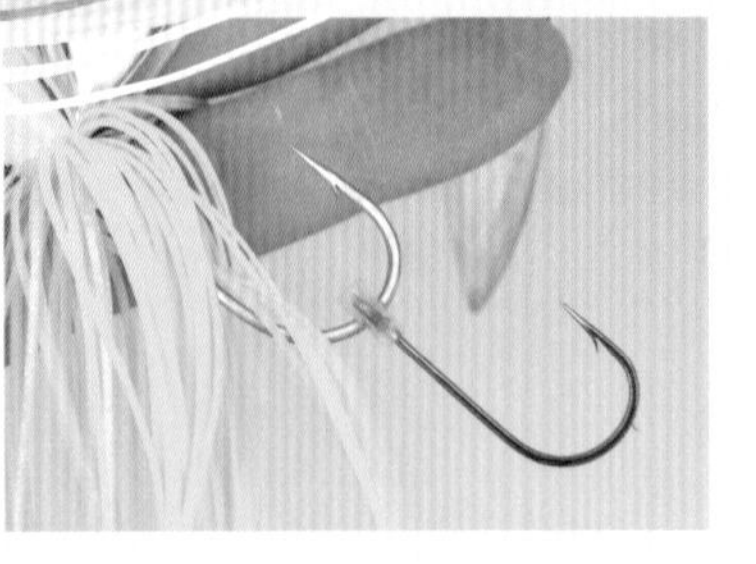

アタリがあるのにフッキングしないようであれば、根掛かりの危険性は高くなるとはいえ、チャターもスピナーベイトも別売りのトレーラーフックをセットするとよい

函館周辺の磯ロックは例年6〜7月に本格化を迎え、8月中旬から夏枯れが進行し、産卵を意識したアイナメが岸寄りするのは10月中旬。11月上旬に産卵が終わり、中旬以降は産卵後のいわゆる荒食いの時季。12月下旬までオスもメスもよく釣れるハイシーズンが続く。

函館周辺には人工的に掘られたスリットが散見できる。この後、先端からディープエリアにアプローチするも不発に終わった

1ヵ所目の磯。岸際に繁茂する海藻周りに対し、横の誘いでねらう野田さん。海藻とアイナメの魚影の多さは密接にリンクする

側線を刺激するルアー

「アイナメは港でもスピナーベイトに反応しますが、何度も追うことはほとんどありません。それに警戒しているのか、一定の距離を保って追ってくることが多い。一方、磯の魚はとにかくアグレッシブ。以前、ボートで釣っていたときのことです。水中の岩の上に真っ黄色の魚体がはっきりと見えました。ちょうど産卵期で周りを見渡せる高い岩の上で卵を守り、侵入者が来ないかをうかがっていたのでしょう。そこから10mくらい離れたところにルアーを投入したのにもかかわらず、そのアイナメが反応して近づいてきたのには驚きました。このときは食わずに戻っていきましたが」と野田さんは話す。

チャターベイトは2000年代前半、アメリカのバスフィッシングで火が点き、現在は日本でもいちジャンルとして定着。スピナーベイトとの共通点は、強烈な波動とフラッシングを生み出すブレードを装備していること。数あるルアーのなかでもアピール度はかなり高い。アイナメは音や振動を感知する側線が多いことで知られるが、激しい振動を発生する両者の特性から側線を強く刺激するのは間違いないだろう。「波がある、流れがある、そして濁っている。そんな条件下でチャターやスピナーベイトの持ち味が活きます」と言う。

まずはワンドのシャローへ。広く海を眺めて「今日はちょっと穏やかすぎ」と苦笑いを浮かべつつ、35gのチャターベイトをフルキャスト。沖の飛び根など広範囲を探る場合は、飛距離の出るチャターの出番。着底後はタダ巻きし、中層まで浮いてきたらフォールを入れ、底を意識しながら探る。縦の誘いでも釣れるのがチャターの利点。またリトリーブ速度に変化をつけるのも有効だ。

釣れる磯の条件

山陰から太陽が上った7時過ぎ、1尾目がヒット。魚体を黄色

2ヵ所目。先端から深場を釣っているように見えるが、ルアーを通しているのはカケアガリ手前のシャロー（右）。1ヵ所目の磯より濁りが強かった（左）

取材時はエバーグリーン『ジャックハンマー』1.2ozが大活躍。この魚はリトリーブ中に2回バイトがあるものの乗らず、3回目でフッキングした

に染めたオスで、45㎝に迫るグッドサイズ。「2回バイトがあって乗らず、3回目で掛かりました。威嚇行為で食ってきたのかも。この手のルアーは威嚇を誘いやすいのも特徴」と野田さん。続けて、「チャターやスピナベで釣れるのは大体このサイズ。明らかにワームでヒットする魚よりデカい」と言う。

1尾追加した後、突端のディープエリアに移動。しかし全く反応がない。「太平洋は深い所もポイントになりますが、基本的には日本海と同様、浅いシャローで釣果が上がります。とはいえ、干潮時に岸が露出する所には、ほぼ魚はいないと思っていい。今日は深い場所はダメっぽいです」。

時季や水温により浅いほうがよかったり、深いほうがよかったりするが、これまでの経験から「産卵前は深い所、産卵後は浅い所がいい」と感じている。そして魚が付きやすい場所は、カケアガリやスリット（溝）など障害物の周り。他に重要なのは「海藻が繁茂している」こと。海藻が少ないと魚の付きが極端に悪い。これらの要素をふまえてねらうポイントを考える。

スリットをスピナベで

2ヵ所目に入ったのは、濁りの強いシャローエリア。チャターやスピナーベイトに適した場所だ。

スリット沿いをチャターベイトで探ると、すぐに反応。機動力を優先してランディングネットを持たない野田さんは大型でも抜きあげた

迫力満点の50㎝を、ノリーズ『クリスタルSパワーロール』1ozでゲット。追ってきて手前でヒットし、食う瞬間がはっきりと見えた一尾

【使用タックル】

（写真左）
ロッド：ノリーズ『ロックフィッシュボトム パワーオーシャン RPO76XHC2』
リール：シマノ『スコーピオンMGL151HG』
ライン：PE1.5号
リーダー：サンライン『トルネード ブラックストリーム』20lbを約2m
ロッドはルアー負荷10〜40gのエクストラヘビー。ティップは強さを秘めながらもしっかり着底感とバイトをとらえる感度を追求。ヘビールアーをテンポよくリフト&フォールできる操作性も見逃せない。岩の隙間に素早く潜り込む大型に対し、フルパワーでファイト可能なバットパワーを備えている

（写真右）
ロッド：ノリーズ『ロックフィッシュボトム パワーオーシャン RPO94XXHS2』
リール：シマノ『ツインパワーXD4000XG』
ライン：PE1.0号
リーダー：サンライン『トルネード ブラックストリーム』20lbを約2m
ロッドはルアー負荷14〜56gのシリーズ最長モデル。1.5ozのリグを振り切る強さがありながら、アングラーの負担を軽減するトルクフルなブランクスがうれしい。ピンスポットねらいでも集中力を維持できる

引き抵抗の強いスピナーベイトとチャターベイトはベイトタックルで使用する。比較的引き抵抗の弱いチャターベイトはスピニングで遠投したいときに適している

こうした小場所も積極的にねらうのが貴重な釣果を得るコツ。海藻さえ繁茂していれば、そこにはアイナメがいると思って間違いないだろう

カケアガリから沖の深場でも根があれば期待できるが、岸際のシャローのほうが釣れる可能性は高い。カケアガリは真横、もしくは斜めに引くと魚に長くアピールできる（上）
サラシも好ポイントの目安。魚のストック量が多いのか、複数尾ヒットすることもある（下）

「濁りがあると狭いエリアでも複数尾出ることがあります。魚にとって見通しがよくないとナワバリ意識が弱まるのか、あるいは警戒心が緩むのか……。それと濁っているエリアでは、魚がルアーを視認しやすい晴れの条件がいい。逆に潮が澄んでいれば曇りがベター」と話す。アングラーを歓迎するように太陽の光が降り注ぐ。

9時少し前、ワンドの中ほどからキャストを再開。すぐにチャターベイトでヒットしたのは43㎝のオス。そして平磯の突端を目指すが、探るのはカケアガリの手前。シャローに見えるスリット沿いに1オンスのスピナーベイトを引くと、その後ろを大型が追ってきた。が、食わすのには距離が足りなかった。もう一度ルアーを投入すると今度はフッキング！　慎重に抜きあげたのは50㎝ジャスト。目標サイズをクリアし、野田さんは満面の笑みを浮かべた。

スピナーベイトが適した状況は、手前側をねらうときと特に濁りが強いとき。50㎝を釣ったポイントはまさにベストマッチといえた。その後は潮位が上がり、深場をメインに探るも反応なし。「今日はオスばかり釣れましたが、捕食行動はしているらしく、それを示すようにどの魚も痩せていませんでしたね」。

ちなみに、同エリアでの野田さんの自己記録は57㎝。ロクマルまで夢は広がる。

【推奨アイテム】
滑りやすい磯でスパイクブーツは欠かせない。野田さんはフェルトとスパイクピン、それぞれのグリップ力を両立したダイワ『プロバイザーシューズ PV-2651CD』を愛用

◎主な捕食物
磯での主食はカニと思われるが、年によってはマイワシの大群が来遊し、釣ったアイナメが吐き出すのも珍しくない。マイワシが捕食されていると巻きの釣りがよく、チャターとスピナーベイトの独断場になることも!?

磯では浮力材の入ったゲームベストを着用したい。岩から落下した際、衝撃を少しでも和らげてくれる

正午前にバッチリ決まったアイナメ取材を終えると、野田さんはスピニングタックルに28gのスプーンをセットした。秋、函館周辺の磯はサケが回遊するのだ。取材中に何度か跳ねを見たので、ねらわない手はない。そして13時半過ぎ、ついにサケを仕留めた。その魚体はウロコが剥がれ落ちるほどの銀ピカ。秋はスプーンの準備もお忘れなく！

ボトムを釣るのが得意

現在、ロックフィッシュのリグには、さまざまなバリエーションがある。ジグヘッドリグ以外は別表のように分けられるが、港と磯のアイナメやソイ、カジカねらいでは、昔からの定番であるテキサスリグに加え、ここ数年で愛用者が急増したビフテキリグ（ビー・フリー・テキサスリグの略。専用シンカーを使うことで、シンカー直付けリグにもテキサスリグにもなる。後述するリーダーレス・ダウンショットリグの特徴も持つ）と、フリーリグ（シンカーを固定せずにフリー状態でラインに通すリグ）が人気だ。

　ダウンショットリグの派生系といえる「リーダーレス・ダウンショットリグ」は、その言葉からも分かるようにフックとシンカーの間にリーダーを使用しないダウンショットリグのこと。通常は、オフセットフック・溶接リングまたはスプリットリング＋スイベル・シンカーという3つのアイテムで構成される。なお、「ジカ（直）リグ」や「ゼロダン（ゼロセンチ・ダウンショット）」と呼ばれるリグは、このジャンルに属する。

　ショックリーダーを接続しないことで得られる最大の利点は、ボトムをしっかり探れることに尽きるだろう。水温の下がる時季は、魚の活性がそれほど高くないと推測され、ボトムの穴や根周りをダイレクトに探るのが釣果を得る一歩。だとしたらリーダーレス・ダウンショットリグは頼りになる存在だ。

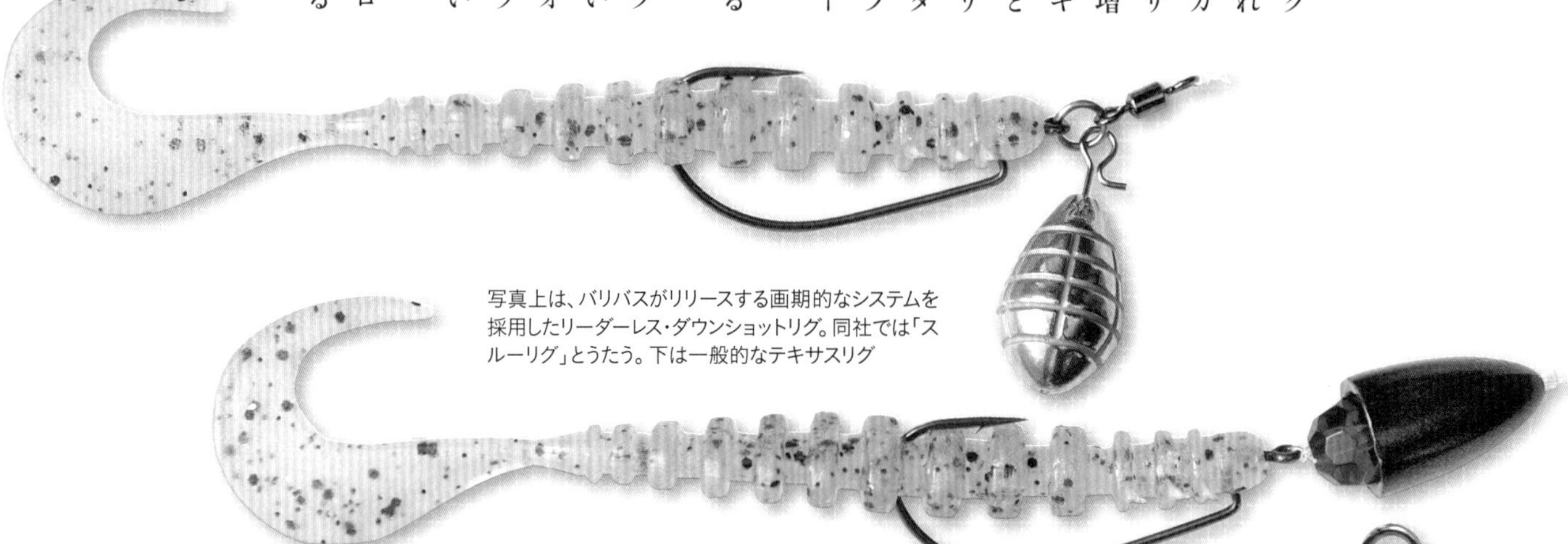

写真上は、バリバスがリリースする画期的なシステムを採用したリーダーレス・ダウンショットリグ。同社では「スルーリグ」とうたう。下は一般的なテキサスリグ

ショットリグを撃つ所

バリバス『グラン ノガレス TGグレネード クイックチェンジャー』
リーダーレス・ダウンショットリグ用のシンカー。独自のアイを採用し、簡単にリングに装着可能。ウエイトチェンジを自由自在に行なえる。手りゅう弾をイメージした形状のタングステン製シンカーは、根への侵入能力が秀逸。ラインナップは0.9g、1.2g、1.8g、2.5g、3.5g、5g、7g、10g、14g、21gの10種類

その特徴と使いどき

●根もアタリもダイレクト

何よりシンカーとフックが一体化していることで、ボトム感知能力にすぐれているのが大きな利点。シンカーが高感度のタングステン製なら、さらにボトム感知能力は高くなる。まさにボトムを釣ることに特化したリグといえる。

　このことからボトムバンピングが最も適した使い方に思えるが、ズル引きでも持ち味は発揮される。シンカーがボトムにタッチしても魚がワームをくわえても、いずれもダイレクトにシグナルが伝わる。これが、シンカーとワームが離れるタイプのリグだと、魚のアタリが出るのにライムラグがあるが、リーダーレス・ダウンショットリグにはそれがない。

　もっともフッキング時はシンカーの重さにより、魚に違和感を与えやすいと考えられる。即アワセがヒットにつなげるコツだろう。

●根掛かりが外れやすい？

たとえばシンカーが障害物に挟まって根掛かりした場合は、ラインを張ってから一気にテンションを抜いてシンカーを動かすことで、上手くいけば根掛かりを外すことができる。とはいえ、中通しタイプのリグだと、その動きがシンカーに

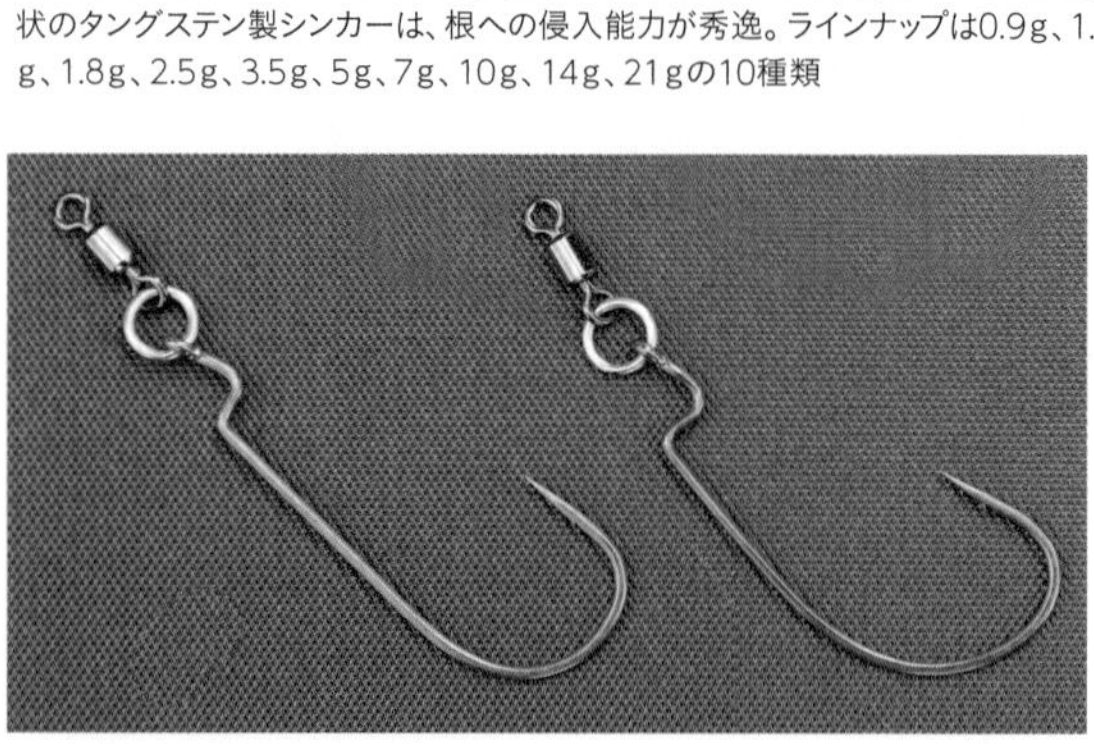

写真右はバリバス『ロックオン リンググリッター』、左は同『リングスパッシュ』。どちらもスイベルと溶接リングを装着した、リーダーレス・ダウンショットリグ用のオフセットフック。『クイックチェンジャー』を使用すれば、ラインを切らずにウエイトをチェンジすることができる。錆びにくいフッ素コートが施され、抜群のフッキング性能が長続きするのも魅力

リーダーレス・ダウン

現在のロックフィッシュシーンでは、
さまざまなリグが使われる。
ここではボトムねらいに適したリグを提案。

伝わりにくく外すのが難しい。その点、シンカーとフックが直に接続されているリーダーレス・ダウンショットリグは比較的外しやすい。これも利点のひとつ。

●一直線に落ちるから……

シンカーとフックが一体化した特性から、フォール時は一直線に落ちていく。これにより堤防の際や根をタイトにねらうことが可能になる。コンブなど海藻の中を貫くことも容易ゆえ、魚に出会う可能性が広がるだろう。また、堤防の際をタイトにねらいたい場合にも向く。自分の立っている堤防の下が空洞で、その中に魚が潜んでいるシチュエーションなどで試す価値がある。

ただ、カーブフォールでアピールしたい場合や、スイミングに魚が反応する状況では、中通しのシンカーを固定せずフリーにしたリグなどが適している。その日の条件や魚の反応を見ながら使い分けるのが肝心だ。

専用アイテムでストレス減

リーダーレス・ダウンショットリグに注目が集まった当初、スプリットリングをフックアイに通したり、あるいはシンカーのアイに通したりと、リグるのに少々面倒な部分があった。とくに手がかじかむ厳寒期、細かい作業は避けたいもの。

そんな煩わしさを解消したのが、独自のアイを採用したバリバスのタングステン製シンカー『グラン ノガレス TG グレネード クイックチェンジャー』。市販時に溶接リングとスイベルがフックに装着された『ロックオン リンググリッター』や『同 リングスパッシュ』との組み合わせなら、素早くリーダーレス・ダウンショットリグを組める。

テキサスリグやビフテキリグ、フリーリグのように

リーダーレス・ダウンショットリグを使い、秋の磯を攻略する札幌市の小林亮さん。メインターゲットは接岸して根に付いたアイナメだ

露出している岩や、黒く見える根周りに魚は潜んでいる。ピンスポットを撃つ必要があり、リーダーレス・ダウンショットリグが頼りになる

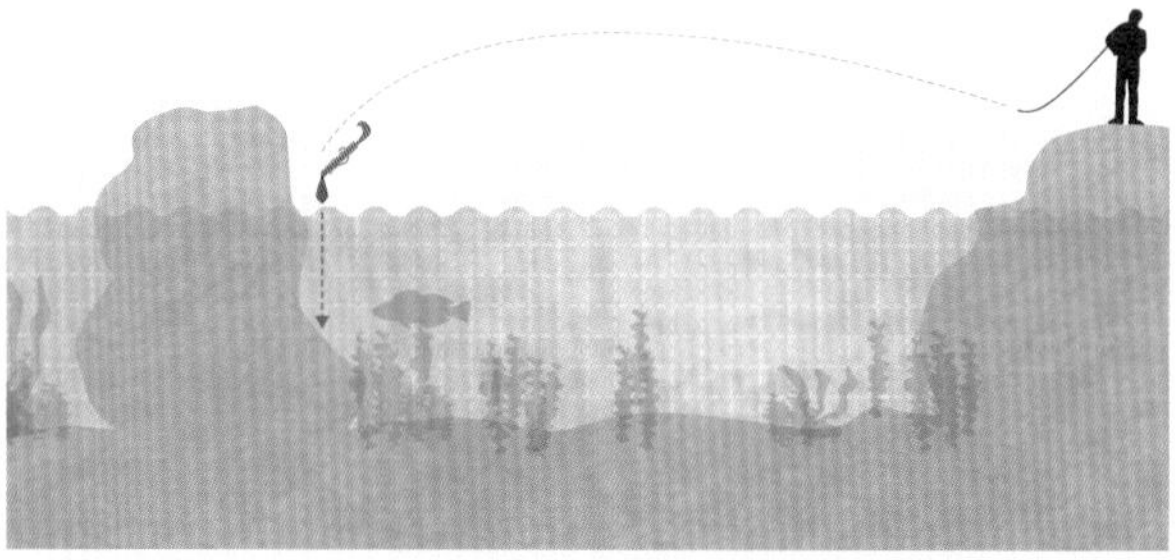

直線的に落ちるので、磯のハナレ岩の際を探るのに向く

◎他リグとの使い分け例

水深のある磯の先端から沖めはソイの好ポイント。ソイにはフォールを重視し、小林さんはテキサスリグを使用。一方、アイナメの付き場は岸際の浅場やスリットの中、コンブ周りなど。アイナメにはリーダーレス・ダウンショットリグが持ち味を発揮する

シンカーとフックが直に接続しているので、海藻の中を通しやすい

「コレひとつで、どんな状況でもイケる」という万能リグとはいえなくても、リーダーレス・ダウンショットリグがあれば攻略の幅が広がるのは間違いない。

日本海の磯なら昼夜を問わずハチガラをねらえる！底が見えそうな浅場で釣れるのもこの釣りならでは

波が高い日などは港の消波ブロック帯の穴釣りも選択肢の1つ。ハチガラだけでなく、クロソイやアイナメなどの根魚に出会える。写真は利尻島

日中も釣れる！

ハチガラを求めて 北へ、南へ

過去に発行された『根魚北海道』シリーズでは2度にわたって石狩市の北條正史さんにはハチガラ釣りを紹介していただいた。当初の釣行は夜の磯が中心だったが、近年は日中や港でも楽しんでいる。ハチガラハンターの最新スタイルを拝見。

離島にも遠征して

ソイ類では地味な存在といえるかもしれないが、忘れてならないターゲットがハチガラ（標準和名：オウゴンムラソイ）だ。30㎝もあれば良型であり、最大50㎝以上に成長するクロソイやマゾイに比べると小型種とはいえ、サイズの割に引きが強く、小さくてもグッドファイターとして人気者。岸近くの浅場を好む個性派で、見逃しがちなゴロタ場でも釣果が望めるのが他の根魚と異なるところ。食味もよく、昔から根強いファンがいる。

石狩市の北條正史さんもそのひとり。春から初冬までハチガラを追いかけていて、North Angler's COLLECTION『根魚北海道』（2014年発行）と『新版根魚北海道』（2019年発行）では、ハチガラならではといえる興味深い釣り方を公開している。

以前は夜の磯に足しげく通っていて、今も磯のポイント開拓は行なっているが、離島の焼尻島や天売島、利尻島、礼文島に遠征したり、津軽海峡に面したエリアを訪れたりしながら模索を続けている。次では3つのエリアでの実釣から最新のスタイルを紹介したい。

夏・石狩の磯 海藻下から魚を探す

日差しの強い7月上旬に向かったのは、石狩市浜益区の千代志別の磯。午後3時、千代志別川河口右岸の駐車スペースからアプローチした。「千代志別トンネルが整備されてから、ポイントまで行く労力が増して足が遠のいていましたが、あまり釣り人は入っていないかと……。期待できそうです」と北條さん。

45分ほどで目的の磯に到着し、すぐに釣りをスタート。タックルは次のとおり。ロッドは7フィートのバス用ベ

千代志別の磯でキャッチした良型。この日は日没までに10尾以上釣れ、大満足で早上がりした

ハチガラの住み家は浅場の岩礁帯。日本海にはこうしたロケショーンがよく見られる。ポイントを開拓してみよう

オウゴンムラソイ

学名：*Sebastes nudus Matsubara*

英名：Mottled rockfish

地方名：ハチガラ

ムラソイに似ているが、体に黄色い斑点や赤褐色の斑紋が散らばる。以前、別亜種と考えられていた赤褐色斑のあるアカブチムラソイは本種に統合されている。最大約30cm（参考文献/北海道新聞社『北海道の魚類 全種図鑑』）

イト、ラインはPE1・5号、リーダーはフロロカーボン16ポンド。最初にセットしたのはチェリーリグで、シンカーはナツメオモリの5号。ワームは4インチのカーリーテール系。

かつては薄暗い夕マヅメから釣り始めていたが、この日は随分と始動が早い。真昼のように明るい空を仰いで「状況にもよりますが、日中でも釣れます。たとえば夏の海藻が濃い時期なら、海藻下に広がるポケットをねらうと食ってきます。シンカーは海藻を突破しやすい重めが有利」と言う。

そうしてリグを落とすと、すぐにハチガラがヒット！ ラン&ガンしながら2尾、3尾と好調に釣っていく。「いい穴を発見しちゃいました！」と笑顔を浮かべたワンドでは立て続けに5尾キャッチした。

「ここ探ってみてください。リグを落とすとスルスル奥まで入っていきます。こういうスポットは連発します」と北條さんが穴の位置をロッドティップで示す。記者は素直に従ってフォールさせると、次の瞬間「ゴン」と力強いアタリ。アワセを入れてリールを巻くと、海藻の隙間から何と27cmの良型が現われた。

驚いたことに、そこからさらに3尾追加。日没前に満足な釣果を得られ、この日は早上がり。ひょっとすると薄暗い海藻の陰に身を潜めている日中のほうが、ハチガラは数釣りしやすいのかもしれない……そう感じた出来事だった

秋・積丹の漁港 穴釣りという王道回帰

10月下旬は積丹半島へ。日本海全域で西風の強い予報を受け、その影響の少ない風裏でロッドを振るため余市の出足平漁港へ。この日も明るい時間帯の午後2時からスタート。外防波堤にエントリーする。

「今日は波が高く、磯は釣りにくいので。消波ブロック帯の穴釣りといえば、陸っぱりの根魚釣りの王道といえますが侮れません。利尻島では日中に良型のハチガラがボコボコ釣れ、あらためて穴釣りのポテンシャルの高さに気づかされました。外防波堤の外海側など、ブロックが高く積まれているエリア

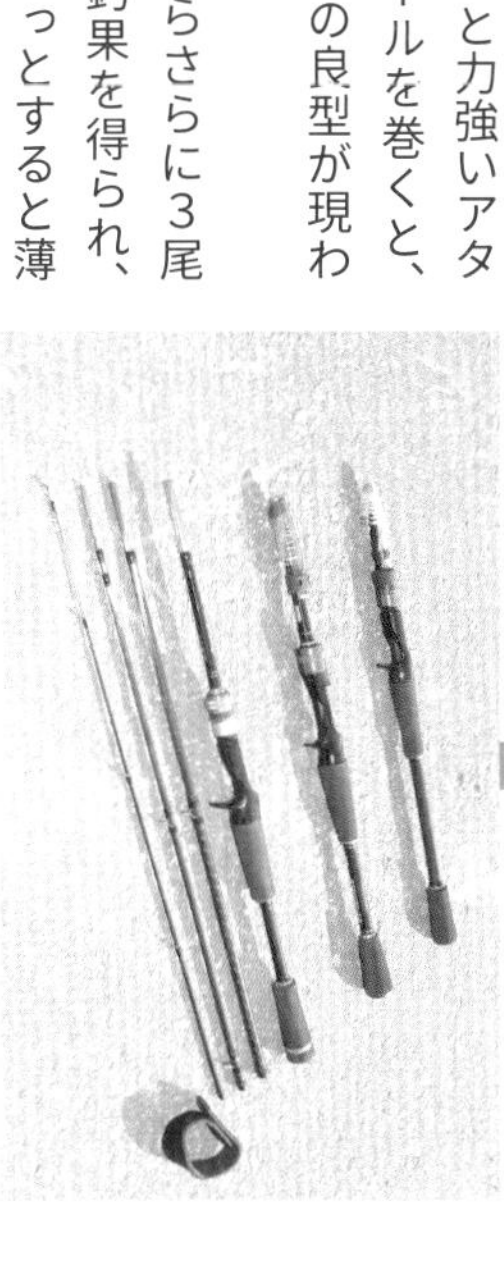

パックロッドのススメ

ラン＆ガンでテンポよく探るのが釣果を上げる近道。それなりに歩く移動の際、ロッドを素早く畳めると便利。パックロッドは重宝する。写真左から、メジャークラフト『ベンケイBIC-704H』、ダイワ『モバイルパック765TMHB』、メジャークラフト『バスパラBXCT-705H』

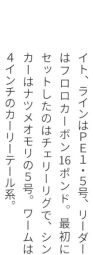

は海中が常に薄暗く、条件的に夜と変わらないのでしょう」

そう話す北條さんのタックルを見ると、振り出し式のパックロッドを手にしている。

「ハチガラは足で稼ぐ釣りで釣果が上がります。アップダウンの激しい磯をあちこち移動する場合、リグをセットしたまま短く畳めるのは大きな利点。もちろん空路で離島入りするときも便利。磯ではスイミングで誘う場面もあり、ガチガチに硬いロッドは向きませんが、港の消波ブロック帯をメインに釣るときは50㎝クラスのソイを穴から強引に引きずり出せる、適合ルアーウエイト1・5オンス以上の硬めを選んでいます」

消波ブロック帯を釣る際、ねらうのは岸壁とブロックの隙間だけ。「ブロック上に乗るのは安全面を考えて自重しています。岸壁際は底までリグが落ちていく質の高い穴が多く、ヒット率はなかなかのもの。ちなみに防波堤の基部、中間、先端で釣果の差はほとんどありません」。

とはいえ、余市周辺では反応がなく、東に向かって港をラン&ガン。その結果、小樽の祝津漁港で無事にゲット。日中の札幌近郊でもハチガラゲームが成り立つことを証明してくれた。

立待岬は函館近郊における屈指のハチガラ釣り場。記念碑近くに広い駐車場があり、磯ロック・ビギナーでもアプローチしやすい

チェリーリグがメイン

北條さんがチェリーリグに出会ったのは6年ほど前。ステンレス線にフックが付いているだけのシンプルな構造にひかれた。ステンレス線にシンカーを入れ、少し折り曲げてシンカーを止めるが、フックは「葉」、ステンレス線は「幹」、シンカーは「実」、まさに"チェリー"と感じたそう。「これはハチガラねらいにピッタリのリグと確信しました」。

根掛かりに非常に強く、ロストしてもシンカー以外は回収しやすい。また、下から、オモリ→フック（ワーム）→ラインと、パーツが重い順に並んでいる構造から、①飛距離が伸びる、②障害物の中に入りやすい、③ボトム感知能力が高い、④ワームの姿勢がよくなるなど、複数のメリットがあるという。ラインを切らずにシンカーの交換ができるのもよい

函館ではムラソイも！

主に関東、北陸地方以南に分布し、北海道ではまれなムラソイを函館の磯でキャッチ。地方名はハチガラだけにオウゴンムラソイに似るが、体に赤褐色の斑紋はなく、暗褐色で黒色小斑が散在する。最大約35㎝

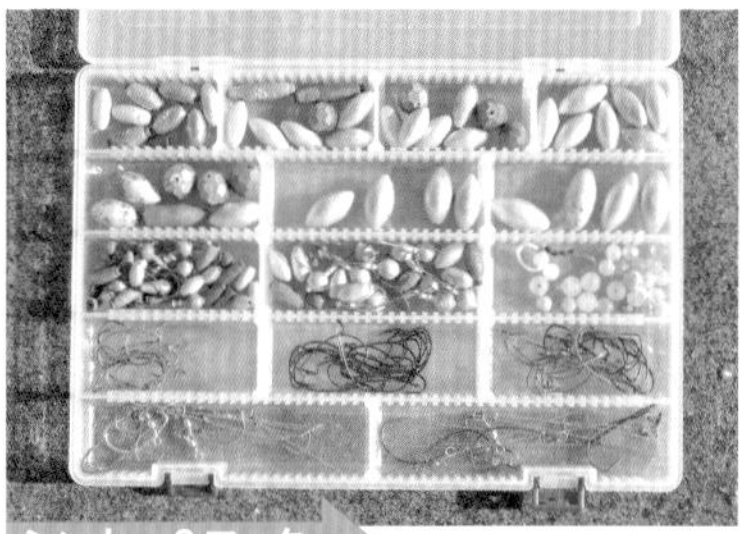

シンカー&フック

小物類を収納しているケース。シンカーはナツメオモリの1～10号、オフセットフックは#1/0～2/0を用意

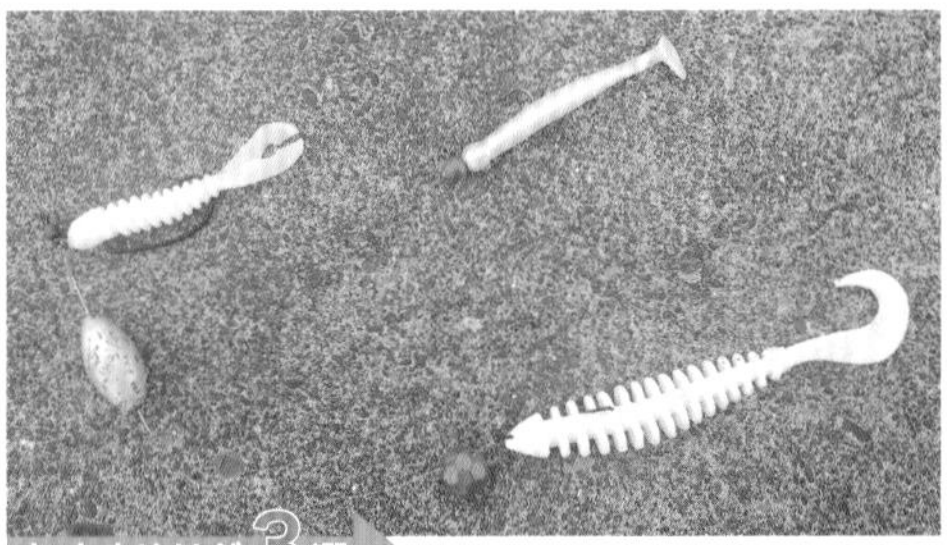

おすすめリグ3選

【チェリーリグ】（左）
ワーム:バークレイ『ガルプ！ソルトウォーター アジャストハント』3.2インチ
フック:オーナーばり『カルティバ メガトンロック』#1/0
シンカー:フジワラ『エコシンカーナツメ』10号
シャフト:ステンレス線0.6㎜とスリーブで自作

【ジグヘッドリグ】（右上）
ワーム:エコギア『グラスミノーL』3-1/4インチ
ジグヘッド:フジワラ『ジグヘッド ロングシャンク』3.5g

【テキサスリグ】（右下）
ワーム:バークレイ『パワーベイト パルスワーム』4インチ
フック:ささめ針『ロックフィッシュフック　ワイドゲイプオフセット』#2/0
シンカー:フジワラ『リアルオベーション ボトコン』17.5g

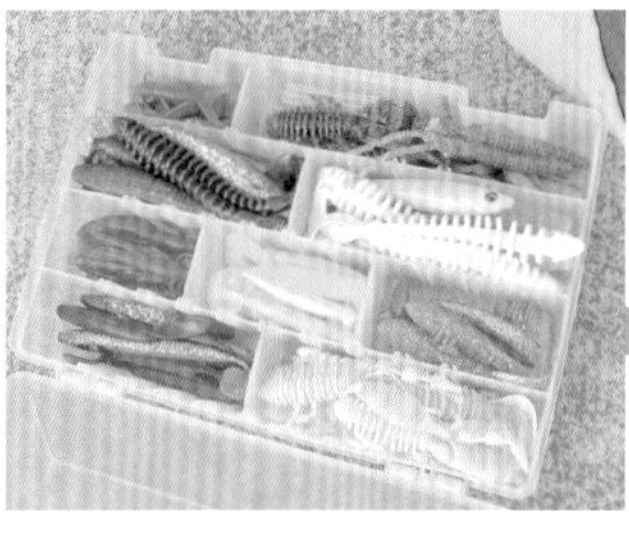

ワーム

ワームはアピール力を重視してセレクト。3～4インチのシャッド系、甲殻類系、ピンテール系を使うことが多い

晩秋・立待岬 ハチガラだけじゃない！

秋が深まった11月上旬、道南を目指した。「西風で日本海がシケる予報なので津軽海峡に行きます。函館の立待岬はハチガラのメッカです」。

現地に着いたのは午後6時過ぎ。数年ぶりの聖地巡礼に胸が高まっているようで、急ぎ足で暗くなった磯に下りる。そして、あっさりファーストヒット。あがってきたのはハチガラかと思いきや、何と20㎝級とはいえムラソイだった。

函館周辺は道内でなじみのある根魚だけでなく、本州で人気が高いムラソイの他、クロメバル、カサゴなどの釣果情報も聞かれる。魚種が豊富で何が釣れるか分からない魅力も津軽海峡ならでは。3時間ほどで本命のハチガラを数尾キャッチして終了した。

「ハチガラの釣果が最も望めるステージは昔と変わらず夜の磯ですが、日中の磯や港もチャンスは充分。何より明るい時間帯のほうが安全で、かつポイントも撃ちやすく入門者におすすめです」

チェリーリグの作り方

いずれも、メインシャフトとなるステンレス線の長さは8㎝程度がベター。シンカーを通してステンレス線を折り曲げて止める際は、折り曲げ部分を1㎝程度の長さにするのがコツ。シンカーについては、ナツメオモリ5〜10号、テキサスリグ用バレットシンカー21g前後を使用

用意する物　写真左上から時計回りに。ステンレスクリップ（主にスリーブと呼ばれる）、スイベル、ビーズ各種とアワビカブラ、ステンレス線0.6㎜

用意する工具　写真左から。ハンドプレッサー（スリーブを絞めるための道具）、ペンチ、ワイヤーループペンチ×2（ステンレス線を綺麗に丸めるための道具）

作り方〈その1〉

チェリーリグにはさまざまなタイプがあるが、まずは北條さんの使用頻度が高い、ステンレス線にフックを直接通すタイプを紹介。フックが常に上を向き、ワームの姿勢がよく、フッキング率が高いという

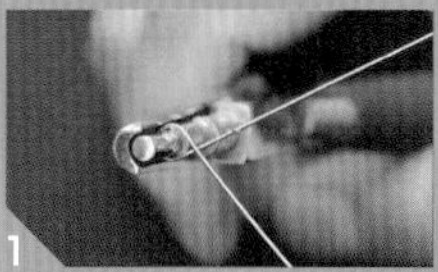

1
ステンレス線をワイヤーループペンチで丸める。これがフックなどを通すアイになる

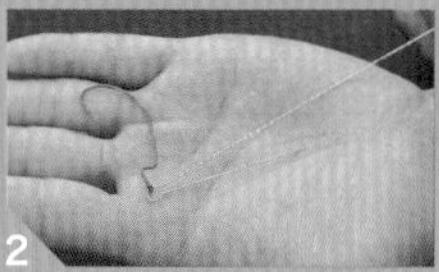

2
まずはフックを通す。ここでは、#2/0を使用。フックの向きに注意！　メインシャフトに対し、フックポイントが写真の向きになるように通すこと

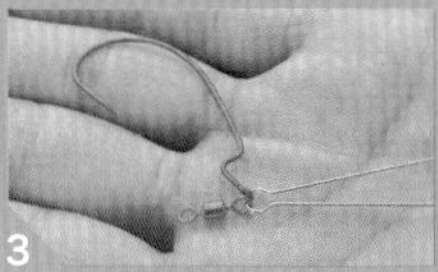

3
次にスイベルを通す。リグが完成した後、スイベルにはライン（リーダー）を結ぶ

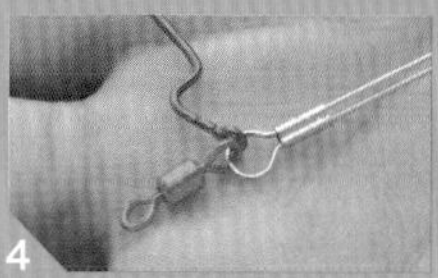

4
スリーブを通す。ここでは、ヤマシタ『LPステンレスクリップ』Sを使用

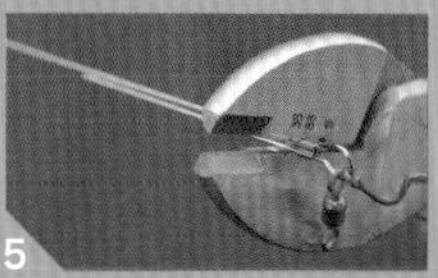

5
ハンドプレッサーでスリーブを絞める。スリーブに合うサイズの部分で絞めること

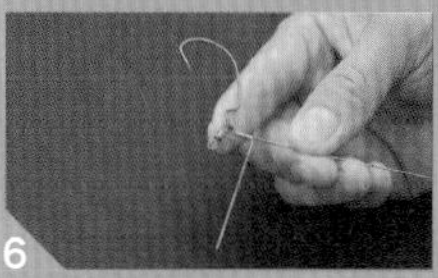

6
カットするほうのステンレス線を、メインシャフトに対して直角に曲げた後……

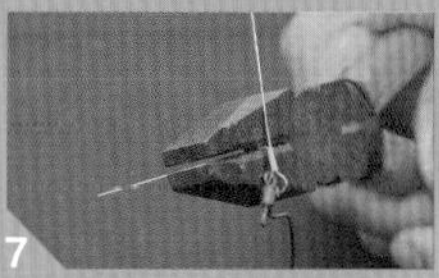

7
ヒット時に抜けるのを防止するため、2〜3㎜の余裕を残してペンチでカットする

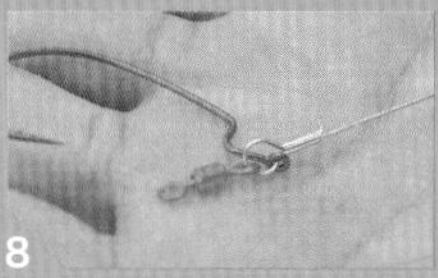

8
ペンチでカットした状態。端は写真のように折り曲げる。これでまず抜けることはない

9
メインシャフトをペンチでカット。メインシャフトの長さは8㎝程度がベター

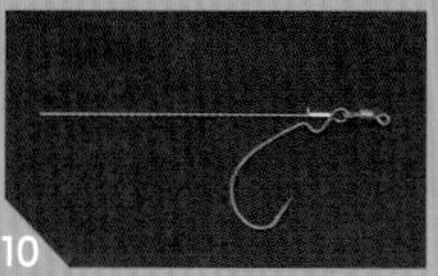

10
完成！

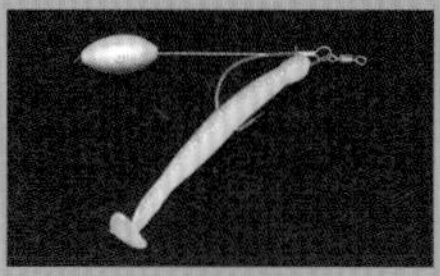

シンカーを通し、ワームをセットした状態。ワームはエコギア『グラスミノーL』

ハンドプレッサーやスリーブがなくても作れる！

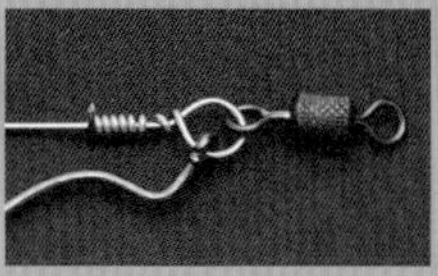

その場合は、ステンレス線の端をプライヤーなどでメインシャフトに密に巻き付けていく

作り方〈その2〉

作り方の要領は同じだが、ステンレス線にフックを直接通さないタイプの作り方も紹介する。このシステムはアイにラインを通してフックを結ぶ。フックがフリーになるため、ワームがナチュラルな動きでアピールする

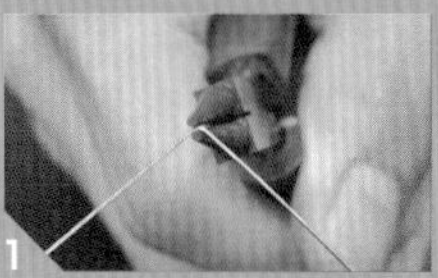

1
このタイプの場合、アイはフックが抜けないように小さくするのがコツ。もし、アイが大きくなるのであれば、後述するシモリウキを入れて対処するのも手

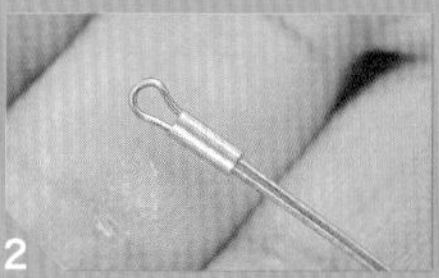

2
小さめのアイを作った後は、ステンレス線にスリーブを通す

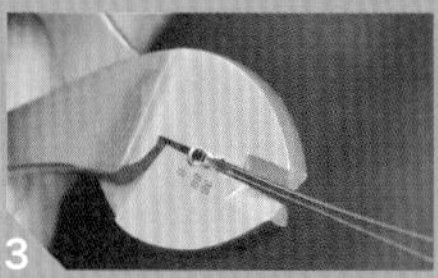

3
ハンドプレッサーでスリーブを絞める。以後の手順は【作り方その1】とほぼ同様

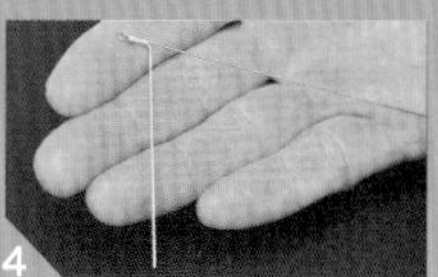

4
メインシャフトに対し、切るほうのステンレス線を直角に折り曲げる

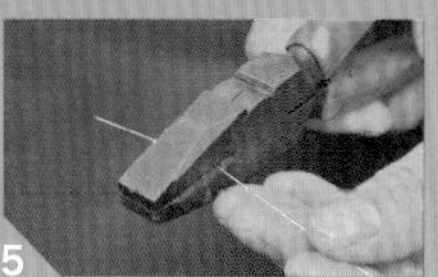

5
メインシャフトの長さが8㎝程度になるようにステンレス線をカット

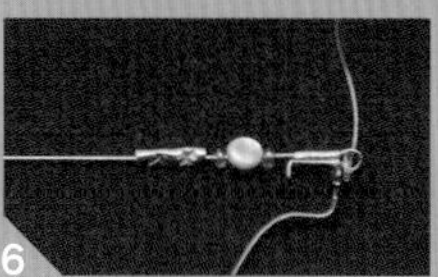

6
好みのビーズやタイカブラを通した後、スリーブを入れてハンドプレッサーで絞めれば
完成！

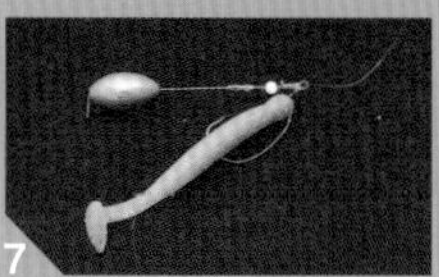

7
シンカーを通し、アイにラインを通してフック&ワームをセットした状態。ワームはエコギア『グラスミノーL』

●シモリウキ・バージョン
シモリウキを入れてワームを浮かせるのも有効。この場合、ワームは浮力の大きい素材を使ったタイプを選ぶ

ショアスロー用ジグで一発大ものを

ヒット ルアー

磯の全天候型ルアー

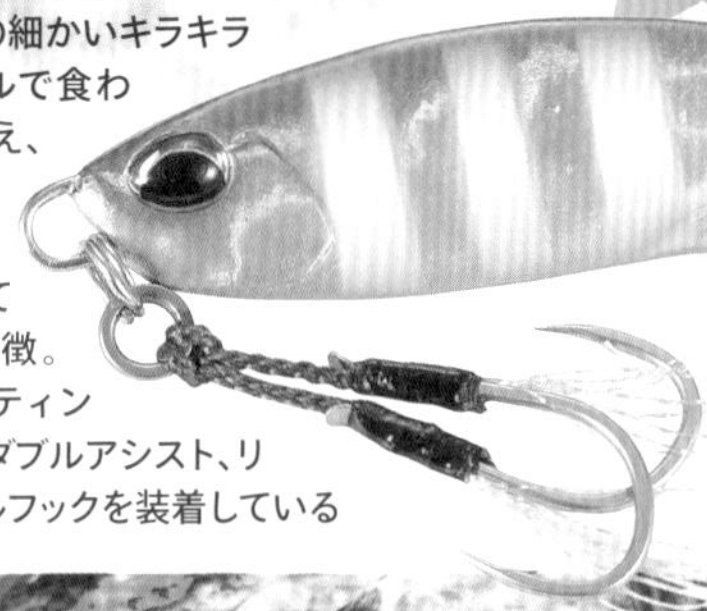

デュオ『ドラッグメタル キャストスロー』40ｇ。この他、15g、20g、30gの4サイズ展開。なお40gの全長は60㎜。扁平ボディーが生みだすピッチの細かいキラキラしたフォールで食わせの間を与え、ストレスとなる引き重りを軽減しているのも特徴。フロントにティンセル付きのダブルアシスト、リアにシングルフックを装着している

日本の渚百選に選定されている島武意海岸。なお、海岸に続く遊歩階段は薄暗くなると登り口が分かりにくい。下りたときによく位置を確認しておきたい

取材時の最大魚、45㎝のクロソイ。ソイもこのサイズになると厳つい表情で迫力がある

オフショアのジギングシーンでスローピッチが流行してから、ショア用のスロー系ジグも続々登場。青もののイメージが強いかもしれないが、根魚攻略でも大いに活躍してくれる。

ホッケねらいにおけるジグの効果はショア、オフショア問わず知られているが、磯ではソイにも抜群の威力を発揮することがある。

スローフォールが可能

フォール時にアタリの多いソイ類は、フォールスピードが遅め、あるいはフォール時のアピールが高いルアーがマッチしている。だとするとワームを使用するリグに分があると考えるのは当然かもしれない。しかし、オフショアジギングでスローピッチの人気が高くなると、そのトレンドがショアジギングにも及び、メーカー各社からスローフォールさせやすく、アピール度の高いショアスロー用ジグが出てきた。それらのタイプならロックフィッシュにも通用する。

札幌市の小林亮さんは晩秋から初冬、日本海の磯で大型ソイをねらっているが、以前使用するルアーは「ワーム8、ジグ2程度」だったそう。しかし、ショアスロー用ジグで実績を築いた昨今は、「ワームとジグの比率は半々くらいなりました」と言う。

感度の高さも魅力

全身メタルのジグの強みといえば、何といっても遠投性能が高いこと。晩秋以降、日本海では無風&ベタナギという条件でロッドを振れることは限られ、シーズン前半に比べると飛距離を伸ばす必要に迫られる。そんな状況でジグがマッチしているのは明らかだ。

ジグの利点はまだある。それはボディー全体が硬いため、とにかく感度がよいこと。根魚釣りで極めて重要な底とりが明確で、小林さんは「ワームよりも根掛かりを減らせる気がする」と話す。根掛かりが増えるシケ気味の日、とくにジグの持ち味が活きる。

MEMO

駐車場近くのトンネルを抜けると展望台。そこから階段を下りて海岸に向かう。全体に潮通しがよく水深があり、岩場の先端から良型の根魚にアプローチできる。今回はタケノコ岩の右岸側を釣った

左からクロソイ、マゾイ、シマゾイ。いずれも40㎝級。磯ならソイ３種の良型を揃えるのも夢じゃない！

沖にはトリヤマが発生し、岸に打ち上げられていたカタクイワシも目にした。根魚ねらいでもトリの動向は要チェック

足場が高い場所でのランディングはつい焦りがちだが、安全かつ慎重に行動したい。複数のフックを装着するジグの場合、魚に掛かっていない余剰フックが網に絡むとバレやすいので注意

ロングフォールで魅せる

磯では「ジグでもワームでも、ソイは最初のフォールに反応を示すことが多い。おそらくフォールの距離が長く、アピール時間が長いからだと思います」と小林さん。着底時や根に当たった際、エギングの３段シャクリの要領でリフト＆リトリーブを２〜３セット行ない、その後にロングフォールを入れるメソッドで実績を上げている。フォール中はアタリに備えて神経を集中するのみ

磯で用意するウエイトは20〜40ｇで、使用頻度が高いのは30ｇ程度。通常のジグと比較し、ショアスロー用は「体感的にフォールスピードは1・5〜2倍遅い」と思っている。それによりマスや青ものより動きの遅いロックフィッシュにも食わせやすいと感じている。

フォールスピードが遅いということは操作が忙しくないことも意味し、ビギナーでも使いやすいタイプといえるだろう。深場はもちろんのこと、比較的水深の浅いポイントにも対応できる。

イワシが沸いて……

写真は12月上旬、積丹の島武意海岸でのひとコマ。この年は暖冬で12月に入っても雪が積もっておらず、安全に釣行することができた。展望台に出ると眼下の海はナギ、そして沖にはトリヤマが。初冬ながら絶好の釣り日和に恵まれた。

9時頃から30分ほど右岸を歩いて今回のポイントへ。移動前にミッドウエアを脱いだのだが、最高気温10℃以上と暖かく、目的地に到着したときは汗だくに……。アウターを脱いでしばしクールダウン。

最初は28ｇのテキサスリグで探ると、すぐに40㎝級のクロソイがヒット。2投目もリプレイのように同サイズが掛かった。水深のある沖めを探れば、さらなる良型が出そうな予感がして40ｇのジグにチェンジ。「着底間際、ちょっとテンションが抜けたので、少しラインを張るとグッときました」。そう言い、小林さんは満面の笑みでファイト。

底に刺さるような強烈な引きに良型と確信。グリグリと強引にリールを巻いて中層まで浮かせる。水面下まで寄せると、魚が吐き出したものが煙幕のように海中に散らばってキラキラと輝いた。イワシのウロコらしい。トリヤマの下にはイワシの大群がいて、それを捕食しているのか魚の活性が高い。

キャッチしたクロソイは45㎝。「ジグにヒットする魚はサイズがよいと感じます」。重めのジグは遊泳力の低い小型魚のアタックを減らせるのかもしれない。また魚を好んで食う良型にはジグのフラッシングが効くようだ。

この後もジグでヒットが続き、「ベタナギでもイワシなどベイトフィッシュが沸いている状況では、ジグの効果が高いとあらためて実感しました」と小林さん。磯なら天候に左右されにくいオールマイティーなルアーといえそうだ。

ここ数年、日本海側はイワシやニシンといった小型の青ものの回遊が増えている。「場所や状況によっては、ワームより釣れる可能性があるかもしれません」と締めくくった。

憧れが現実になる!?

「北上するハタ」と向き合う日のために……

キジハタ
学名:*Epinephelus akaara*
英名:Hong Kong grouper
別名:アコウ、アカアラ、アカミズなど
分類:スズキ目ハタ科
分布:北海道南西部以南の日本海、相模湾以南の太平洋、東シナ海、台湾、トンキン湾

「おたる水族館」で展示された寿都沖で獲れたキジハタ。体長は約25cm
写真提供=おたる水族館

希少性の高さに加え、超大型に育つことから、根魚のなかでも珍重されるハタ類。北海道以南では夢のあるターゲットとして多くのアングラーの心をつかんでいる。そんなハタ類が数年前から北上しているとささやかれ、北海道でも実際にマハタとキジハタが確認されている。分布域が広がりをみせれば、根魚ねらいのロッドを絞ることも!? そのときに備えて、2種の生態を知っておこう。

温暖化が原因

道内の二大ターゲット、アイナメとソイとは見た目も生態も異なり、大型に育つハタ類は北海道以南で絶大な人気を誇る根魚だ。暖かい海に生息し、日本には11属約70種が分布しているが、味のよさに定評のある高級魚としての顔も持つ。個体数は多くなく、その希少性の高さからもアングラー垂涎のターゲットになっている。

そんなハタ類が近年、特に首都圏から北上に関する情報が増えているという。その背景に研究者からは海洋の温暖化が指摘されているが、北海道も例外ではなく南部の海域でマハタとキジハタが確認されている。まずは2種の基本的な生活史を紹介したい。

雌性先熟

●マハタ

浅場から水深300m以浅まで生息するマハタは、日本を代表するハタ類。最大1・8mに達する魚体は体側に幅広い濃褐色の横帯が見られ、横帯の上に不定形の淡色斑が並んでいる個体が多い。ただ、大型になると一様に黒褐色になるようだ。

産卵期は3~5月。稚魚や幼魚は浅い磯やアマモ場に現われ、成長にともなって深場に移動。1歳で約200g、2歳半で約1kgになり、1mを超える老成魚は100m以上の深海に棲む。ハタ類の多くは「雌性先熟」という繁殖生態を持ち、若い個体はすべてメス。成熟して産卵し老成魚になると性転換してオスになる。ちなみにマハタのメスは体重4kg前後で成熟し、10kgを超えるとオスに性転換する。

北海道以南では、大ものを船釣りでねらうのが一般的だ。活きイワシやイカなどをエサにドウヅキタイプの泳がせ仕掛けを使うのが定番だが、メタルジグやタイラバでねらうのも人気がある。ハイシーズンは9~12月。

●キジハタ

全国的なハタブームの火付け役がキジハタだ。30cmほどのサイズが多いとはいえ、最大60cmを超える。日本海側に多く、水深の浅い岩礁域、特に砂底の混じった

他の根魚よりも泳層が浅いホッケの群れ。活発に泳ぎ回っていた

ソイ類は底近い層をゆっくりとクルージングしていたのが印象的

アイナメ(下)は微動だにせず底にべったり張り付いていることが多かった

根魚やマス類が泳ぐ水槽には、怪魚として名高いオオカミウオの姿も

2017年8月、濱田亘さんが函館港の沖堤で釣ったキジハタ。ヒットルアーはメタルジグ

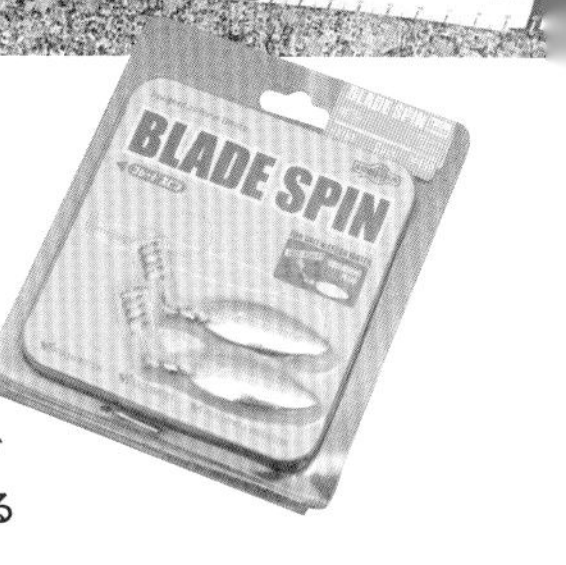

キジハタに効くアイテムとして、本州ではブレードの効果が語られる

場所に棲む。マダイねらいのゲストとしても知られボートフィッシングでも釣れるが、根魚愛好者のエキスパートは港や磯から大ものを追う。タックルに関しては北海道でアイナメやソイに使うものでOK。

魚体は褐色から黄橙色で、全身に赤橙色の斑紋が散在し、背ビレ基底中央部に1つ大きな黒斑がある。ハタ科のなかでも1、2を争う高級魚で、瀬戸内海や日本海沿岸では人工種苗の放流事業が行なわれる。

産卵期は7～9月。仔稚魚は長く伸びた背ビレ、腹ビレ棘を持ち、浮遊生活を送りつつ成長。17㎜を超えると伸長棘は短くなり底生生活に移行する。成長は遅く3歳で25㎝、40㎝前後になるには10年近くかかるといわれる。30㎝を超えるとオスに性転換して成熟する。夜行性でハイシーズンは7～8月。

寿都沖で初記録

我々道民にとって、現実に釣れる可能性があるのはキジハタだろう。2013年11月、寿都町の沖で漁獲されたが、これが道内におけるキジハタの初めての記録であり、日本周辺海域での北限記録になっている。この個体は小樽市の『おたる水族館』に持ち込まれた。

体長は25・3㎝。11月に採集された要因として、日本海を北上する対馬暖流の影響があると推測され、同館飼育部の三宅教平さんによると「この年は特に水温が高かった記憶があります」と言う。ちょうど暖海系魚類の特別展を行なっており、北海道で初めて獲れた珍魚として展示された。

また道内でアングラーが釣った情報としては、道南・北斗市のショップ『インパクト』にうかがうと2017年8月、函館港沖堤での釣果がお客さんから寄せられている。しかも40㎝級の立派なサイズ。その後、良型の報告はないとのことだが、年1回程度は小型のキジハタの目撃情報（漁の網に入った等）が聞かれるそうだ。

キジハタはナワバリ意識が強く、ダイバーの気配に驚いたとしても同じ場所に戻ってくることがあるようだが、専門にねらう道外のアングラーによると、アイナメ釣りとはアプローチが異なるという。むしろ底から浮いてベイトを捕食するクロソイねらいのメソッドが応用できるとか。しかしながらハタはソイよりも遊泳力が高く、行動範囲が広いと考えられており、夜行性とはいえ日中も小魚を追う。このことからブレードが付属したジグヘッドリグやテールスピンジグで釣果情報がよく聞かれる。

ブリにクロマグロなどの青もの、それにアオリイカ等々。温暖化により従来の分布域を広げ、昔はまれにしか出会えなかった魚種でも、皆さんご存じのように今や北海道で定番として親しまれているターゲットも存在する。さて、ハタ類はどうか……。北海道の根魚ワールドは今後、新たな局面を迎える可能性もあるかもしれない。

（参考文献／つり人社『さかな・釣り検索』、北海道新聞社『北海道の魚類全種図鑑』）

ハタ類の代表種、マハタ。写真は北海道以南での釣果。船から深場をジギングなどで釣る

マハタ
学名：*Epinephelus septemfasciatus*
英名：Sevenband grouper
別名：ハタ、ホンハタ、アラ、カンナギ
分類：スズキ目ハタ科
分布：北海道南部以南の日本各地、東シナ海、黄海など

水の中で、どう生活してる？

おたる水族館
小樽市祝津3丁目303番地
TEL.0134·33·1400　http://otaru-aq.jp

釣り好きなら誰もが水族館と聞くと心が躍るはず。アングラーにとっては興味深い、水中のターゲットのようすを観察できる研究施設のような空間だ。各地域の漁業者と連携している「おたる水族館」では、お世話になっている船に乗って採集したり、珍しい魚が獲れて連絡を受けると取りに行くことがあるのだそう。北海道でなじみのある根魚から珍魚まで、さまざまな魚類が展示されている。ちなみに根魚を飼育していると、「ソイはアイナメより大きなエサを好んで食う印象があります。ただ、同じ水槽にホッケがいて活発に泳ぎ回っていると、ソイは沈んでしまいがちです」と三宅さん。釣りに行けない週末は出かけてみよう。入館料金は大人1,800円、小中学生700円、3歳以上の幼児350円

北海道に生息するニシンやハタハタ、チゴダラ、メガネカスベなどが展示されていた水槽

Bort Rock Stage_01

船着場から5分 沖堤周りを釣る！

小樽①

かつて渡船で釣りが楽しめた小樽港沖堤。
今はすっかり“秘境”的な場所になったが、
2022年から今度は遊漁船に乗り、
ボートからアプローチできるようになった。
9月上旬、大会常連のアングラーに同行し、
当地で有効なメソッドを紹介したい。

立入禁止で魚が増えた⁉

大型ロックフィッシュの実績が高い小樽港沖堤周りや、祝津方面の磯でロッドを振れることで注目されているのは、2022年春から営業を開始した遊漁船『小樽フィッシングボート オーシャンドリーム』。船長の岡田三四郎さんによれば、波が高く磯に行けない日でも港周辺は釣りを楽しめることがあるという。小樽港沖堤周りの外海側は水深が浅く、小型船でしか近づくことができず、沖堤流しを行なっているのは同船のみ。

小樽港沖堤は「北防波堤」、「南防波堤」、「島堤」と2つの副防波堤から構成され、総延長は3・5㎞。日本初のコンクリート製防波堤で、北防波堤は完成から100年以上経った今も現役、港内の静穏を守っている。以前は渡船にて堤防上で釣りを楽しめたが、老朽化と土木遺産という名目で現在は立入禁止。とはいえその間、ロックフィッシュは産卵を繰り返して世代交代が着実に進んだようで、昔より魚影が増えていると噂される。

「季節によって釣れるポイントは変わり、夏枯れの厳しい時季でも釣果は望め、シーズンは長期にわたります。何といっても沖堤までは約5分。釣りができる時間を長く取れるのも好評です」と岡田さん。

本当に夏枯れでも釣れるのか？それを確かめるべく9月上旬、船に乗り込んだ。メンバーは札幌市の4人。能登勇太さん、今野哲さん、そして近間康平さん、真亜子さん夫妻。皆さんはロックフィッシュの大会『パワーオーシャンカップ』（ウエルエフ主催）に出場している常連。能登さんは2019年、ツアー大会上位入賞者だけで行なわれるクラシック大会で優勝。今野さんと近間康平さんもツアー大会で表彰台に立ったことのある実力者だ。

消波ブロック帯の釣り方

乗船場所は小樽運河の北側にある運河公園前。午前5時2分の日の出を待ってゆっくりと船が走りだす。最初にエントリーしたのは高島漁港の沖にある防波堤。外海の状況を見るために小樽港内から出ると、思いのほかウネリがあり船が大きく揺れた。

外海側は消波ブロック帯で、水深は船の下で10mほど。早速、ミヨシに釣り座を構えた近間さんが数投でヒット。難なくキャッチしたのは本命のアイナメで、40cmほどのアベレージサイズとはいえ、幸先のよい一尾に頬を緩ませながら「リグは24gのビフテキ。見えている消波ブロックの上を転がり落ちるようにロッドをコントロールすると、比較的浅い場所で食ってきました」と教えてくれた。

消波ブロックは斜めに海底まで積まれ、一番下のマウント部との境目が好ポイント。先週は見えている消波ブロックから少し離れた水深のある場所でのヒットが多かったそうだが、この日は深場で反応がなく、消波ブロックの際がよかった。早朝は浅い場所に魚が付くらしい。

消波ブロックをねらう場合、隙間の奥深くにリグを送り込むと根掛かりのリスクが高くなるばかりか、ヒットしてもラインブレイクしやすい。そのため、できるだけ隙間の入口付近で食わせることを意識したい。「消波ブロックにコツコツと当てながら、あまり奥までリグを落とさず、傾斜に沿うように探るとよい」と近間さんは言う。

三者三様

1尾目から10分後、またも近間さんのロッドが弧を描いた。先ほどと同じように消波ブロックの際にキャスト。浅いところから徐々にレンジを下

夏枯れの時季に43cmのクロソイはうれしい。消波ブロック際にキャストし、浅いところから徐々にレンジを下げると、ボトムに着く手前で明確なバイトが伝わった

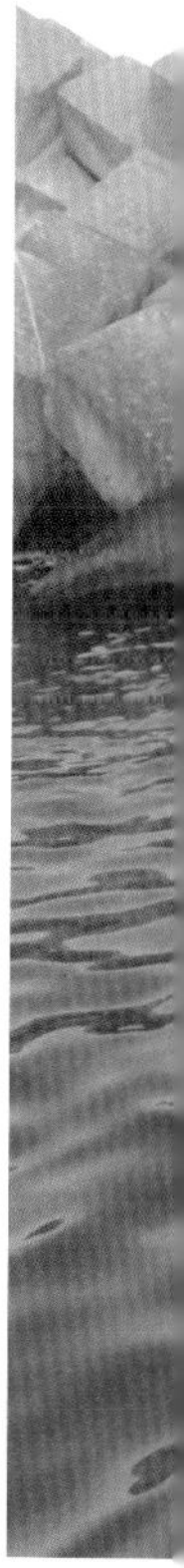

開始早々にロッドを曲げた近間さんが、2尾目をヒット中。1尾目より重量感のある引きで、船長がタモを持って素早くサポート態勢に入る

ソイのヒットワームはノリーズ『スイッチオントレーラー』2-1/2in・ステインワカサギ。24gのビフテキリグを使用

今野哲さんは壁際だけでなく、沖堤と平行になるよう少し離れたラインをトレースする作戦で挑み……

作戦どおり壁から1mほどリグを離し、ボトムをズル引きしてゲット。ヒットワームはエコギア『熟成アクア リングマックス』3in・オリーブゴールド。10gのビフテキリグを使用

近間真亜子さんは絶好調のご主人に寄り添い、アドバイスをもらいながらロッドを振り、消波ブロックをタイトに探って釣った

げていると、ボトムに着く手前でバイトがあったそう。ロッドの曲がりから大ものの予感がしたが、姿を現わしたのは43㎝のクロソイだった。

この後、近間さんはスピニングタックルに持ち替え、シンカーを14gにサイズダウン。今度はアイナメを釣った。「かなり浅い場所にある消波ブロックに付いていました。際ギリギリにキャスト後、水面直下の消波ブロックに付着している海藻にラインが絡まり、ロッドを煽って外した瞬間に食ってきました」。魚はワームがゆらゆら動いているのをブロックの隙間から見ていて、跳ね上がったタイミングで捕食スイッチが入ったと思われた。

ご主人のアドバイスを聞いていた奥様の真亜子さんもアイナメをゲット。やはり消波ブロックの際をタイトにねらっての釣果で、「とりあえず魚の顔を見られて安心しました」と笑顔を浮かべた。

今野さんは14gのビフテキリグを使い、消波ブロックから若干離れた場所にキャスト。ボトムをズル引きで探る作戦で臨む。ヒットしたのは、崩れたブロックの近く。「遠くに離れると完全にフラットなエリアですが、消波ブロックの近くは基礎石が敷き詰められ、少し離れた場所でも釣れますね。ゴツゴツしたエリアに差しかかるとアタリがあり、そのまま誘い続けると追い食いしてきた感じです」と言う。

しばらくすると魚の反応がなくなり島堤近くに移動。右舷トモでロッドを振っている能登さんは前回サオ頭だったが、今回は苦戦。前回は際だけでなく、少し離れた水深のある場所でもアタリが多かったが、同じパターンで探ってもダメという。それでも1尾釣ってからは数を伸ばし、良型も手にした。

「今回は速い動きに反応しないようで、スローに誘って食わせました。スローな釣りが苦手で……」と苦笑い。ビフテキリグのシンカーは速い誘いができるよう、他のメンバーよりも重めの28gを選択。壁側にキャストしてリフト&フォールで船の近くまで誘って釣った。ちなみに絶好調の近間さんは、ボトムをネチネチとスローに誘うのが得意だとか。どうりで、当日の状況がハマったようだ。

Advice!

壁ギリギリにキャストし、フリーフォールでタイトに付いているアイナメをねらう能登さん。「壁際の水面直下に出っ張りがあり、壁ギリギリだとリグが乗ってしまうので、横を通るように釣りました。壁に付く貝は口を開いている状態のはず。でも、シンカーやラインで刺激を与えると口を閉じ、ラインなどが食われてしまうので注意が必要です」とのこと

能登勇太さんが釣った当日最大のアイナメ。壁際のフリーフォールにこだわった結果。ヒットワームはノリーズ『エスケープチビツイン』バンドウカワエビ。28gのビフテキリグを使用

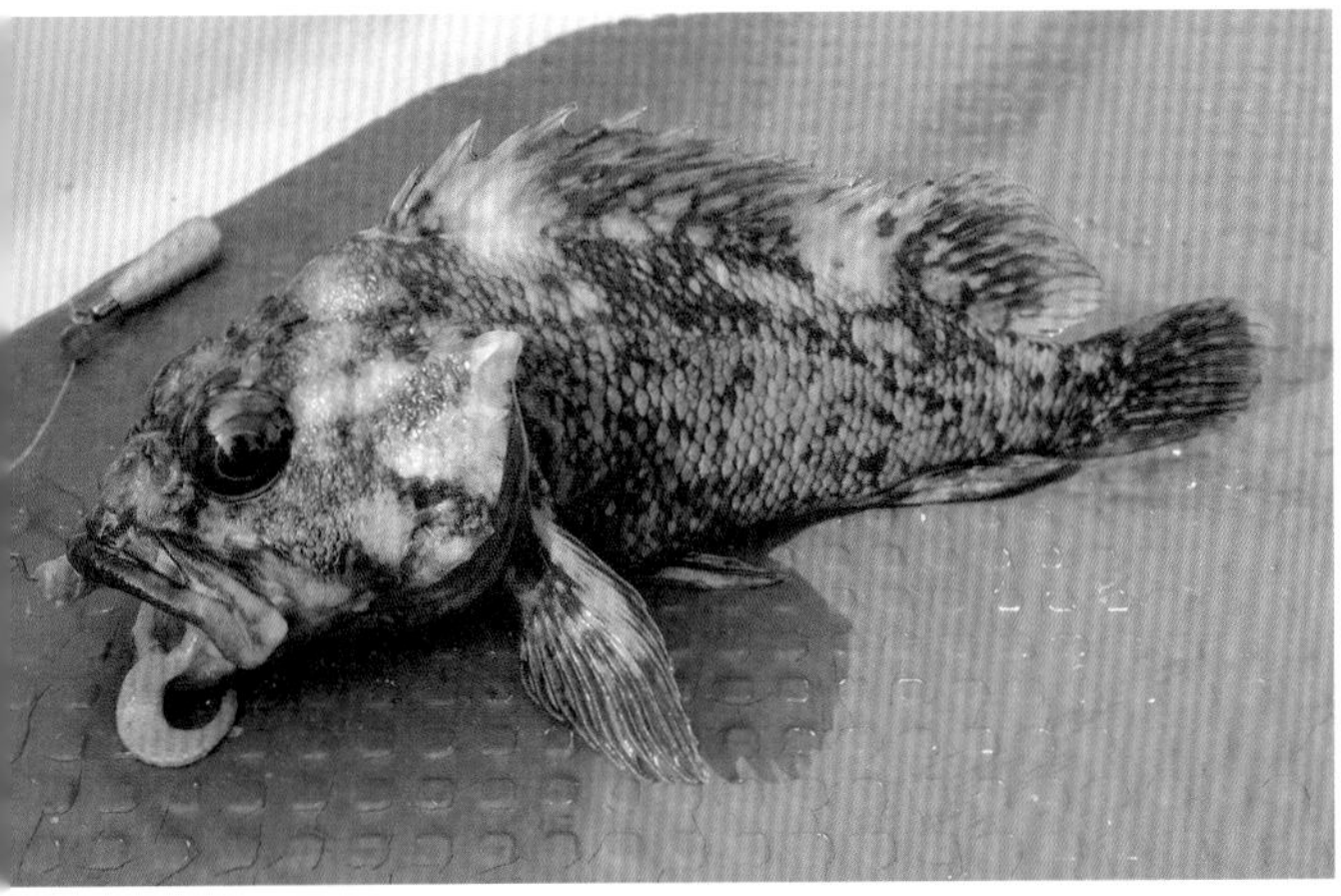

近間さんが釣ったオウゴンムラソイ。14gのフリーリグで。エコギア『熟成アクア リングマックス』3inを使い、ボトムをネチネチと探ってきた

小樽港は改正ソーラス条約により立入規制エリアが増えたが、それにより世代交代がうまく進んで小型のアイナメは増加傾向にあるようだ

外海側の攻略法

小樽港沖堤の外海側は沖に向かってブロックが階段状に敷かれ、防波堤際の水深は1～2mしかない。これは沖から押し寄せる波の力を弱めつつ、抑えきれない大きな波は防波堤を越えるように設計されているため。敷かれているブロックは古く、縁などが欠けて滑らかさはない。貝の付着も多いことから根掛かりしやすいのが難点。

水深が浅くブロックの穴が見える状況を前にすると、ついリグを穴の中まで送り込みたくなる。が、船が動い

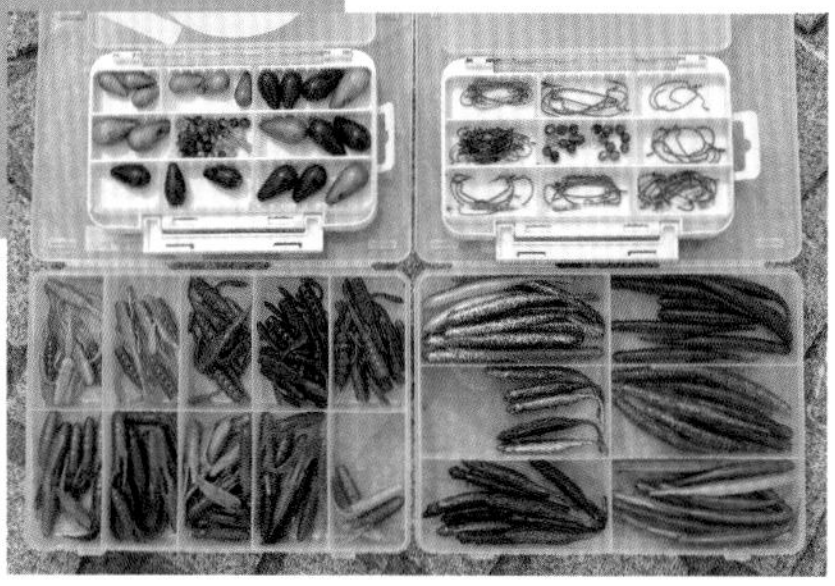

ワームとシンカーは状況に応じて使い分けるため、近間さんは多めに用意している。シンカーのウエイトは10〜42g

近間さんの使用タックル 写真左から

ロッド：ノリーズ『ロードランナー ストラクチャーNXS STN720MH』
リール：シマノ『メタニウム』
ライン：フロロカーボン12lb

ロッド：ノリーズ『ロックフィッシュボトム パワーオーシャン RPO610MS2』
リール：シマノ『ヴァンキッシュ2500S』
ライン：PE0.6号
リーダー：フロロカーボン14lb

ベイトとスピニングの使い分け

ベイトは手返しのよいコントロールキャストが可能。テトラ周りなどのピンポイントを撃つときに有効。根が荒い場所や重いシンカーを使う場面で最適。スピニングは魚の活性が低いときやスレ気味のとき、軽めのシンカーを使いたいときに出番。細いラインに対応し、軽量リグとの組み合わせで遠投しやすい

近間さんのオススメリグ 写真上から

●ノリーズ『スイッチオントレーラー』2-1/2inアボカドハーフフロート
リグは24gのビフテキ。上から落ちてくる虫パターンとして、とくに夏は大活躍するワーム。フォールで食わせるイメージで使う。取材時の朝は抜群に効いた

●エコギア『熟成アクア リングマックス』3inまずめチャート（夜光）
リグは14gのビフテキ。味とニオイ付きで、食い渋る時間帯に深いバイトが欲しい場面で使用。操作はリフト&フォールとズル引き、どちらでも威力を発揮する

●エコギア『ミノーS』3-1/2inカタクチ
14gのフリーリグ。ベイトフィッシュが見られるとき、弱った小魚をイメージしてアクションを加えて誘う。ただし、あまり動かしすぎないのが釣果を得るコツ

ビフテキとフリーリグの使い分け

ビフテキはリーリング（横の釣り）、フリーリグはリフト&フォール（縦の釣り）で使うのが基本。ズル引きはどちらでも可。根掛かりしやすいケーソン周りを丁寧に探りたいときはすり抜けのよいフリーリグ一択。一方、ビフテキリグは根の上面を引いてくるときに適している

ていると根掛かりが多発する。こんなポイントではボトムをズル引くのではなく、リフト&フォールかスイミングで誘うのがベター。なお、壁際にも貝は付着しているので、ラインやシンカーが挟まれないように注意したい。

港内側の攻略法

後半は港内側をねらう予定だが、その前にトイレタイム。同船にはトイレが付いていないものの、船着場は近いので戻ってくれるのがうれしい。女性や子どもが一緒でも安心。

ラストは釣り座を交代。港内側は外海側に比べて水深があるとはいえ、壁際で4mほど。外海側と違ってボトムを探っても根掛かりは少ない。壁から5〜6m離れるとカケアガリになり水深変化が大きい。近間さんはカケアガリをズル引くストップ&ゴーでアイナメを数尾キャッチ。能登さんは壁ギリギリにキャストし、フリーフォールで壁にタイトに付く良型アイナメを釣った。

沖堤に渡れていた頃はクロソイの釣果が多かった印象がある。しかし、岡田さんによると現在は午後便でもクロソイの釣果は少なく、ソイ類が望めるのは最初に行った消波ブロック周りだとか。

「ベイトは少し前までマイワシがたくさんいましたが、今はカタクチイワシに変わった感じです。ただ、これだけ小魚がいるのに、アイナメが吐き出すのは甲殻類が多い。きっと消波ブロックや壁に付いている魚は甲殻類を捕食しているのでしょう。10月に入るとロックもヒラメもよい季節。春はどのエリアでもアイナメが釣れ、これから水温が下がると港内でも良型がねらえます」

遊漁船　小樽フィッシングボート オーシャンドリーム
TEL.090・6873・7547

乗船場所は小樽北運河（運河公園前）。ボートロックの料金は1人6,000円、6人まで乗船可能。船長の岡田三四郎さんはロックフィッシュのキャリアが長いエキスパート。的確なアドバイスをもらえるだろう

Bort Rock Stage_02

令和に入って好調！祝津はクロソイの楽園

小樽②

札幌至近で巨大クロソイが釣れることで、今や大人気の小樽祝津沖のボートゲーム。令和に入ってからは以前より好調が伝えられ、ロクマルの大台はさらに現実味を帯びてきた。ここでは船長と常連の最新テクニックを紹介。

60㎝・6kgアップ

15年ほど前、『North Angler's』誌の取材中、60㎝を超える巨大なクロソイがあがって大きな話題になり、小樽祝津沖のボートゲームは一躍脚光を浴びた。その仕掛け人の船長・早田伸太郎さんが舵を取る遊漁船『アングラーズ』はその後、道内外のロックフィッシュアングラーから注目を集めている。

潮が緩む5月はクロソイの乗っ込みシーズンで、釣れる魚の重量は凄い。40㎝台では小さいと言われ、アングラーが掲げる目標は60㎝オーバーだが、そんなモンスターを毎年、複数人がキャッチしている。ちなみに60㎝を超えると重さは6kgを超える個体もいるそうだ。

人気の要因はサイズだけではなく、40㎝超を数釣りできることも大きい。ショアからでは水深のある港や、アプローチが大変な磯でないと出会えないサイズが数釣りできるのだから、リピートしたくなる気持ちは分かるだろう。

この時季に大きなクロソイが釣れるのは、冬に沖の深場にいた個体が出産（クロソイは胎生魚であり卵ではなく仔魚の状態で生み出される）を意識

し、浅場の岩礁帯に移動してくるため。小樽沖には出産に適した場所があり、そこを目指してクロソイが集まってくる。魚が出産態勢に入るとエサを食わなくなり釣果は落ちるが、沖から移動してきたばかりのフレッシュな個体は積極的にルアーを追うようだ。

　なお同船では、出産期のソイ類はリリースをお願いしている。船長が10年以上前からリリースを推奨してきたことで、「以前よりも岸寄りする魚影が増えたと感じています」と言う。大きいクロソイになると1度に20万尾以上の仔魚を産む。この釣りを末永く楽しむためにリリースはとても重要だ。

アタリダナをつかむこと

　5月上旬、同船の常連で小樽市の小野修治さんから誘いを受け、船に乗り込んだ。当日の天候は晴れとはいえ、前日のウネリが残り、時間を遅らせて午前10時に出港。15分ほど走り、ロッククライミングで有名な赤岩やオタモイ海岸の断崖絶壁が目の前に広がるポイントに到着。前日のシケの影響は少なく、心配していた濁りもなくホッとする。

　開始早々からヒットが続き、常に誰かのロッドが曲がっている感じ。しかし船長によると「これでもまだ本調子ではありません」とのこと。シケ後で魚のポジションがいつもと違うらしい。小移動を繰り返し、反応のよい群れを探す。移動後はパタパタと釣れ、少しすると反応がなくなる。そして移動を繰り返す。途中から食いがたってきたのか、浅いレンジで連発しだした。

　「釣り方としては20mほどキャストし、着水後はラインスラックを巻き取ります。その後はリールを巻かず、ロッドティップを小刻みに動かして2〜3回シェイク。シェイクで誘った後はノーアクションで3秒ほどカーブフォール。フォール中にアタリがなければ再度シェイクで誘いフォールを繰り返します」と小野さん。

　そして、リグが沈んでラインの角度がついてきたらリーリングに移行。根魚だからとボトムまで沈める必要はなく、回遊している中層を探るほうがヒットチャンスは増すようだ。大半はシェイクしているときにバイトがあり、強めにフッキングを入れる。

　コツとしては、回遊しているレンジをみつけ、そのレンジに長くルアーをとおすこと。ポイントの水深は気にせず、アタリがあったレンジをトレースするのが肝心だ。着水後のカウントでも、ラインの角度でもよいので、どのくらいのレンジをトレースしているかを常に意識する。クロソイは群れで回遊している。アタリダナが分かれば連続ヒットにつながる。

主な釣り方

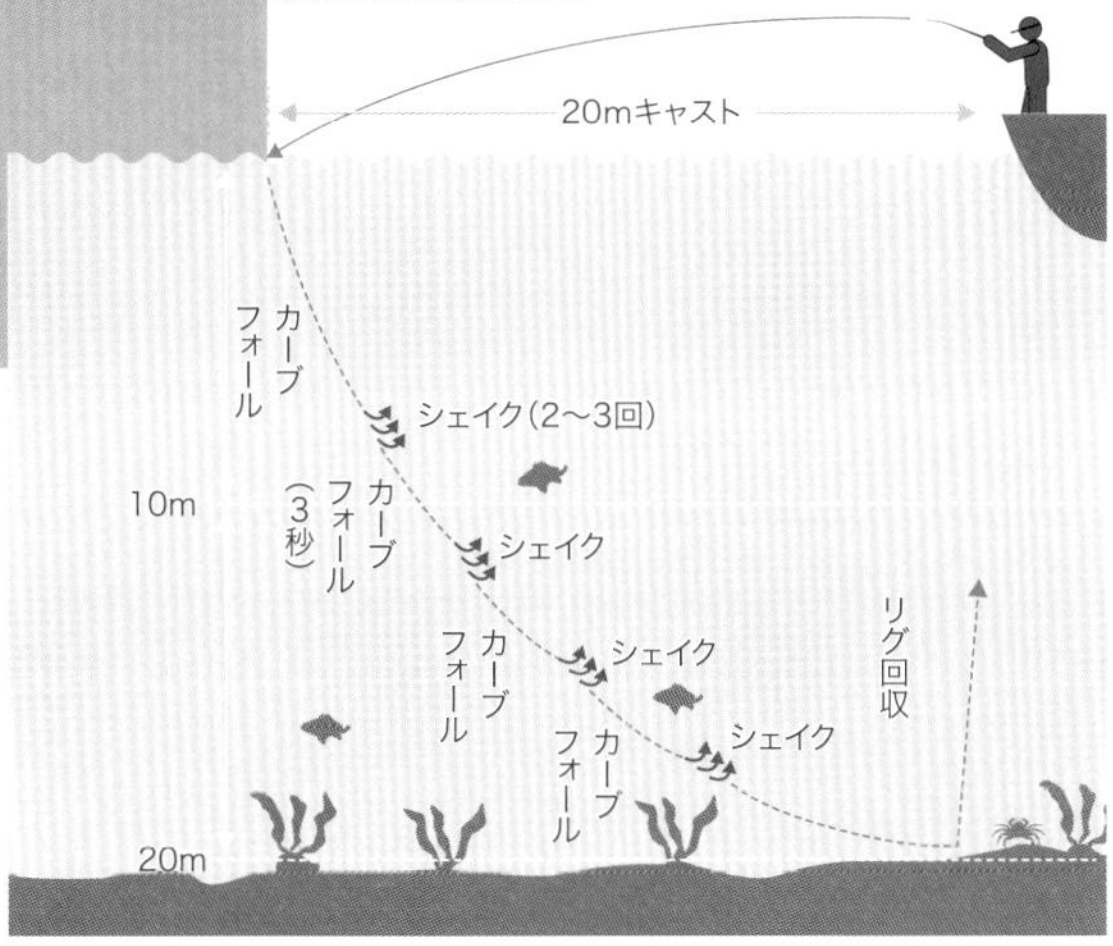

取材時の最大魚は札幌市の今野雄斗さんが釣った56㎝！　着水してカウント10秒→トゥイッチ2回後、すぐにスーッとラインを送り込み、再度アクションさせたときにヒット。ジグヘッドはオーナーばり『カルティバ 静ヘッド』20g、ワームはデプス『デスアダー』6インチ・ホワイトソリッド

ハードルアーも面白い

　ルアーの選択については、たくさん釣りたいときはワームが無難。5インチ以上の大きめのサイズがマッチする。フックは#4/0以上がフッキング率は高く、#5/0をベースに調整。シンカーは潮の緩む5月以降は20g前後で対応できることが多いとはいえ、潮が速い場合に備えて35gまで用意したい。

　「食いが渋いときは透過系、活性が高いときはアピール系のカラーがいい。よく釣る常連さんは20mくらい投げ、着水後すぐにベールを返し、スローなスイミングでねらっています。スイミングさせながらもレンジを下げていく

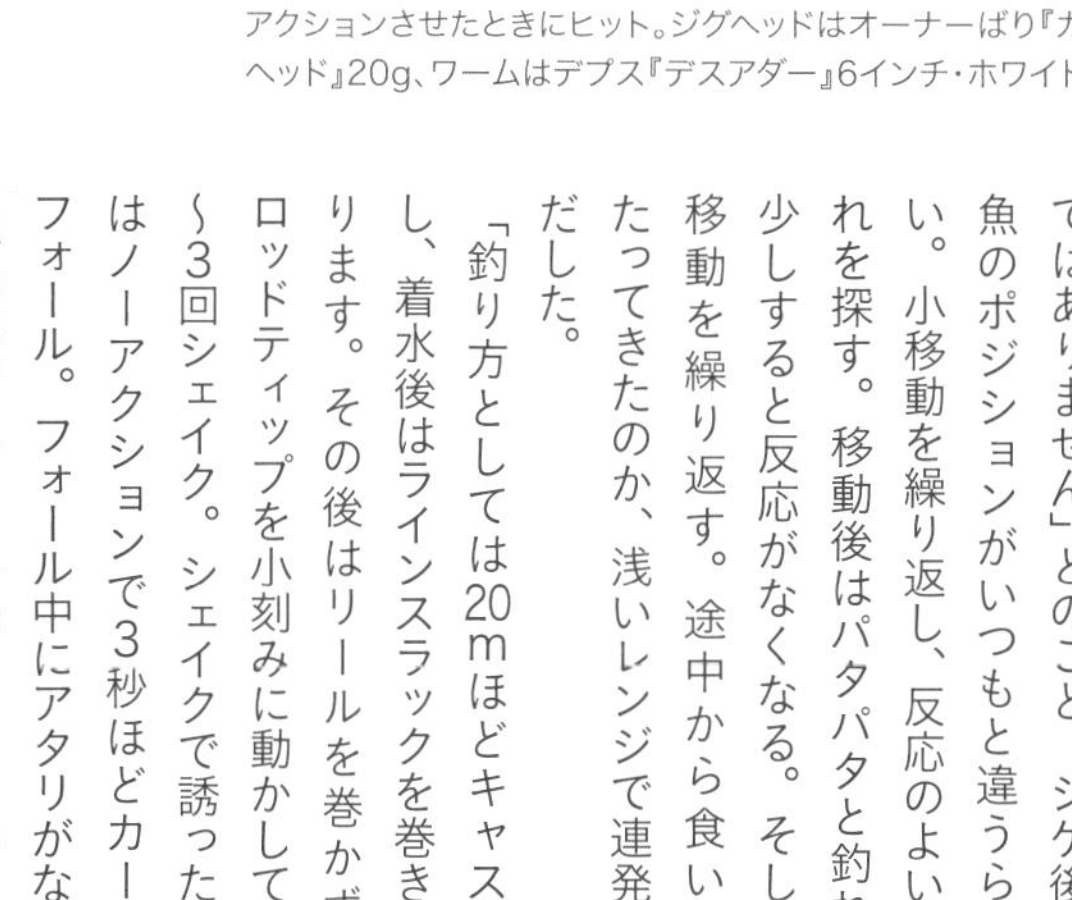

観光名所の赤岩やオタモイ海岸を眺めながらの釣り。ポイントまでのクルージングも魅力

テクニックが有効。食い気のある魚は浮いていることが多く、上から探るのが数釣りのコツ」と船長は話す。

ヒットレンジが浅く、魚が浮いているときはワームの他、クランクベイトやビッグベイトも面白い。魚が沈んでいるときはスイムベイトで楽しむことも可能。小野さんは前週、クランクベイトで爆釣したとのこと。

「爆釣したときのヒットレンジは5～10m。そのレンジまでルアーが届けば釣れるはずと試行錯誤した結果、良型が何尾も出ました。ハードルアーで釣れると満足度が高く、巻いている最中に重みが乗るアタリに興奮します」と笑顔を浮かべる。

2022年は4月の2週目から釣れだし、5月下旬も釣れている。5年ほど前はこれほど数が釣れず、中層に浮いている魚は少なかったが、令和に入ってから多くなったという。それ以前、30尾以上釣ったのは船長くらいのはず。それが近年、30尾以上釣る常連が続出し、もう数えるのは止めたとのだとか。

ジギングのようなバーチカルな釣りではないので、キャストして水深を合わせるのは難しい面もあるかもしれない。とはいえ、船長の指示ダナに合わせるようにすることで釣果に結びつくのは確か。

「シンカーの重さやワームの形状によりフォールスピードは違うので、10mなら何秒、20mなら何秒といった感じで自分なりのカウントを見つけてほしいですね。そうすることで自然と指示ダナに合わせられるようになります」とは船長。

東京から遠征してきた鈴木雅哉さん。普段はバスを釣っていて、デカソイは今回が初挑戦。バイブレーションやクランクベイトなどハードルアーで楽しんだ。最大魚55cmを釣ったのは、ウォーターランド『スピンソニック』30g・G/レッド

前半は5.5インチのワームを使ったフリーリグがよく、スパイラルフォールでバイトが連発した。根の上を探るときもフリーリグは有効だ

岩手県の照山和秀さん。8年前に当地の釣りを体験して虜に。毎年この時季が来るのを楽しみに待っているとか。当日は船中唯一となるシマソイをゲット。前日まで天候不良で中止になっていて、鬱憤を晴らすように釣りまくっていた

テキサスリグはフォールの際、ワームとシンカーがあまり離れないようにラインを張り気味にし、ソイのいるレンジに到達したらアクションを入れるとよい

口の奥にフッキングすることもあるので、ロングノーズのプライヤーは必須アイテム

カタクチイワシの群れが回遊していて、スピナーベイトでも釣れた。ルアーはジャッカル『メガロドーン』2oz・オレタチファイヤー。ブレードにアタックルする魚も多い

小野さんの使用タックル ＞ 写真左から

ロッド：ジャッカル『BRS-S74L-LG』
リール：ダイワ『セオリー2510PE-H』
ライン：バリバス『マックスパワーPE X8』0.8号
リーダー：フロロカーボン20lbを1.5m

ねらうレンジは中層。潮の流れを考慮し、21gのシンカーを多用。ソイのいるレンジにルアーを的確に届けられるセッティングを心がけている

ロッド：デプス『バレットショットHGC-70HF』
リール：アブ・ガルシア『レボブラック10-L』
ライン：YGK『XBRAID UGO V6 SOFT』16lb

こちらはピンテール系ワームを主に使うときのセッティング。食いが渋いときにワームにアクションを加え、魚に口を使わせたいときに出番

ロッド：デプス『スラップショットHGC-76XX/GP』
リール：アブ・ガルシア『レボブラック10-L』
ライン：YGK『XBRAID UGO V6 SOFT』20lb

6〜9インチのワームやビッグベイトは張りのあるロッドで操作する。42gのルアーまで対応し、潮の流れが速くなったときでも頼りになる

ロッド：デプス『フェルデランスTGC-70HR/GP』
リール：アブ・ガルシア『レボウィンチ』
ライン：YGK『XBRAID OLLTOLOS DU-S NYLON』16lb

今回は7〜10m潜るクランクベイト用に持ち込んだ。潜行深度が深くなるとロッドへの負荷が増すが、グラスロッドなら軽快に巻き続けられる

遊漁船　アングラーズ
TEL.080・5598・2639

小樽市の祝津漁港エリアから出港。予約は船長の早田伸太郎さんまで。クロソイ釣りの料金は1人6,000円。人気観光施設『おたる水族館』が至近

おすすめリグ ＞ 4 写真左上から時計回りに

ワーム：デプス『デスアダー』5インチ・クリアレッド
フック：バリバス『ロックオン パワーグリッター』#5/0
シンカー：Studio100『タングステンバレットシンカー』21g

スイミングでもフォールでも使える万能リグ。サイズを問わず、とりあえず一尾釣りたい場面で手が伸びる

ワーム：デプス『デスアダーグラブ』6インチ・スモークペッパー/ブルー＆ゴールドフレーク
フック：バリバス『ロックオン パワーグリッター』#5/0
シンカー：Studio100『タングステンバレットシンカー』21g

魚の反応が遠くなったときなどはこのリグの出番。サーチベイトにはアクションの強いグラブ系ワームが◎

ワーム：バークレイ『パワーベイトマックスセント パワーワグ』9インチ・グリーンパンプキン
フック：バリバス『ロックオン パワーグリッター』#5/0
シンカー：Studio100『タングステンバレットシンカー』21g

小さい魚ばかり釣れる状況で、サイズアップをねらいたいときに選択。カーブフォールやシェイクで誘いたい

ワーム：ism『フラテリス』5.5インチ・ウォーターメロンシード
フック：バリバス『ロックオン パワーグリッター』#4/0
シンカー：ダイワ『ツーウェイシンカー』28g

筆者のおすすめ。ほどよいボリュームで操作性とアピール力が高い。カーブフォール中のバイトも多かった

後半は活性が上がりクランクベイトでも連発。基本的に巻いているときにヒットするので、大型が掛かったときに伝わる衝撃的なアタリはクセになる。右は小野修治さん

まさに楽園

ウサギ追いし最東端 魚影の多さは道内屈指

根室

ボートロックといえば小樽や室蘭など札幌近郊で楽しむイメージが強いが、本土最東端の根室も見逃せない。当地の本命は巨大なウサギアイナメ。ここでしか味わえない釣りがある。

写真・文＝佐々木大（釧路市）
Photo & Text by Takashi Sasaki

道東太平洋はウサギアイナメの魚影が多く、ロックフィッシュをこよなく愛するアングラーにとっては憧れの地。釧路管内もロックフィッシュは多いとはいえ、それ以上と目されるのが根室管内。ウサギアイナメに関していえば、楽園といっても過言ではないだろう。道内だけでなく、道外からも大ものを求めて根室を訪れる方が年々増えている。

釣り船の情報はしばらくの間、ほとんどなかったが、数年前から根室で遊漁船をスタートさせたのが、『第三十二隼琉（しゅうりゅう）丸』船長の小向純一さん。漁師とはいえ大の釣り好きでもあり、ルアーフィッシングを楽しむゲームフィッシングのよき理解者。２０１９年、ワームを使ったボー

このサイズの良型マカジカもけっこう釣れる。アイナメとは違う、トルクフルなファイトで抵抗するグッドファイター

平均サイズのウサギアイナメ。燃えるように真っ赤なタイプと、深い赤色のタイプが目立つ。ワームはバークレイ『ガルプ！　ソルトウォーターアジャストハント』3.2インチ・グロー。ロッドはアブ・ガルシア『エラディケーター ロックスイーパーERSC-71EXH』、リールは同『レボ・ロケット-L』。スペースが限られたボートロックでは7フィート前後のロッドが使いやすく、40gまでキャストできると水深を問わず重宝する

ウサギアイナメは産卵期でなくても雌雄の体色が極端に異なる。写真は上がメス、下がオス

トロックの釣りをしたいと相談すると、その要望に快く耳を傾けてくれた。同船は、小回りの利く船外機船。海底が見えそうな浅いエリアにも入れ、大きな遊漁船では攻めにくいポイントをねらえるのも魅力だ。

紅色の魚体が多い?

根室は同じ太平洋でも釧路に比べると水質はクリア。日本海やオホーツク海のように奇麗なのが印象的だ。写真の釣行時は、ファーストキャストから1分もしないうちに同船者がヒット。硬いベイトロッドを曲げた主は、50cmを超えるメスのウサギアイナメ。初っぱなから50オーバーとは恐れ入った。

間もなく私にも待望のアタリ。強烈な突っ込みにニヤニヤしながらファイトし、あがってきたのは赤いオスのウサギ。フラメンコを踊るときのドレスのような深い赤色を思わせる。根室では紅色のウサギアイナメが釣れる確率が高いと感じる。産卵期でなくてもウサギは一般的なアイナメと違い、雌雄で体色が極端に異なる。オスは赤や紫、茶褐色が多く、メスはブラウントラウトのようなくすんだ黄色の魚体が目立つ。

その後も着底すればヒットの繰り返し。ただ、魚はどこにでもいそうに思えても、似たようなポイントでもほとんど反応のない場所もあるのが興味深い。ウサギアイナメ以外では、アイナメ、クロソイ、カレイ類、エゾメバル、カジカも顔を見せてくれ、マカジカにいたっては良型が目立った。

バーブレスのメリット

今回使用したロッドは28~40gのリグをキャスト可能な、ベイトタイプの7フィート前後。リールは5号ラインが100mほど巻ける中型サイズ。スピニングロッドは21~28gのリグをキャスト可能な7フィート前後。リールは2500番サイズ。

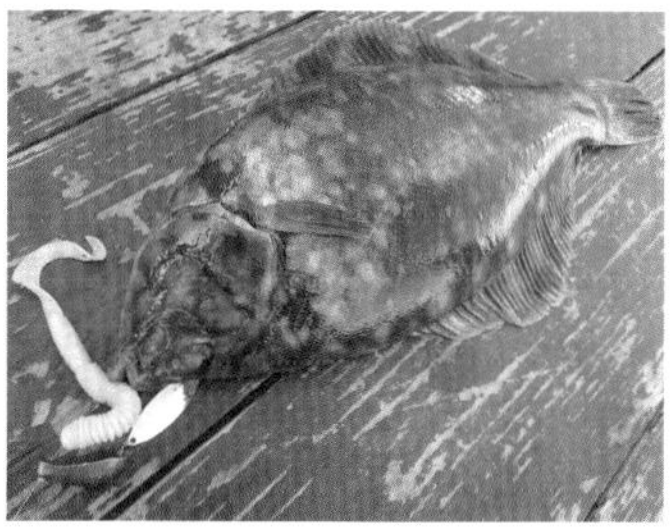

主なゲストは、おちょぼ口のヌマガレイ。#2/0のフックでもがっちりとくわえる。なかなか攻撃的でワームでもよく釣れる。突っ込みが強く、よく引く(写真上)
ヌマガレイの次によく釣れるゲスト、クロガシラガレイ。ついばむようなアタリを感じつつ、リールを巻いていると最後にフッキングした(写真下)

手返しを早くしたり、小型船で少し流されることを考慮すると、シンカーは35gまで用意したい。私は18~21gをメインに、底とりが不明確な場合のみ28gを使う。いずれもテキサスリグで、フックサイズは#1/0~3/0。ファイト中のバラシは少なく、モタモタしているとワームをのまれて喉の奥にフッキングしやすい。そのため、私はバーブレスにして挑んでいる。バーブレスフックだと手返しがよくなり、さらに数を伸ばすことができる。

ワームはさまざまな形状を試したいが、3~6インチの蛍光色や白、グロウなど派手なカラーに反応がよいようだ。とくに海藻が生い茂るポイントではウオーターメロンやグリーンパンプキンなどのナチュラル系より、ピンクやオレンジ、チャートなどのアピール系に軍配が上がった。魚がスレていないフィールドでは目立つカラーが有効らしい。

ウサギはアイナメより回遊性がなく、釣りすぎるとあっという間に魚影が薄くなる。釧路であれほど釣れていたウサギアイナメが、ロックフィッシュが流行しだすとサイズを問わずに持ち帰るアングラーが増え、今では昔のように釣れなくなっている。同船では、基本的にリリース前提の釣りをお願いしている。資源を大切に、いつ誰が来ても釣れる状況を維持していきたいとの思いがひしひしと伝わる。

着底前のフォール中に食ってきたのはクロソイ。パンパンに太った魚ばかりで、スイミングを意識した釣りを展開すれば、もう少し数が出そうだ

遊漁船
『第三十二隼琉丸』
船上はフラットでバッカンなどのケースをどこでも置ける。釣りに関する問い合わせは、同船のポスターが貼られている道東エリアの釣具店へ。シーズンは年により前後するが、8月から晩秋まで。料金は1人8,000円。なお、出港は1グループの貸し切り(最大6名)のみで、単独(乗り合い)での予約は受け付けていない。根室は風の強い地域で、シーズン後半は強風で出船できない日が多くなる

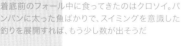

人を拒む磯

自身も幼少時から大の釣り好きで、大学卒業後に就職したのは水産・漁業関係。その後、遊漁船業をスタートし、八雲で修行を積み、2018年秋に高校卒業時まで過ごした室蘭で『ラブーン』を運営。そんな経歴を持つ船長の鈴木健太郎さんだけに、乗船するアングラーの信頼は厚く、年々同船の注目度は高くなっている。

室蘭港沖堤はロックフィッシュの聖地として名高いだけに、当然のことボートフィッシングも大きなポテンシャルを秘めている。室蘭港にはアングラーが立ち入れないエリアが多く、それにより魚は守られているといえよう。ハイシーズンになるとそうした場所からアイナメが出てくるようで、フレッシュな魚に出会える。

しかし何といってもボートフィッシングの魅力は港内のみならず、未開を思わせる磯周りを撃てることにある。陸からのアプローチが難しい絵鞆岬から地球岬の磯を釣れるだけにビッグサイズへの夢は膨らむばかり。

基本的なシーズンは5～11月だが、港内が夏枯れで厳しい真夏でも釣果が期待できるのもボートならでは。今回の撮影は9月で、夏枯れ真っただ中。水深のある沖堤でも釣れていないとの情報が入るなか、鈴木船長に連絡しても「正直、厳しいです……。よくて3～4尾でしょうか。全然釣れない人もいます。磯なら可能性はあるものの、ナギていないと行けません」とテンションは低め。しかし、こんな状況でこそ、室蘭はどうなのか。それも気になるところ。わずかな望みに賭けて予約を入れた。

室蘭港内には白鳥大橋の下など、陸からねらえないポイントがたくさんある。夜景のメッカとして知られる白鳥大橋は東日本最大の吊り橋で全長は1,380m

湖通しのよい磯周りに移動するとアイナメが好反応を示し、釣るたびにサイズアップ。磯では31gのテキサスリグがメイン

港内から根周りまで より夢に近づける聖地

釣り人の入れない港内のみならず
手つかずの磯さえも視野に入る
室蘭のボートフィッシングは、
モンスターの可能性に満ちている。
夏枯れ真っ最中のタイミングでも
室蘭サイズが飛びだした取材の模様から
価値ある一尾に出会う方法を考えたい。

室蘭

夏枯れ特有の濁り？

磯周りも港内も岸近くでの釣りになり、タックルは陸っぱり用でOK。とはいえ、強いていえば、ロッドだけは取り回しのよい8フィート以下がおすすめ。昨今、ロングキャストで遠投するスタイルが定番化しているが、ボートでは壁際や根周りなどピンポイントを探ることが少なくない。そのため、キャストのコントロールが重視されるのだ。

　フックやシンカーも陸っぱり用で問題ない。帯広から訪れた白土高利さんは、バリバスのロックフィッシュブランド『ロックオン』シリーズを愛用。「根の荒いポイントを釣るのに適した性能を備えています」と話す。

　最初に向かったのは、港内にあるテトラ帯のシャローエリア。茶色く濁っていたが、取材前に雨は降っておらず、川水の濁りではないと予想。海水温の高い時期に湾内でよく見られるプランクトン、またはその死骸などによる影響が考えられた。実際に濁っている場合がある他、水中に懸濁した物質により波長の短い青色の光が吸収されて褐色に見えることもある。

　どちらにしても溶存酸素状況に関係し、魚にとってよい条件でないのは確か。遊泳力の高い魚はこれを嫌い、場所を移動しているはず。実際、釣れるのは小さな魚ばかり。外海に近い白鳥大橋の下ではエゾメバルが連発するも、本命のアイナメからシグナルはなかった。

　なお、港内では『ロックオン グリッター』をメインに使用。細軸&フッ素コート仕様のフックで刺さりがよく、活性の低い魚のショートバイトに対応するのはもちろん、遠い位置からのバイトでもフッキングが決まりやすい。また、リーリング時に伝わるバイトに対し、向こうアワセでフッキングに持ち込みやすい。

　フックサイズはワームに合わせてチョイス。甲殻類系ワームの2・8インチには#2、ひと回り大きな3・4インチには#1がマッチ。リグはテキサスを中心に使った。

最後に、これぞ「室蘭サイズ」と言える大型のアイナメがネットに収まった。こんなビッグワンを求めて、ロックフィッシュファンは足しげく通う

フックは大ものを意識し、太軸でフッ素加工を施した、バリバス『ロックオン　パワーグリッター』#1/0を使用。ワームはスミス『オーシャンパフォーマー狂輪波(くるりんぱ)』3.4インチ・ブラウンシュリンプ

ラストに出た50アップ！

　後半は港内をあきらめ、いよいよ磯へ。港内と異なり水質はクリアで潮の動きもある。磯といってもねらうのは岸際や飛び根で、陸からねらうのと変わりはない。違うことといえば、陸からエントリーできないエリアだけに魚の反応がすこぶるよいこと。船長が細かくポイントの攻め方をアナウンスしてくれるので、それに従いピンポイントを丁寧に探りたい。

　磯では元気のよい小型のアイナメが連発。「室蘭サイズ」と呼ばれる50㎝アップを求めてキャストを繰り返す。そして終了間際、白土さんのロッドが大きく曲がる。「お〜、これはデカい！」と思わず声が出た。根の荒いポイントゆえ、強引に引き寄せるが、根

慎重に計測すると53㎝あった。根の際にタイトにキャストし、着底後にリフト&フォールで誘った結果。アタリは小さかったが、フッキングが決まると何度も根に潜ろうと、アイナメ特有のファイト「首振りダンス」で激しく抵抗した

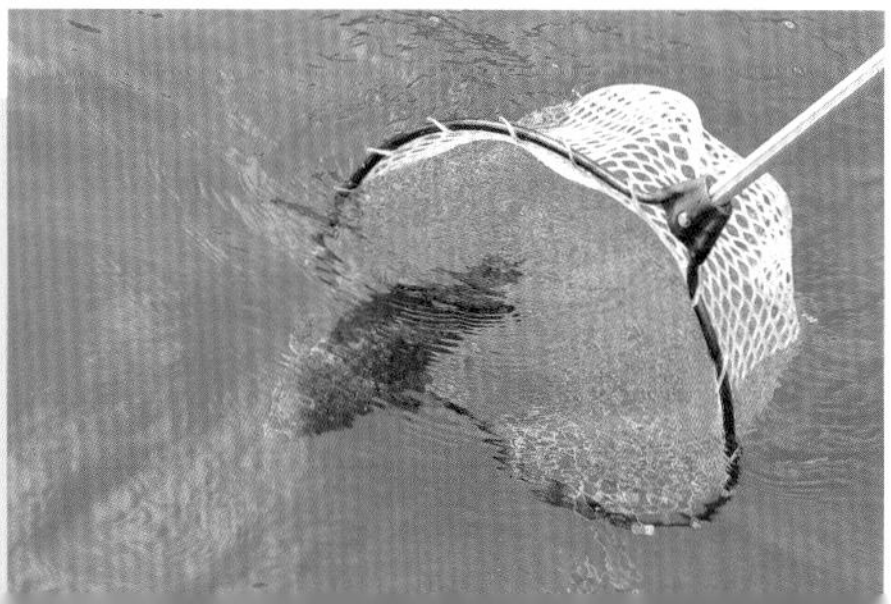

いつまでもこのフィールドで釣りが楽しめるよう、同船ではアングラーにキャッチ&リリースをお願いしている

に潜ろうとする力が半端ない。二度三度とロッドが絞られるなか、無事ネットに収まったのは53cmのビッグワン！

　磯の場合、岩の際や足もとの沈み根など、近距離のポイントを探ることが少なくない。そしてアタリがあったら素早く根から引き離すべく、力いっぱい合わせるのが普通。当然フックポイントには強い負荷が掛かる。そのようなシチュエーションでは『同パワーグリッター』が頼りになると白土さん。太軸&フッ素コート仕様により、荒根や海藻の多いエリアでも安心できる強度を秘めている。カーリーテール系3・4インチのワームに合わせたのは#1／0サイズ。リグは31gのテキサスだった。

　堤防からの釣りでも壁際や被覆ブロックの穴撃ちなど、近距離戦が求められる。硬めのロッドと伸びの少ないラインの組み合わせだと、フックポイントにはダイレクトに力が掛かる。そうした場面でも有効なのは間違いない。「なかなかフッキングが決まらない……」と悩んでいる方は、フックに気を遣ってはいかが？

道央太平洋は磯場が少ないなか、こんなロケーションを前にロッドを振れるのも室蘭の魅力。荒々しいボトムに潜むアイナメの強さは推して知るべし

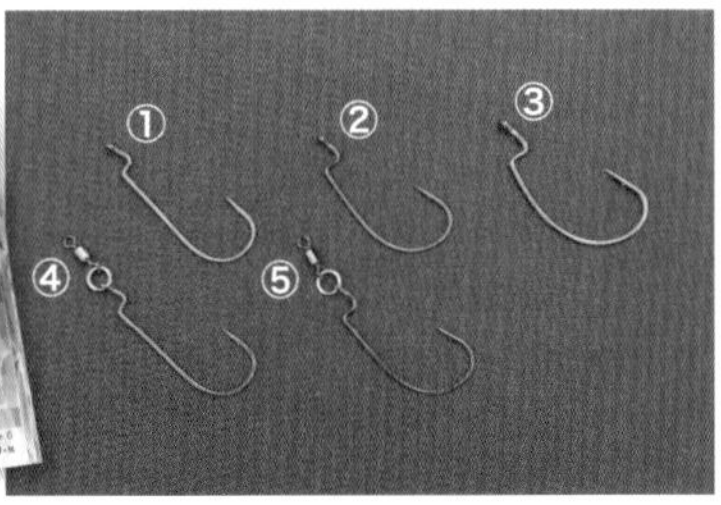

推奨フック

バリバス『ロックオン』シリーズ。パッケージ左から『ロックオン　スパッシュ』、『同グリッター』、『同パワーグリッター』。この他、スルーリグに適したリング付きの『同リングスパッシュ』、『同リンググリッター』もラインナップ。これらの使い分けは下記のとおり

①スパッシュ
・その名のとおり、スパッとフッキングが決まりやすい
・ナローゲイプのオフセットフックで、ストレートフックの利点を兼ね備えている
・ハリ先が外に向いており、フッキングしやすい

②グリッター
・オールマイティーに使える
・貫通力の高い細軸ながらヘビーワイヤーを採用し、強くてねばりがある
・遠投した際のバイトもフッキングしやすく、軟らかいロッドでもアワセが伝わりやすい
・ワイドゲイプ設計で、ややバルキーなホッグ系やシャッド系ワームとの相性もグッド

③パワーグリッター
・太軸で強靭なウルトラヘビーワイヤーを採用し、大ものとのパワーファイトが可能
・近距離や高速リトリーブ、あるいはロッドが硬いなど、ダイレクトにアワセの力が伝わる場面で強くフッキングしても、フックが変形することなく硬い顎に貫通しやすい

④リングスパッシュ　⑤リンググリッター
・同社のクイックチェンジャーシリーズのシンカーとの兼用で、ラインを切らずに交換できる
・溶接リングにシンカーを付けるとスルーリグになる

フックに共通するのは、錆びにくいフッ素コート加工"アンチラスト+ゼロフリクションコート"を採用していること。刺さりのよさは抜群の一語

使用タックル　写真左から

ロッド：スミス『ベイライナーAKBM BL-C812ML/AKBM』
リール：ダイワ『リョーガ 1016HL』

ロッド：スミス『KOZ.EX-C68M/2』
リール：シマノ『メタニウムDC HG』

ロッド：スミス『KOZ.EX-S70L/2』
リール：ダイワ『ルビアス LT3000S-CXH』

53cmをゲットしたベイトタックルに巻いていたラインは、バリバスがロックフィッシュ専用に開発した『ロックオン フロロカーボン』14lb。「見えるマーキングシステム」と高い耐摩耗性を両立。とにかく視認性が高く、ラインに出る小さなアタリを見逃さない

室蘭の街を一望できる測量山（標高199.6m）からの眺め。天気のよい日は蝦夷富士と称えられる羊蹄山や、函館の恵山岬まで見渡せる絶景スポット

遊漁船　ラブーン
TEL.090・3777・1993

予約は船長の鈴木健太郎さんまで。乗船場所は予約時に船長に確認を。トイレあり。釣りのしやすさを考慮して8〜10名で釣行する。ボートロックの料金は1人7,000円

室蘭港の周りは工場街。工場夜景のナイトクルージングも人気だ

人気魚種をもっと知ろう

アイナメ類・クロソイ・マゾイ 生態から素顔に迫る

北海道の数多い根魚のなかでも
古くから釣り人に親しまれているのが、
アイナメ、クロソイ、マゾイの3種だろう。
愛すべき魚種について知識を深めれば、
実際の釣りにつながるだけでなく、
魚を取り巻く未来を考えるうえでも役立つ。
本項では研究機関の協力を得ながら
各魚種の生態などを紹介したい。

レポート＝山道正克　Text by Masakatsu Yamamichi

磯の人気ターゲットは減少傾向
稚魚放流がないアイナメの未来を考える
【アイナメ類】

北海道のアイナメ類のうち、ロックフィッシュや投げ釣りなどの対象となっているのは、主にアイナメとウサギアイナメだ。地元ではどちらもアブラコという地方名で呼ばれ、釣り人に親しまれている。釣りばかりでなく、漁業の対象でもあるが、近年は漁獲量が大きく減少し、資源状況が不安視される。漁獲状況や資源を増やすための取り組みなどについて、道外の動きにもスポットを当て最新事情を紹介してみた。

<アイナメ メモ>

学名: *Hexagrammos otakii* Jordan et Starks

英名: Fat greenling

地方名(北海道): アブラコ、ホンアブラコ、ホマボロ

分類: スズキ目アイナメ科

形態: 体形は細長く、やや側扁(そくへん・左右から押しつぶしたような形)する。体表は細かいウロコで覆われている。頭部には鋭い棘(きょく)や隆起線がなく、眼の上方と後頭部に皮弁がある。体側には5本の側線があり、腹ビレ基部のやや後方で終わる第4曲線以外は体の後方までのびる。背ビレは1つで背面いっぱいに長く、前方の棘状部分である第1背ビレと後方の軟条部分である第2背ビレの境目がへこんでいる。胸ビレは大きく丸い。尾ビレ後縁はほぼ直線か浅くへこんでいる。体の側面の体色は、橙色を中心に、黄色、茶褐色、暗緑色、灰色が入り交じり、不規則な暗色斑が散在している。腹側は薄い灰色。秋から冬の繁殖期に、オスは婚姻色の黄色になる

分布: 日本では北海道から九州に至る各地、朝鮮半島南部、黄海の沿岸。北海道では日本海側と渡島半島沿岸に多く、アイナメ科魚類の中では、比較的温暖な水域に生息する。太平洋側では、えりも岬辺りが分布の境界とされてきたが、温暖化の影響からか近年は道東海域でも見られるという

成長: ふ化直後の全長は6.5〜7㎜。1年で体長11〜13㎝、2年で17〜21㎝、3年で24〜29㎝、4年で30〜38㎝になる。4歳まではオス、メスの成長に差はないが、5歳以降は、メスの成長が早まりその差は徐々に大きくなる。40㎝以上ではメスの比率が高くなる。瀬戸内海など本州南部では40㎝くらいまでで、大型は北に多い。福島県常磐北部海域では満8歳のメスで全長58㎝の調査記録がある。北海道では全長60㎝以上になるものもいる

生態: 岩礁域や転石帯、藻場の海底近くに生息し、ナワバリを作って単独生活する。生息域の水深は深くても50mくらいまでのようだ。産卵期は北海道でおおむね9〜11月、青森県で10〜1月、瀬戸内海では11〜12月とされ、北ほど早い。卵の大きさは直径2㎜強で、表面に吸盤がある沈性粘着卵。中が空洞の卵塊の状態で、岩場のくぼみや海藻の根元に産み付けられる。卵の色は黄褐色、青緑色、紫色と、個体によりさまざまである。産卵後はメスが去り、オスが胸ビレで卵に新鮮な海水を送ったり、卵を食べようと近づく敵を追い払ったりして、ふ化するまでの約1ヵ月間、保護する。1尾のオスが色の異なるいくつもの卵塊を守る姿が観察されており、1尾のオスが複数のメスに求愛して産卵させる場合もあるようだ。メスは1産卵期に数回産卵する。1回の産卵数は1000粒前後から1万粒近くに達することもあり、体の大きさによって異なる。大きなメスは1産卵期の総産卵数が約5万粒に達する。産卵のたびに異なるオスを選ぶのかは不明のようだ。ふ化後は2ヵ月浮遊生活を送り、その後は底性生活に移って、あまり移動しなくなる。オスは1歳、メスは2歳で性成熟する

食性: ふ化後の浮遊生活時の前半はカイアシ類などの動物プランクトン、後半はイカナゴの稚魚なども多く食べる。成魚になると、ワレカラ類、小型のカニ類、エビ類といった甲殻類やゴカイ類、小型の魚類、魚卵などを食べる

利用・加工: 肉質は白身で臭みがなく、アブラコの地方名が示すように脂肪分も結構ある。旬は5〜7月。刺身、煮付け、から揚げ、みそ漬け、照り焼き、塩焼きなどで食べる。本州では高級魚とされるが、北海道では寄生虫のアニサキスの存在を気にしてか、本州ほど評価は高くないようだ

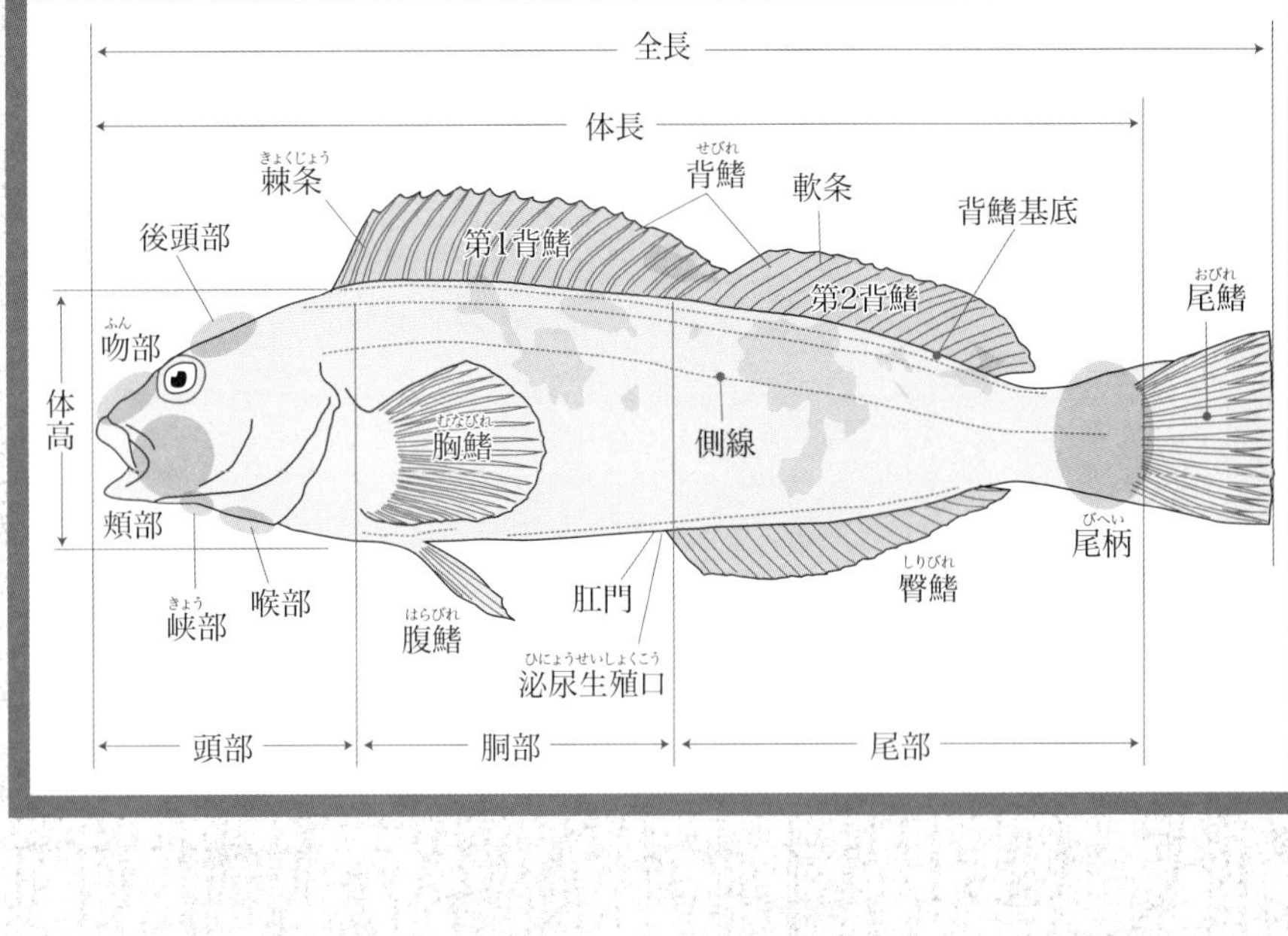

根魚のなかでも人気が高いターゲットがアイナメの仲間。道内ではアブラコと呼ばれている

数百万年前のアラスカ湾が起源

アイナメ、ウサギアイナメなどのアイナメ科魚類の先祖種は、何百万年も前のアラスカ湾が起源という。そこからアリューシャン列島、カムチャッカ半島、千島列島を経て、子孫が日本にもたどり着いたとされる。その間には、地殻変動などによって地面が隆起して海が分断されたり、あるいは水没して再びつながったりといった環境変化が起きた。そうした環境変化は、祖先種からの新たな種の分化をうながす。新たな種からはまた新たな種が生まれる。それを繰り返して、現在の9種に至ったというわけである。遺伝子解析によると、ウサギアイナメは祖先種に近く、アイナメは最も新しい種である。アイナメは温暖な本州にも分布する。寒冷なアラスカで生まれた先祖が、太平洋の東端から西端までの長大な旅を経て、温暖な海にも適応できる種へと変化したことがうかがえる。

北海道にはアイナメ科魚類9種のうち、アイナメ類（アイナメ属）5種と、ホッケ亜科ホッケ属2種がいる。アイナメ属はアイナメ、ウサギアイナメ、エゾアイナメ、スジアイナメ、クジメで、ホッケ属はホッケ、キタノホッケ（シマホッケ）である。アイナメ属のうち、ロックフィッシュや投げ釣りなどの対象となっているのは、主にアイナメとウサギアイナメだ。地元ではどちらもアブラコという地方名で呼ばれている。

漁獲量トップは根室管内

北海道の水産物の漁獲統計である北海道水産現勢には「アイナメ」の統計が載っている。ただし、ここでいうアイナメには、標準和名のアイナメ以外のアイナメ類も含まれている。もっとも、釣り人の間では、まとめてハゴトコと呼ばれることが多いエゾアイナメ、スジアイナメ、クジメの3種については、ほとんど漁獲の対象となっていないようなので、統計上のアイナメはアイナメとウサギアイナメの合計と考えてよいだろう。この2種は、道内における分布域が異なることから、地域によってどちらの種が漁獲されているかも推定できる。

北海道のアイナメ類漁獲量は2012年までは1000トン台、2000トン台ということもあったが、その後年々漁獲量が減少して2021年は224（※204）トンと北海道水産現勢で確認できる統計では過去最低となった。前年の20年は439トンなのでほぼ半減である。21年の漁獲量を振興局別でみると、最も多いのが根室振興局の97トン、次いで渡島総合振興局の70（※50）トン、釧路総合振興局の33トンで、これが漁獲量のベストスリー。これ以外の振興局は、すべて10トン未満である（※は後述の理由により、本誌が変更した数値。順位には関わらない。以下同）。

漁獲金額では1位が渡島の4

図1　北海道のアイナメ類漁獲量の推移

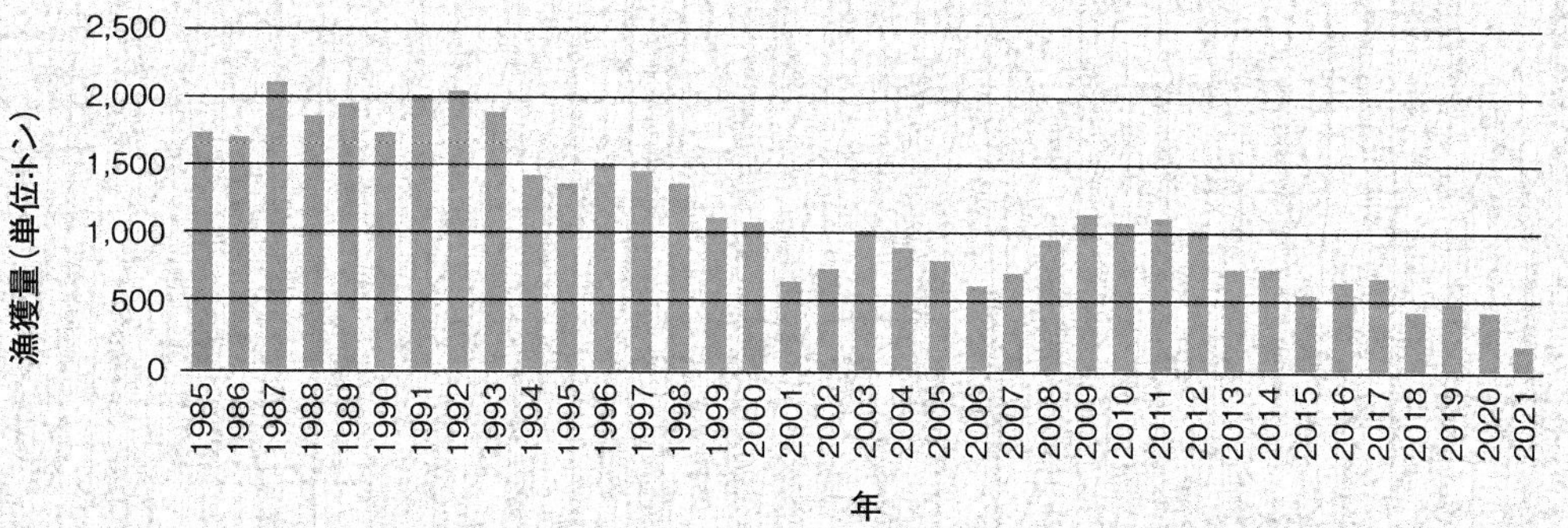

※北海道水産現勢（累年）より。21年の数値は取材の過程で得られた情報により本誌が変更

図2　2021年振興局別アイナメ類漁獲量順位と漁獲金額

順位	振興局	漁獲量（単位:トン）	漁獲金額（単位:千円）
1	根室	97	17,599
2	渡島	50	26,215
3	釧路	33	7,020
4	後志	8	1,252
5	胆振	6	1,697
6	日高	5	533
7	檜山	2	909
7	オホーツク	2	192
9	留萌	1	156
10	石狩	0	163
10	宗谷	0	53
10	十勝	0	1

※1トン未満の数値は「0」となっている。北海道水産現勢より。
渡島の数値は取材で得た情報により本誌が変更

831万3000（※2621万5000）円、次いで根室の1759万9000円、釧路の702万円がベストスリーで、渡島が1位である。漁獲量が1位の根室が、漁獲金額では渡島に劣るのは根室で獲れるアイナメ類はウサギアイナメで、渡島はアイナメだからだろう。1kg当たりの単価で比較すると、根室は181円、渡島は690（※529）円である。釧路は213円だ。アイナメは高級魚の部類であり、通常はヒラメ並みの魚価で取り引きされるが、ウサギアイナメは魚価が安くカレイ類やソイ類並みといったところだ。アイナメは北海道より本州のほうで人気があるようだ。札幌のスーパーではウサギアイナメはたまに見かけるが、アイナメはめったに見かけない。おそらく本州方面に主に出荷されているのだろう。

アイナメの道内分布は日本海側と太平洋側はえりも岬辺りまでとされる。冷水域に生息するウサギアイナメの分布が道東中心であることが、魚価にも表われている。

岩礁域好む生態が漁獲量に影響

根室振興局のアイナメ類漁獲量はほぼ毎年、全道一を続けている。1991年以降のデータでは、95年に釧路総合振興局より下回ったが、それ以外は21年までトップだ。

根室管内は根室市、別海町、標津町、羅臼町で構成されるが、アイナメ類の漁獲量は毎年ほぼ全量が根室市の水揚げである。

ウサギアイナメ圏で根室市の97トンに次いで多いのは浜中町の13トン、釧路町が8トン。これが市町別でのウサギアイナメ漁獲量ベストスリーである。

根室市水産研究所の工藤良二所長によると、「アブラコ類は根室ではとてもメジャーな魚で、釣り魚としても人気があります」という。漁業では主にカレイ刺網（通年）、カゴ（5～9月）、はえ縄（12月）などで通年漁獲されている。主要漁場は太平洋側の沿岸だ。市場では「油子」として取り扱われるが、そのほとんどがウサギアイナメである。スジアイナメやエゾアイナメも生息しているが、市場ではあまり見たことがないという。この両種は比較的浅瀬に生息しているので釣れることはあるが、あまり大

図3　2021年アイナメ類漁獲量にみる道内主要漁場

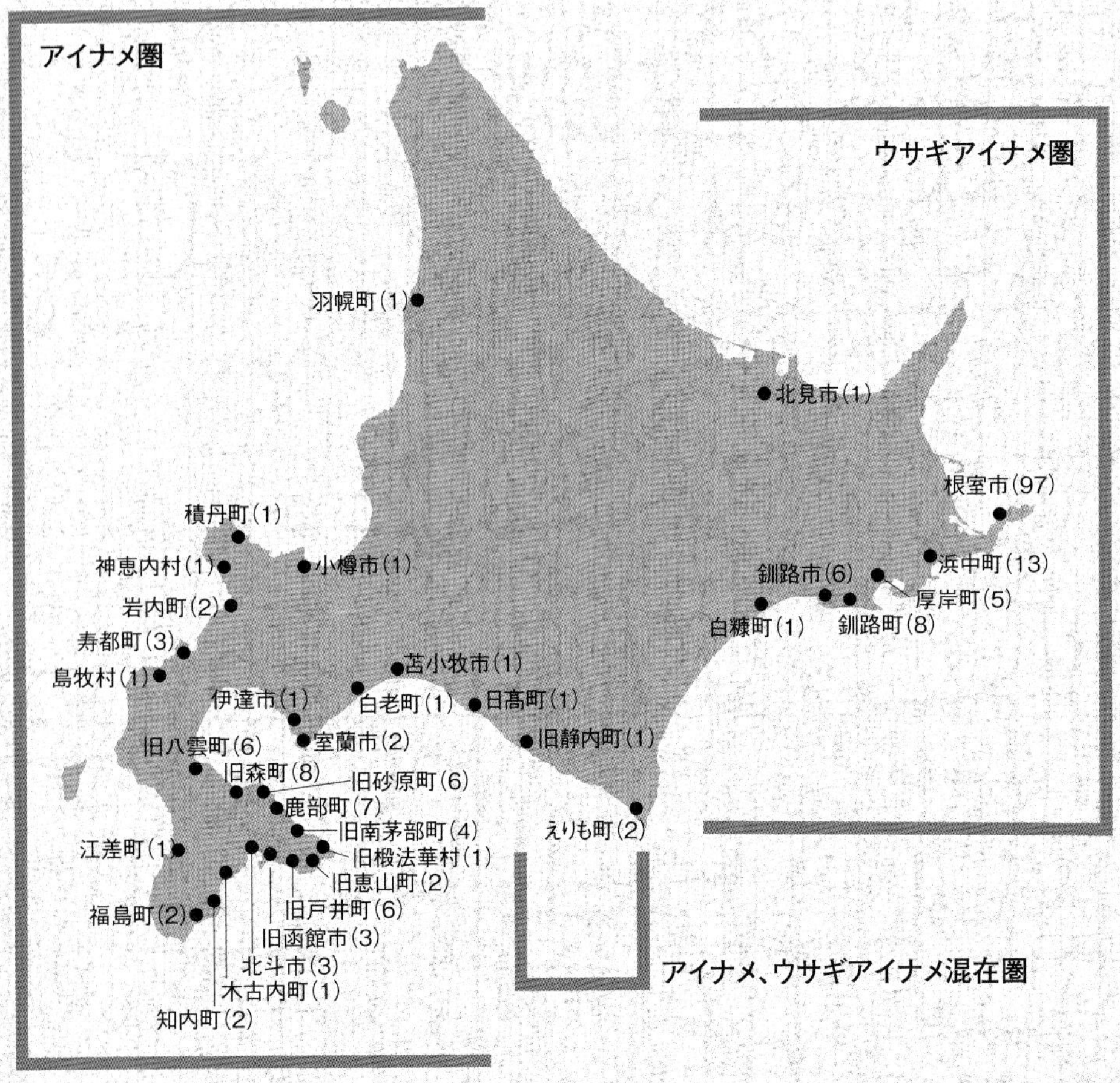

図4　根室振興局アイナメ漁獲量と漁獲金額推移

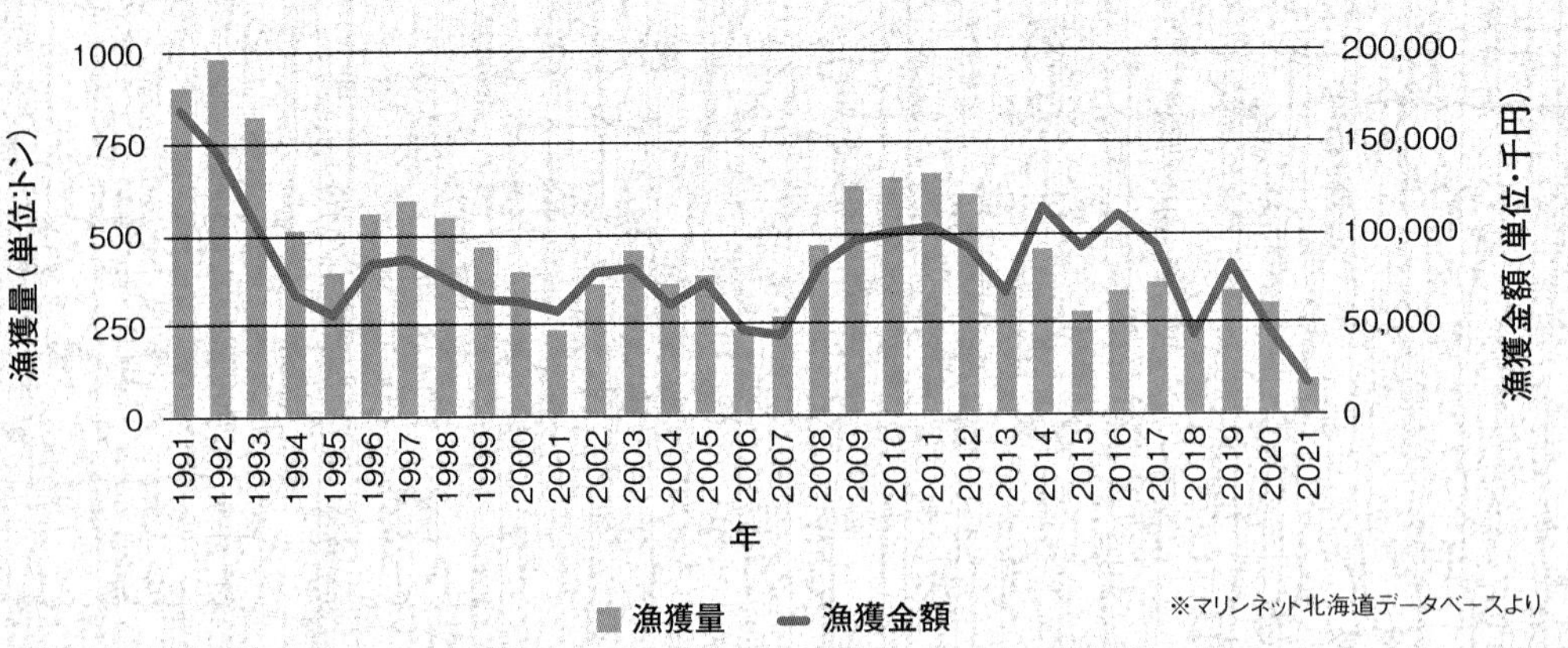

※マリンネット北海道データベースより

型にならないので評価はさほど高くないようだ。

ウサギアイナメの漁獲量は、近隣の別海町や標津町といったオホーツク海側では極端に漁獲が少なくなる。一方、太平洋側の隣町の浜中町、厚岸町では、根室市ほどではないものの、比較的多く漁獲されている。

太平洋側に多い理由については、工藤所長は「アイナメ類の産卵形態が関係しているのでは」と推測する。アイナメ類の特徴として、産卵後の卵をオスが保護する生態がある。卵は流されないため岩などの基質に産み付けられる。周囲に海藻が繁茂していれば、身を隠すのにも有利だ。こうした理由から砂地よりも岩礁地帯を好む。ウサギアイナメは冷水域を好むことと、道東の太平洋側は岩礁地帯やコンブ漁場も多いことが、同種が多く生息する理由なのかもしれない。

根室振興局の漁獲量は30年前に900トン台だったが、その後200トン台まで減少し、10年ほど前に再び600トン台へと回復したが、その後はまた減少に転じ、20年は300トン、21年には97トンに激減した。21年は釧路総合振興局も33トンで、91年以降で最低となった。

＜ウサギアイナメ メモ＞

学名:*Hexagrammos lagocephalus*（Pallas）

英名:Rock greenling

地方名（北海道）:アブラコ、ホッカイアブラコ、シジュウ、シンジョ、シンシュ、ハゴトコ

分類:スズキ目アイナメ科

分布:北海道太平洋岸、オホーツク海、ベーリング海、アラスカ湾、カナダ西岸。北海道ではとくに、寒流の影響が強いえりも岬から根室沿岸に多い。

形態:体形はアイナメに似るが、尾ビレの後縁が丸い。側線は5本あり、第4側線が尻ビレの中央部までのびていることでも特徴である。体色は幼魚のうちは複雑な斑紋があり、オス、メスの外見は類似する。成魚になると、オスは濃い茶褐色、メスは黄土色になる。

成長:全長60cm以上になる。

生態:沿岸の岩礁域や藻場に多く生息する。釣り人の見分によれば、タラ場のような比較的深い場所にも生息する。産卵盛期は9〜10月とされる。食性、繁殖行動など、北海道における学術的な生態についてはよく分かっていないようだ。

利用・加工:煮付け、塩焼きなどにする。刺し身で食べるときは、寄生虫のアニサキスに注意が必要。

21年の漁獲減は赤潮が原因？

全道の漁獲量が21年に200トン以上も落ち込んでほぼ半減したのは、根室など道東でのウサギアイナメの漁獲減が影響したと考えられる。

長期的な減少傾向について、工藤所長は「アイナメ類に限らず、近年はあらゆる水産物が減少傾向にあり、北海道でいえばブリやシイラなどの南方系の魚が増えています。温暖化等の海洋環境の変化も少なからず漁獲に影響しているものと考えられます」という。また、21年の大幅な漁獲減については、「明確な理由は分かりませんが、その年の秋に道東太平洋で発生した赤潮の影響もあるかもしれません」としている。

実際、この年の根室では、例年秋頃に岸壁から釣れるはずのアブラコの気配がなくなってしまったという。そのときは赤潮を避けるように沖合へと移動したのかもしれない。ウサギアイナメは秋から冬にかけて、産卵のために深みから浅瀬へと移動する時期でもある。そのため、根室市の月別の漁獲では秋から冬、春にかけて多く漁獲されている。21年は、ちょうど赤潮の発生時期と重なったことが漁獲減につながった可能性がある。

釣期は12月第1週まで

ウサギアイナメを主なターゲットとして、長く地元で磯釣りをしているベテランの釣り人にも聞いてみた。「21年はたしかに釣果がパッとしなかったので、赤潮の影響があったのかもしれない」と推測している。また、近年の釣果については「10年前に比べれば、釣れなくなったと感じる。水温も暖かくなったと感じるが、極端に釣れなくなったということはない」と話していた。

根室のウサギアイナメは5月の連休から釣れだす。6〜7月がよく、8月は夏休み。9月の中頃からまた釣れだし、例年は11月いっぱいだが、近年は12月第1週まで釣れる。秋口は珸瑶瑁から納沙布方面がいい。釣れるのは海底に石や岩があり、コンブが少し生えているようなところだ。砂場にはほとんどいない。

冬場は納沙布方面のマダラのはえ縄漁に、混獲で大きいのがかかるという。沖で越冬しているのか。しかし、消波ブロックの穴でも釣れることがあるので、沖に出ない個体もいるようだ。

アニサキスと思われる寄生虫はけっこういる。渦巻き状のものもいるし、にょろにょろと動いているのもいる。前述の釣り人によれば、「納沙布側に多く、花咲側には少ない。その比率は10対1」だそうだ。なぜなのか、理由については分からない。

食べるならオスとされる。身が青っぽく締まっている。メスはクリーム色で締まりがない。一目瞭然だ。メスのほうが大きくなり、外見はメスが黄色で、オスが赤い。

サイズについて、釣り人は「近年は最大でも55cm」という。産卵期は9〜10月。根室の市場では40cmくらいのが、300円ほどと安い。刺し身で食べる人もいるが少ないようだ。話を聞いた釣り人は「3回、アニサキス中毒になった」と話していた。

近年は道東にも標準和名のアイナメが出現するという。工藤所長によると、「釣り人の情報は、アイナメも生息しているようです。たまにウサギアイナメに交ざって見かけるようですが、数は多くないようです」という。これについて、先の釣り人は「い

9月上旬、十勝沖であがった55㎝のウサギアイナメ

わゆるホンアブラコが釣れたという話は聞いたことがない」とのことで、まだ目撃者は少ないようである。

「現物を形態的特徴から同定したわけではないので、はっきりと『いる！』とは言い切れません。過去に写真を見せてもらったときには、あきらかにウサギアイナメではないものの、もしかしたら大型のエゾアイナメかもしれないと思いました。これについては、時機を見て明らかにしたいと思います」（工藤所長）。

ウサギアイナメはアイナメに比べて分布範囲が狭いことと魚価が低いことから、日本では調査対象にされてこなかったため生態などについてはよく分かっていない。

釣れるのは水温5℃まで？

ウサギアイナメに比べ、アイナメについては研究が進んできた。アイナメは道内では比較的温暖な道南の海を中心に生息する。成魚の好適水温について、道総研栽培水試でアイナメを研究している井上智研究員に聞いてみたところ、以下のような回答だった。

好適水温については調べられていないが、ふ化仔魚から幼魚（10㎝）の好適水温は13～14℃である。おそらく成魚も同じ温度帯が快適であると考えられる。生存可能温度帯はふ化仔魚で16℃程度からへい死が起こり、幼魚で18℃、成魚では22℃で数日は耐えることができる。20℃ならおそらく長期でも耐えられそうという。低温状態では1℃でも死ぬことはないが、5℃を下回ると極端に索餌性が悪くなるそうだ。よって釣れるのは水温5℃までか。

生態については、産卵は浅い岩礁帯の比較的水通しのよい場所に産卵する。オスはナワバリを持つため大きく強いオスはよい場所を確保し、メスはそこで産卵する。策餌は視覚および嗅覚の両方で行なっている。水槽での飼育魚では、人が水槽横に立つと寄ってくるため視覚からの情報が大きいとされる。

道内のアイナメの分布や移動については、基本的に夏場は沖合に避難している。漁師の話では水温が16℃を下回ると漁獲量が増えるともいう。したがって、場所や水深ではなく水温を基準に移動している可能性が高いようだ。産卵期が近づくと、再び元の産卵場所に戻る帰巣性があることが知られている。

アイナメの産卵時期は日本海と太平洋、北と南などによる地域差はあるのだろうか。木古内では11月が産卵期となっていて、室蘭でも同様だ。日本海側では上ノ国町で陸上飼育している個体は12月頭に排卵した。水槽内なので厳密には天然と異なるが、ほぼ同じ時期に産卵しているものと考えられる。

産卵後はどこへ行くのか

産卵後のメスと卵を守っていないオスは索餌する。卵を守るオスは個体によるが、大きくて子育て経験豊富なオスは索餌せずに卵を守り続ける。比較的小型の若いオスは索餌することがある。その間に卵を食べられてしまうこともあり、経験の差がものをいう世界のようだ。

産卵を終えたメス、ふ化が終わった後のオスは自由に行動するようになる。基本的には産卵場の近くにいる。産卵場所自体は潮通しがよく浅いため、多少は深く隠れられる場所に移動すると思われる。

産卵場は潮通しのいい場所なので多少隠れる場所のあるところに移動すると思われる。ゴカイやワレカラなど沿岸のほうがエサとなる生物が豊富なため、水温が上昇してくる6～7月までは近くにいる。また夏場もすべての個体が移動するわけではなく残る個体もいる。

ある釣り人は以前、太平洋にある大型港の港内の岸壁から12月初旬に、50㎝超えの大型を含め、朝方と夕方に計25尾ものアイナメを釣ったことがあった。釣り場は浅く、ポイントも仕掛けをちょっと投げる程度の近距離である。12月～翌2月の厳寒期によく釣れることから、釣り人は「越冬」しているという。

12月初旬は産卵・ふ化を終えて体力回復のために索餌が活発になる時期だ。「越冬は間違いなくしています」と井上研究員も断言する。前述のとおり低水温には1℃でも死ぬことはないため、太平洋側であれば問題ないという。日本海側もシケがひどい時期なので避難している可能性はあるが、水温的には生存可能である。「オホーツク海はさすがに冷たすぎる気がしますが情報がないのでなんともいえません」とのことだ。

アイナメにとって港の外にある消波ブロックやその土台近辺などは隠れ家兼産卵場所になる。大型港のようなケースは、そのような場所で生息している個体が索餌のため港の中に入り込んでいると考えられる。浅い場所は温度変化が激しいので沖合のほうが水温的にはよいが、エサ環境や隠れ場所などをふまえての行動だと考えられる。

一方、日高方面などの磯では、5月にライラックの花が咲く頃からアイナメが釣れだすといわれる。このアイナメ（もしくはウサギアイナメ）は、それまではどこにいたのだろうか。

5月頃というのはちょうど水温が上がりだす時期で、アイナメにとって索餌性の上がる水温になる。またこの時期はエサとなるワレカラの増殖する時期でもある。そのため磯場に多くなると考えられる。

5月に釣れだす個体がどこにいたかは正確には分からない。苫小牧東港のように発電所がある港内は、温排水の排出があり、冬場は快適な環境となるが、そうした場所からエサを求めて移動してきた可能性も考えられる。夏場はやや沖合の涼しい場所ですごした後、再びなじみの産卵場所へと向かうようだ。

北海道に大型が多いのはなぜ

アイナメは北のほうが南の本州などより大型化しやすいという。また北海道では日本海より、太平洋岸のほうに大型が多いようである。その理由については、1つは水温が低いため越夏できることだと思われる。水温は高いほうが成長は早いが、高齢の個体は夏場の高水温という負荷に耐えられず死亡するため、本州では若い小型個体が多くなる。北海道では、冬場に成長できないが越夏できるため、高齢の大型個体が多くなる。

水温5℃から16℃程度が成長できる範囲である。アイナメの起源は寒冷なアラスカ湾とされており、現在のアイナメの適水温範囲からみると、北海道のような北方が適している。ただ、何回も産卵することと、早ければ2歳弱で産卵することから、比較的温暖な海域であっても、環境適応能力が強い種であると考えられている。

太平洋と日本海で大きさに差があるのも、日本海側のほうが夏季の水温が高く高齢の個体が生存しにくい可能性が考えられる。他にも、釣りや漁業の漁獲圧による差もあるかもしれない。

アイナメの寿命について、井上研究員は「天然では捕食などがあり正確な寿命を知るのは難しいですが、60㎝の個体は10歳以上である可能性が高いです。室蘭で捕獲された50㎝サイズのアイナメは耳石による年齢査定の結果から6～7歳と判定されています。大きくなると成長が遅くなるので60㎝ですと計算上は9歳から13歳程度ではないか」と推定しているが、実際に13歳まで長生きできるかどうかは不明である。

寄生虫について問題となるのは、やはりアニサキスである。釣り人は、アニサキスは「日本海が多く、日高沿岸など太平洋は少ないと」言ったりするが、何か理由があるのだろうか。

「考えられる原因としては、中間宿主であるオキアミの分布やアニサキスのタイプによる違いがあるのかもしれません」というのが井上研究員の見解だ。他の寄生虫ではリリアトレマ（通称ゴマ）やウオノエ、ウオビルがある。太平洋のアイナメであっても油断はできない。

幻となった松前町アイナメ全道一

21年の北海道水産現勢によると、アイナメ圏である渡島管内の21年の漁獲量は70トン。管内の市町村別漁獲量では松前町20トン、函館市の15トン、森町の14トンがベストスリーで、これが北海道全体のアイナメ圏のベストスリーでもある。ちなみに4位は鹿部町の7トンである。根室市が「ウサギアイナメのまち」なら、松前町は「アイナメのまち」ということになり、アブラコの東西両横綱ということになる。

しかし、同町の20年の漁獲量は0トン（1トン未満）、19年も1トンで、09年以降は0～1トンが続いていた。1991年以降で最高だったのが94年の18トンで、21年はこれを上回り過去最高となったわけである。

なぜ、こんなにも急激に漁獲

＜アイナメ科魚類について＞

アイナメ科の魚は3属9種。

●アイナメ属6種

アラスカアイナメ（*Hexagrammos decagrammus*）
ウサギアイナメ（*Hexagrammos lagocephalus*）
エゾアイナメ（*Hexagrammos stelleri*）
スジアイナメ（*Hexagrammos octogrammus*）
アイナメ（*Hexagrammos otakii*）
クジメ（*Hexagrammos agrammus*）

●ホッケ属2種

ホッケ（*Pleurogrammus azonus*）
キタノホッケ（*Pleurogrammus monopterygius*）

●オフィオドン属1種

キバアイナメ（*Ophiodon elongatus*）

アイナメ属は北太平洋東岸からアラスカ沿岸、アリューシャン列島、カムチャッカ半島、千島列島を経て日本列島に至る環北太平洋海域に広く分布する。祖先種はアラスカ湾が起源とされ、800～600万年前にホッケ属と分化しその後属内でも分化した。祖先種に最も近いのが、アラスカ湾周辺などの北太平洋東岸に分布するアラスカアイナメである。

アラスカアイナメは英名がケルプグリーンリング（Kelp greenling）。体色は、地の色がオス、メスとも暗い茶褐色で、これに明るい茶色、または黄色の虫食い状の縦縞が入る。さらにオスは頭部、体の前半部を中心にジグソーパズルのような形をした青白色の斑が散らばる。漁業や釣りの対象となり、観賞魚にもされる。

アラスカアイナメの祖先種からは、アラスカ湾から北海道東岸に分布するウサギアイナメが分化した。さらに、ウサギアイナメからは、アラスカ半島辺りから北海道、沿海州まで分布するエゾアイナメが分化。エゾアイナメからはほぼ同じ分布域を持つスジアイナメの祖先種が分化し、そこからさらにアイナメとクジメの共通祖先種が分化したのが360～220万年前と推定されている。その後、共通祖先種はアイナメとクジメに分化し、今に至っている。

アイナメ、クジメ以外は比較的寒冷な水域に分布する。北海道にはアラスカアイナメ以外のアイナメ属5種と、ホッケ属のホッケ、シマホッケと呼ばれることが多いキタノホッケが生息している。エゾアイナメはスナアブラコと呼ばれることもあるが、スジアイナメ、クジメとともにまとめてハゴトコと呼ばれることが多いようだ。3種とも全長30㎝ほどになる。

アイナメとスジアイナメ、クジメとスジアイナメの間には雑種がいることも知られている。それぞれメスしかおらず、半クローン発生と呼ばれる特殊な遺伝様式で子孫を残す。

1属1種のキバアイナメは、英名のリングコッド（Ling cod）、和名ではキンムツとも呼ばれる。北太平洋では最大の磯魚で、体長1.5mになる。魚食性で鋭い歯が並んだ大きな口が特徴。釣りの対象となる。

量が増えたのか。不思議に思って、松前町の水産課に問い合わせてみたところ、なんと数字が間違っていることが判明した。

21年に報告された同町の実際の漁獲量は350・1kgで、漁獲金額も7万7270円だった。水産現勢は単位未満四捨五入なので、表記上は0（トン）、77（千円）となるはずだ。よって、水産現勢に載っている渡島管内全体のアイナメ漁獲量70トンは正しくは50トンとなり、漁獲金額も4831万3000円から2621万5000円、全道の漁獲量についても224トンは204トン、漁獲金額も7788万7000円は5578万9000円と大幅な変更が必要となる。よって、今回の記事中の数字は、本誌で独自に変更したものを採用している。

21年の漁獲量が20トンにもなってしまった理由について、同町水産課では「数字の違いは報告後、北海道水産現勢取りまとめの段階で転記等の間違いが原因ではないかと考えられる」とし、関係機関を通じて「数値の精査、訂正の申し入れを考えている」そうだ。ただ、道による訂正があっても、計算方法の違いから本誌の数値とは異なる可能性もある。

というわけで、「松前町アイナメ全道一」は幻となってしまった。市町村別ベストスリーについても、①函館市②森町③鹿部町となる。

函館市は20年が18トン、19年が25トン。森町は20年15トン、19年22トンで例年、横綱、大関クラスである。

意外に少ない日高管内

アイナメとウサギアイナメの混在地域で、意外に漁獲量が少ないのは日高管内だ。日高管内には、「釣り会」と呼ばれる磯釣りの団体がシーズン中には毎週のように訪れ、アブラコやカジカなどの釣果を競うメッカとなっているだけに、アブラコの漁獲量も多いのではと思われたが、21年はわずか5トンである。21年は赤潮の影響も考えられたが、20年は6トン、19年も7トンとそれほど変わらない。赤潮の影響はあまりなかったようだ。しかし、11年には27トンだったのが、18年以降は1桁台のトン数となり、減少傾向は明らかだ。ひょっとすると、温暖化によりウサギアイナメが生息しにくくなっているのかもしれない。

釣り人の間では「コンブが獲れないとアブラコも釣れなくなる」といわれる。コンブなどの海藻類はアイナメ類の生息環境に欠かせないからだ。日高管内はコンブの生産量も減少している。21年は前年の2414トンが1979トンとなり、初めて2000トンを割り込んだ。1991年以降では最低である。こちらの影響もあるのかもしれない。

アイナメ圏内で釣り人に人気のロックフィッシュエリアといえば噴火湾だ。噴火湾の南端に位置する森町は前述したとおりアイナメ圏第3位の漁獲量14トンだが、このうち8トンが旧森町、6トンは旧砂原町である。しかし、旧森町にしても旧砂原町にしても、以前は2桁台の漁獲があったが近年は1桁台で推移しており、こちらも減少傾向にある。

噴火湾中間部の長万部町の漁獲量も20年に1991年以降で初めて1トン未満（水産現勢の表記は0トン）となった。噴火湾北端の室蘭市も17年の10トンから、21年は2トンに落ち込んでいる。漁獲量の減少は当然、釣りにも影響する。もはや、噴火湾は、アイナメにおいては危機的状況にあるといっても過言ではない。アイナメでは全道一の渡島管内全体でも漁獲量は減少傾向にあり、資源状況は悪化している。

図5　渡島総合振興局アイナメ漁獲量と漁獲金額推移

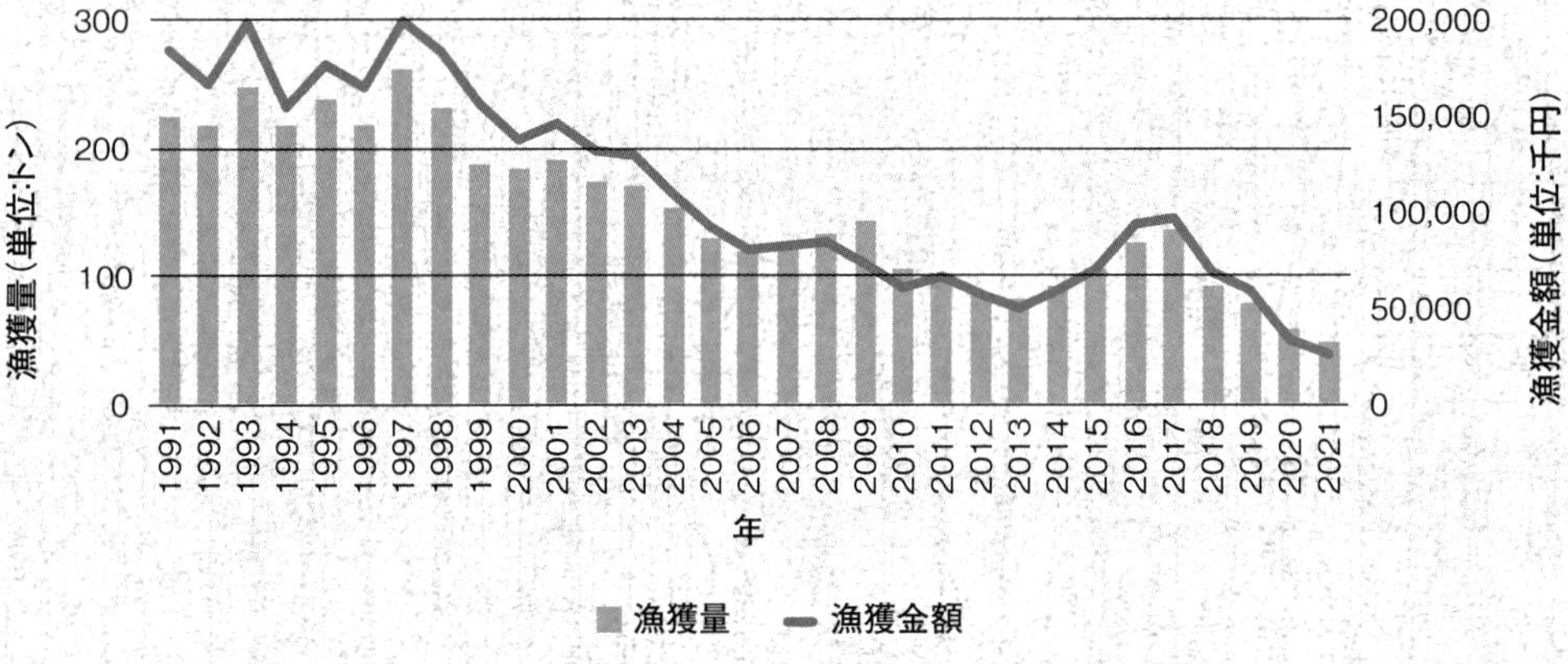

※マリンネット北海道データベースより。21年の数値は取材の過程で得られた情報により本誌が訂正

青森では日釣振が稚魚放流

北海道のお隣の青森県では、アイナメをアブラメと呼び、県内全域で釣り、底建網、カゴなどさまざまな漁法で周年漁獲されている。1kg当たりの単価は700～800円前後と高く、市場ニーズも高い高級魚である。釣り人の間でも人気がある。

青森県の太平洋側にある階上（はしかみ）町は、アブラメを町の魚に制定している。漁業の振興や遊漁を通じた観光振興をはかろうと、同町の階上漁協が2005年までアイナメの種苗生産を行ない、稚魚を放流していたが資金難などから中止となった。

その後、同町にある公益社団法人青森県栽培漁業振興協会が種苗生産を再開。2018年度には稚魚を販売するようになった。再開に至ったのは、県内での漁獲量が減少傾向にあり資源量回復が求められていること、近年回遊性魚類の漁獲量の低迷が

北海道の磯魚たちのグレートジャーニー

アイナメ類やカジカ類など北海道の磯魚たちは、いつ、どこからやってきたのか。その謎を解明するために北太平洋各地の海を潜った調査の様子と魚たちの生態を紹介。アイナメ属については、特殊な遺伝様式で子孫を残す「半クローン雑種」の話も興味深い（宗原弘幸著　海文堂出版）

北の磯魚生態図鑑

北海道と東北の海に生息し、磯遊びや釣りなどで出会うアイナメ類、カジカ類、カレイ類など魚類177種を、800枚を超える美しいカラー写真で紹介している。釣った魚をもっと知りたい人には必携の一冊（佐藤長明ほか著　北海道大学出版会）

続き、新たな栽培対象種として漁業者からの期待が高いことなどが背景にある。

青森県によると、2021年のアイナメ漁獲量は65トンで、過去5年平均比70・2％となっており、前述のとおり減少傾向にある。このため休漁の設定や禁漁期間を設けて資源保護にも取り組んでいる。同協会が生産した21年度の種苗は3万9000尾で、9団体に出荷された。内訳は7つの県内漁協、1つの県内自治体、そしてもう1つは（公財）日本釣振興会青森県支部である。

放流効果については、「メスの成熟が2年とされているので、これまでに放流した種苗が再生産に加わっていてもよいはずなのです。放流尾数は年々増加しているので、これからに期待したいところです」（同協会）という。

青森県以外では、広島県の広島市水産振興センターや山口県の下松市栽培漁業センターでもアイナメの種苗を生産しており出荷している。

北海道では完全養殖達成したが……

北海道においては、鹿部町にあった北海道立栽培漁業総合センター（06年に室蘭市の北海道立栽培水産試験場と統廃合）で72～76年に、鹿部漁協青年部と組んでアイナメの種苗生産試験が行なわれたが、試験段階で終わった。

道内ではこれ以降、アイナメの種苗生産に取り組んだ例はなかったが、19年から道総研の栽培水産試験場で、アイナメの種苗生産から養殖を目指すための研究が始まった。稚魚の生産だけでなく、成魚の養殖も行なえるようになれば、寄生虫の心配もない安全な魚が供給できることになる。室蘭の栽培水試の水槽では人工ふ化させた仔魚を35cmまで育てることができた。21年度はふ化させた稚魚を親魚にまで育てた魚から採卵してふ化させることにも成功し、試験レベルでの完全養殖を達成した。しかし、21年度で研究は中止になってしまった。

中止の理由について、研究に取り組んできた前出、井上研究員は「試験場産まれの個体から卵を採って完全養殖ができることまでは判明しました。しかし、天然水温で飼育していると出荷の目安としていた35cmになるまで5年以上も必要という計算になり、事業レベルでの養殖は難しそうだということが分かりました。本州ではもっと成長が早く、加温飼育をすれば事業化できる可能性がありますが、陸上閉鎖循環養殖もしくは温泉熱等の廃熱利用養殖はまだ発展途上で、アイナメに適応するには時期尚早だと判断しました」としている。

しかし、これで終わったわけではない。今後について、井上研究員は「これまでの研究成果を活かし、養殖を試したい実施団体が現われた場合は、自身で生産できるように技術指導を行なえると思います。我々の養殖試験につきましても、陸上閉鎖循環養殖などの技術が発展したら再開したいと考えています」と前向きだ。

30cm未満のリリースは必須

北海道では種苗生産の技術はあるものの、残念ながら放流は行なわれていない。青森県などのように稚魚を放流できれば、少しでも資源を増やせるかもしれない。青森県栽培漁業振興協会はアイナメ稚魚1mmあたり1円で販売している。6cmなら1尾60円だ。1万尾なら60万円である。日釣振青森県支部のように北海道でも釣り団体などが放流事業のため購入してほしいものだが、海をまたいでの輸送の問題があり難しそうだ。今も北海道のアイナメはすべて天然物であり、乱獲防止や小さな魚のリリース以外には、資源維持の手立てがない。

アイナメの成熟年齢はオスが1歳（約20cm）、メスが2歳（約30cm）とされているので、リリースは全長30cm未満とすることが望ましいようだ。岩手県では、①2cm未満再放流、②25cm未満再放流、③30cm未満再放流、④産卵期の禁漁の4とおりで資源管理効果を試算した際にも、③30cm未満再放流が、一番管理効果が見込まれるとの研究報告もあるそうだ。ぜひ、30cm未満はリリースしてほしい。

取材協力：地方独立行政法人 北海道立総合研究機構 水産研究本部 栽培水産試験場 栽培技術部 栽培技術グループ 井上智、根室市水産研究所（附属施設：根室市栽培漁業研究センター）所長　工藤良二、公益社団法人　青森県栽培漁業振興協会 栽培部 葛西浩史

参考・引用資料：『北海道水産現勢』（北海道水産林務部）、『日本生態学会誌 アイナメ科魚類の生態Ⅰ、Ⅲ、Ⅳ、Ⅴ』（金本自由生、1976～1979）、『新　北のさかなたち』（北海道新聞社）、『北海道の魚類全種図鑑』（北海道新聞社）、『北の磯魚生態図鑑』（北海道大学出版会）、『北海道の磯魚たちのグレートジャーニー』（海文堂出版）、『未来につなぐ資源管理2022版』（青森県）、『青森県水産動物の種苗の生産及び放流並びに水産動物の育成に関する基本計画』（同）、広島市HP、広島市水産振興センターHP、下松市栽培漁業センターHP、階上町HP、マリンネット北海道データベース（敬称略）

色よりもシルエットが大事!? ショアで釣れるのは未成魚が大半

【クロソイ】

さまざまなソイ類のなかで、釣り人にとって最も身近な存在がクロソイ。とはいえ、その生活史をどれだけご存じだろうか。分布、生態、漁獲量、釣りにかかわる知識などについて、研究機関の知見を借りながら現状に迫ってみた。

<クロソイ メモ>

学名:*Sebastes schlegelii* Hilgendorf

英名: Korean rockfish, Schlegel's black rockfish, Jacopever

地方名(北海道):クロゾイ、ナガラゾイ

分類:カサゴ目フサカサゴ科メバル属とされてきたが、近年の分類ではスズキ目メバル科メバル属に分類されている

分布:日本各地、朝鮮半島および中国の沿岸に分布。北海道では日本海側やオホーツク海側に多く、太平洋側には少ない。分布する水深はおおむね100m以浅

形態:2本の黒色帯が眼から後方に斜めに走る。成魚のオスは肛門直後の部分に生殖突起が突き出ており、メスと区別できる。キツネメバル(マゾイ)との違いでは、上アゴの上方に下向きの棘(きょく)が3本あるのがクロソイで、キツネメバルにはない

成長:オスよりメスが大きくなり、全長60cmになる。北海道近海のソイ・メバル類の中では最も成長がよい。寿都沿岸では満1歳で全長17cm、2歳で25cm、3歳で30cm、4歳で35cm、5歳で38cmになる。成長は5～11月に早く、水温10℃以下の12～翌3月にはほとんど成長しない

生態:胎生魚なので、交尾後に卵が受精して親から栄養をもらい仔魚(しぎょ)の状態で生み出される。出産は年1回で、時期は北海道では5月下旬～6月

好適水温・摂餌水温:良好な成長が期待される水温範囲は10～20℃で、好適水温はこれと同じと考えられる。分布可能、摂餌水温については好適水温の前後である5～25℃位と推定される

食性:仔魚期には魚卵やカイアシ類などの動物プランクトン、稚魚期にはカイアシ類のほか、ヨコエビ類、アミ類、モエビ類、エビジャコ類などさまざまなものを食べる。全長15cmくらいからは魚類も食べるようになる。成魚では魚類が最も多く、ほかにはエビ類、イカ類、ゴカイ類なども食べる。エサとなる魚の種類は季節によって異なり、春にはイカナゴやスケトウダラ幼魚、秋にはイワシ類、マサバ幼魚などが多い

寄生虫:表皮の下や筋肉の中に「ごま」と呼ばれる黒い粒が見られることがある。これは、吸虫類の一種のリリアトレマ・スクレヤビニのメタセルカリア幼生の寄生によるものである。この虫が寄生すると、異物反応によりメラニン色素で覆われるため、ごまのように見える。日本海側に多く、太平洋側ではまれとされるが、理由はよく分かっていない。クロソイに寄生する前の第一中間宿主が分かっておらず、その分布域と関連があるのかもしれない。メラニン色素なので、煮ても焼いても色に変化がない。ごまが少数なら、包丁の先などで取り除けばよいが、多数の場合はお手上げである。食べても人間には害はないが、見た目が悪く価値は著しく低下する。他の寄生虫では、単生類などが寄生することもある

利用・加工:白身で歯ごたえのある肉質は美味。塩焼き、煮付け、鍋物、汁などで食べる。旬は晩秋から冬。30cmを超えるものは脂が乗っており、刺し身にすると美味しい。ウロコは大きく硬いので、下処理には多少手間がかかる。背ビレやエラブタの棘が刺さるととても痛いので注意が必要

ソイの仲間は見分けるのが難しい。写真右からマゾイ、クロソイ、シマゾイ。シマゾイは体の上半部が暗色で、背ビレ基底部と側線上にそれぞれクリーム色の縦帯が走るのが特徴。この2本の縦帯が名の由来となっている。マゾイとクロソイはよく似るが、クロソイは目の下に明確なトゲがある

日本海側に多く、太平洋側には少ない

北海道の魚類の分布については、北海道全域を試験・調査することはできないので、漁協での漁獲情報をもって生息域とする場合があり、クロソイもこれに該当する。クロソイの主な漁場については図1に示したとおりだが、わずかでも生息しているという海域も含めれば、ほぼ全道に分布している。もっとも、生息状況には大きな偏りがあり、日本海側やオホーツク海側に多く、太平洋側には少ない。その理由については定かではないが、親潮など海水温の影響、生息できる岩礁域の分布、エサとなる生物の分布など、さまざまな要因が影響していると考えられている。

北海道でクロソイはどのくらい漁獲されているのだろう。漁業協同組合には統計をまとめているところもあるようだが、全体としては統計がないのでよく分からない。クロソイを主な対象とした漁業はなく、エゾメバル、キツネメバル(マゾイ)、シマソイなど仲間の魚と同様に、底建網や底刺網などで他魚種と混獲されることが多い。また獲れてもそれぞれ少量であるために、道水産林務部の統計である「水産現勢」にも、キチジやメヌケを

図2　寿都周辺におけるクロソイの年齢と成長の関係

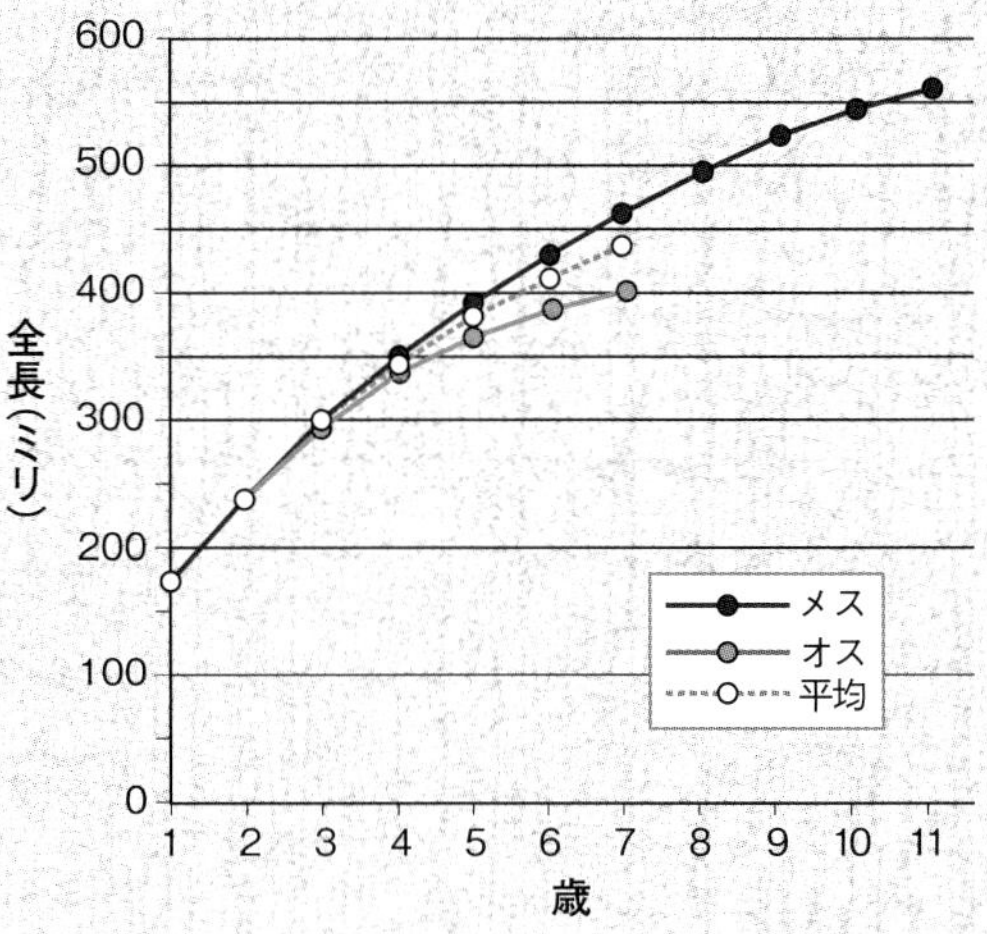

「新 北のさかなたち」（北海道新聞社）より

図1　北海道におけるクロソイの漁場

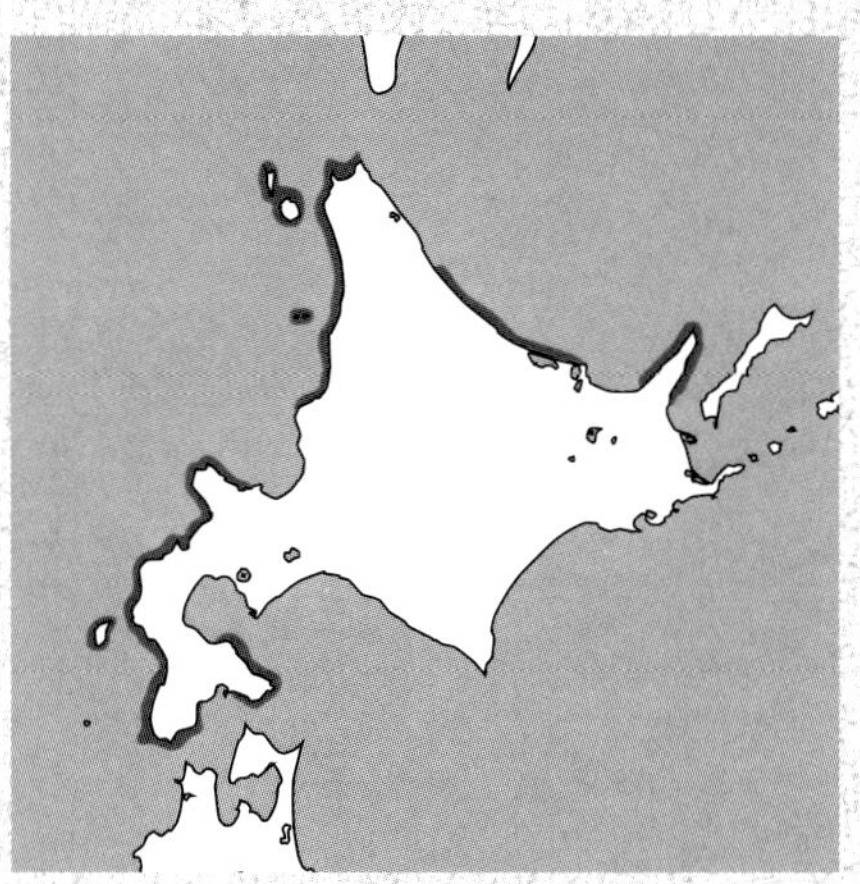

「新 北のさかなたち」（北海道新聞社）より

除き「ソイ類」として、まとめて生産高（漁獲量）が掲載されている。参考までに、水産現勢からソイ類の生産高の推移を図3に示した。漁獲量が少ないという理由で、資源評価も行なわれていない。

断片的な情報としては、1982～1986年には道内で年間213～390トンのクロソイが漁獲されていたという報告がある。当時のソイ類の漁獲量が2000～2500トンで、今とそれほど変わらないと仮定すれば、全体の1～2割程度がクロソイの漁獲量ということになるが、どんなものだろう。また、20年ほど前に道総研中央水産試験場が独自に統計調査を行なった結果では、クロソイのみの漁獲量では渡島、後志総合振興局管内が1、2位を争っていたという。根室振興局管内でクロソイの漁獲量が増えているという聞き取り情報もある。きちんとした統計はないものの、オホーツク海側を除き、長く稚魚の放流が行なわれていることもあって、ソイ類の中では比較的多い魚種であると思われる。

ソイ類の漁獲量 ナンバーワンは羅臼町

2021（令和3）年のソイ類の生産高は2019トンで、2007（平成19）年からの推移を見る限り、年ごとの大きな変動はない。ということは、資源量としては、ソイ類全体としては増えもせず、減りもせずという状況なのだろう。

2021（令和3）年の振興局別順位では、①根室振興局（584トン）、②後志総合振興局（382トン）、③渡島総合振興局（313トン）、④オホーツク総合振興局（252トン）、⑤宗谷総合振興局（227トン）、⑥日高振興局（75トン）、⑦胆振総合振興局（56トン）、⑧檜山振興局（45トン）、⑨留萌振興局（42トン）、⑩釧路総合振興局（26トン）、⑪石狩振興局（11トン）、⑫十勝総合振興局（6トン）となっている。これを見ても、太平洋側にはクロソイを含めてソイ類が少ないことが分かる。

意外なのはソイ釣りが盛んな厚田沖、雄冬沖が含まれる石狩振興局の漁獲量が少ないことだ。漁業の対象としては、あまり重要ではないのかもしれない。

市町村別のソイ類の漁獲量のベストテンは、①羅臼町（391トン）、②根室市（174トン）、③函館市（125トン）、④古平町（117トン）、⑤斜里町（93トン）、⑥礼文町（91トン）、⑦積丹町（82トン）、⑧利尻町（80トン）、⑨紋別市（56トン）、⑩島牧村（51トン）で、羅臼町がダントツだ。

図3　北海道のソイ類生産高（漁獲量）の推移

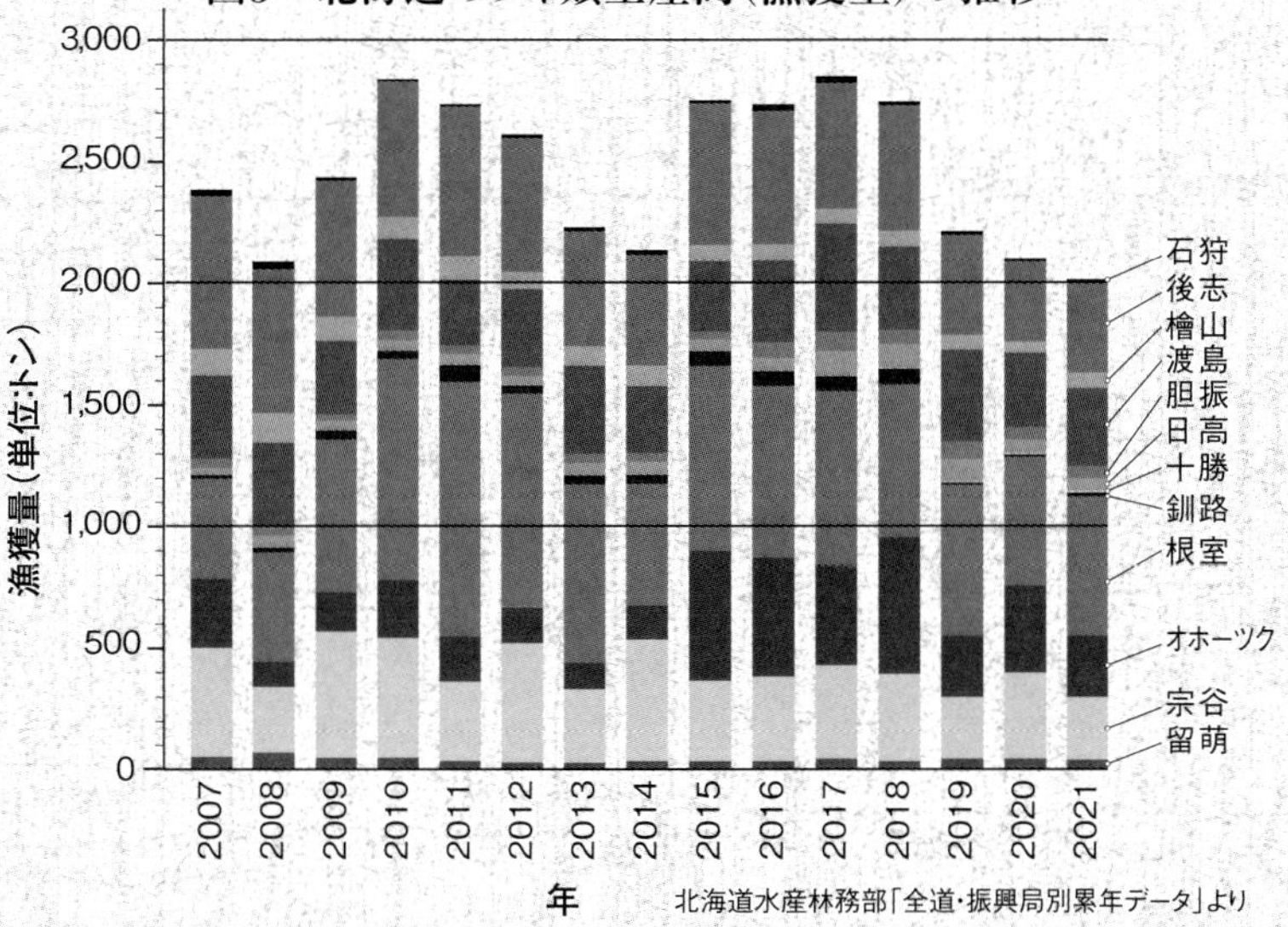

北海道水産林務部「全道・振興局別累年データ」より

盛漁期はクロソイの 移動が活発な春と秋

クロソイの漁獲が多い時期は、ほとんどの地域で4～6月の春漁期と10～12月の秋漁期の年2回である。これは、春に出産や摂餌のために移動する魚群、秋には交尾や越冬のために移動する魚群を漁獲するためと考えられている。

生まれて間もないクロソイの仔魚は、表層を浮遊し、稚魚期から2歳の9月頃までは、防波堤や岸近くの藻場や岩礁域に棲む。これは外敵から身を守ることや、主に食べるエサの分布によると考えられる。

仔稚魚～未成魚の時期は防波堤のブロックの隙間や藻場の中、周辺など、身を隠す場所の近くにおり、またそのあたりに生息する節足動物軟甲綱（エビ類）を主に食べている。２歳半以降の秋から冬にかけて水深50〜１００ｍの岩礁域に移動し、エサが魚中心に変わる。

　成熟年齢に達した成魚は、基本的に沖の深い場所に生息し、イカナゴやカジカの仲間などを食べている。３歳には初回の性成熟を迎える。性成熟したオスとメスは水深40〜50ｍの岩礁域で交尾し、妊娠したメスは出産のためにより浅いところへ移動する。こうした移動が盛んな時期に網により多く掛かるのだろう。

成魚のエサは主に魚類

　一方、釣りの場合、クロソイはほぼ通年で釣れる魚というイメージがある。岸からは基本的に夜釣りなので、夏場は漁とは違って、むしろクロソイ釣りの盛んな時期といったイメージがある。水温の上昇とともに摂餌も活発になる。

　しかし、この時期に防波堤などの岸からよく釣られるクロソイは、ほとんどが沖に出る前の未成魚（１〜２歳）であり、大きくてもせいぜい30㎝ほどだ。その後は沖合に移動することになるが、標識放流の結果からは、１カ所に定住しているわけではなく、エサやより好適な環境を求めて深場を横移動していると推察されている。

　また、すべてが同じ行動をするとは考えにくく、早くから浅場に移動して、岩場などの棲みやすい場所を見つけたら、深場へ移動しないものもあるかもしれないという。成魚は魚類を主なエサとしているので、分布はエサの有無による影響も大きいとされる。まれに岸から50㎝級の大型のクロソイが釣れることもあるのはそのためだろう。

　もっとも、大型が釣れる時期としては、やはり出産のため浅場に寄ってくる５月前後や、交尾の時期であり越冬に向け栄養を蓄える初冬に確率が高くなるとする釣り人は少なくない。この時期はエサとなる魚も岸近くに多いためだろう。

　船釣りでもハイシーズンは11〜12月で、次いで３〜４月と、漁の時期とほぼ一致する。前述した理由で、この時期に岩礁などのポイントにクロソイが集まりやすく、とくに釣果が上向くと思われる。

精子が半年もメスの体内で眠る不思議

　性成熟したクロソイの生態は、実に興味深い。交尾期は10〜翌１月で、交尾時にはオスの生殖突起によって、精子がメスの卵巣内に送り込まれる。交尾はどのように行なわれるのかは、飼育水槽では夕方以降、暗くなってからオスがメスを追尾しているのが観察されている。しかし、交尾の瞬間を観察した事例はないそうだ。交尾は１対１に限らず、水槽内ではメス１尾とオス１〜５尾、天然魚ではメス１尾とオス１〜４尾が交尾している可能性が報告されている。

　交尾時には卵巣が未熟なため、すぐには受精が行なわれない。精子は一時休眠し、卵が成熟する４〜５月に活性化して受精する。何と約半年もの間、精子が眠っているというからミステリアスだ。受精から出産まではさらに、平均水温10・４℃で46日かかり、５月下旬〜６月に出産となる。

　受精後は、発生にともない卵の色が変わるので、その色から発生段階がだいたい分かる。未受精の成熟卵は淡黄色、発生初期は明るい黄色、その後ヤマブキ色、発眼期の灰緑色、濃い黄緑色と変化し、ふ化直前は暗緑色となる。

　それにしても、なぜオスは卵が受精する半年も前に交尾して、わざわざ精子を休眠させるのだろう。メスの卵が成熟してから交尾してもよさそうなものだ。これについては、研究者も詳しくは分からないという。ただ、交尾しなかった（できなかった）メスは早期に未受精の卵を放出してしまうそうで、交尾行動や卵巣内に精子が貯留していることが、卵を放出させない合図なのかもしれないという。

どうやらルアーの色は関係なさそう

　クロソイは夜行性だ。それでは、昼間はいったい何をしているのだろうか。

　船釣りでは、クロソイは昼間も釣れる。水深があって光が届きにくい場所や、「穴釣り」と称する波消しブロックの隙間での釣りのように周囲が薄暗い場所でもエサを取る。

　クロソイの昼夜の行動について、中央水産試験場の超音波発信器を用いた標識放流試験の結果（道受託事業報告書）では、昼、夜を問わず水平、鉛直（浅い↕深い）移動していた。このように昼間でも活発に動くもの、ブロック等の隙間でじっとしていて、エサが来れば食いつくものなどさまざまな行動をとるものと思われる。

　魚はいろいろな感覚器官を持っているが、一番よく働くのは目だと考えられている。クロソイが生息する程度の水深では暗黒ということはなく、目でエサを認識しているようだ。

　クロソイの色彩感覚については、ないかあるいは非常に乏しいとされる。光については波長５２２ｎｍ（緑）が最も視認されやすい色とした報告がある。ワームなどの色は関係ないが、緑色の夜光は有効でシルエットが重要ということなのかもしれない。

取材協力：地方独立行政法人　北海道立総合研究機構　水産研究本部　中央水産試験場　資源増殖部

参考・引用資料：北海道水産林務部「北海道水産現勢」、「漁業生物図鑑 新 北のさかなたち」（北海道新聞社刊）、佐々木正義、蜜谷法行、西内修一、塩川文康、高橋豊美（2004）「北海道後志沿岸におけるクロソイの年齢と成長」（水産海洋研究、68(4)、232−238）、草刈宗晴（1995）「クロソイの種苗生産に関する生殖生物学的研究」（北海道立水産試験場研究報告、47、41−124）、中川雅弘（2008）「クロソイの栽培漁業技術開発に関する研究」（水産総合研究センター研究報告、25、223−287）、藤田則孝（2000）「クロソイ、最新海産魚の養殖」（熊井英水編、湊文社、東京、203−211）、鳥澤眞介（2001）「クロソイ、ホッケ、マコガレイの視精度と分光感度に関する研究」（北海道大学学位論文）、江藤侑紀、大高明史（2007）「店頭の食用魚に見られる寄生虫、特に食用魚の生物教材としての利用可能性」（弘前大学教育学部紀要、98、21−30）、三浦宏紀、伊藤慎悟（2003）「クロソイに見られる『ゴマ』について」（北水試だより、61、14−17）、川崎琢真（2018）「クロソイ人為繁殖および新規貝類養殖技術開発に関する研究」（1−58）

ソイ類の中で最も美味で高級 人気ナンバーワンのソイに迫る【マゾイ】

マゾイは、標準和名ではキツネメバルとタヌキメバルの2種類を指す。分布、生態などには謎めいたところもあって興味深く、味のよさで定評のあるキツネメバルは栽培魚種としても期待されている魚種だ。

「タヌキ」より「キツネ」が多そう

クロソイの次は、キツネメバル（マゾイ）を中心に、その他のソイ類についても触れてみたい。

キツネメバルについては、地方名のマゾイのほうが、圧倒的に知名度が高い。沿岸域のソイ類のなかでは、最も美味しく高級とされる。釣り人にとっても人気ナンバーワンの魚だろう。しかし、ややこしいのは、マゾイにはもう1種、タヌキメバルという存在がある。この2種の両方がマゾイなのである。形はほとんど同じで体色にやや違いはあるが（メモ参照）、その中間の雑種もいるようなので、漁業者も釣り人もいちいち区別しないでマゾイと呼ぶ（以下、キツネメバルとタヌキメバルの両方を指す場合はマゾイ）。

キツネメバルは稚魚を放流す

<キツネメバル メモ>

学名：*Sebastes vulpes* Döderlein

英名：Fox jacopever

地方名（北海道）：マゾイ

分類：スズキ目メバル科メバル属

分布：日本海沿岸、関東地方以北の太平洋沿岸

形態：背部から体側には灰色、黒色、灰褐色が混じる細かなまだら模様と不明瞭な暗色帯がある。尾ビレ後縁は黒褐色で狭い白色帯があることもある。クロソイに似るが、上アゴの上方に下向きの棘（きょく）が3本あるのがクロソイで、キツネメバルにはない。地方名で同じくマゾイと称される近縁種にタヌキメバルがある。タヌキメバルは体色が通常は白桃色で、まだら模様と明瞭な暗色帯がある。尾ビレ後縁の白色帯が幅広い。しかし、体色が両種の中間型もいて、交雑もあるようだ。両種を市場や漁業者は区別せず、マゾイとして流通している

成長：オスとメスの成長はほぼ同じで、全長50㎝になる

生態：胎生魚で、交尾後に卵巣内でふ化した仔魚（しぎょ）の状態で生み出される。島牧沿岸では交尾時期は11月頃で、出産時期は5～6月

好適水温：成長に伴って変わっていくが、10～18℃と考えられている

食性：基本的にはクロソイと同じだと考えられる。仔魚期には魚卵やカイアシ類などの動物プランクトン、稚魚期にはカイアシ類のほか、ヨコエビ類、アミ類、モエビ類、エビジャコ類などを食べると思われる。大きくなると魚も食べるが、何㎝から魚食になるかは、調査がないのでよく分からない。水槽内では、全長18㎝くらいのキツネメバルが、魚を食べるのが確認されている

寄生虫：クロソイによく見かけられる「ごま」と呼ばれる黒い粒は、吸虫類の一種のリリアトレマ・スクレヤビニのメタセルカリア幼生の寄生によるものだが、キツネメバルにはまれ。このほかの寄生虫については、10年以上前に日本海の数ヵ所のキツネメバルについて調べた事例があるが、目に付くような寄生虫は観察されなかった。最近については調査されていない

利用：刺し身、塩焼き、煮付けなどで食べる。白身で脂が乗り、ソイ類の中では最も美味とされる。棘が刺さると痛いので注意が必要

知内町小谷石沖でヒットしたタヌキメバルの特徴をもった魚。サイズは52㎝

るために種苗生産が行なわれている（後述）ので、比較的研究が進んでいる。だがタヌキメバルの成長や生態については、よく分かっていないという。タヌキメバルの分布は積丹半島以南の日本海、太平洋では日高地方から、土佐湾までとされるので、キツネメバルよりやや南方系だろうか。

北海道では、キツネメバルとタヌキメバルはほぼ同じ場所に生息しているが、本州ではタヌキメバルのほうが深い水深に分布しているという。漁獲統計では、キツネメバルとタヌキメバルを分けていないため、どちらが多いという根拠になる数字はないそうだが、聞き取り調査や市場調査の結果では、キツネメバルのほうが漁獲量は多いようである。

北海道におけるマゾイの分布は、クロソイと同様に太平洋側には少ないが、これは岩礁域が少ないためと考えられている。また、漁獲量も檜山、後志地方を中心とした日本海側で多く、太平洋岸での漁獲は非常に少ない。これは、ソイ類が獲られる漁法が日本海に比べて少ないことも影響しているとされる。

クロソイとキツネメバルが好む水温に大きな違いはあるのか。クロソイのほうが冷水に強いというイメージを持っている釣り人が多いのではなかろうか。クロソイとキツネメバルは、分布域がほぼ同じであり、好適水温も10〜18℃と同じである。しかしながら、水槽内での飼育事例では、3℃以下の低水温が1ヵ月以上続いた場合には、キツネメバルでは死亡する個体が観察されており、低水温に対する耐性はクロソイのほうが強いのかもしれない。

キツネメバルやタヌキメバルは、南の九州も分布という点ではあてはまるが、数は少ないようだ。漁獲量では北海道が1番で、次いで青森県である。「マゾイは北海道の魚」といってもよさそうだ。

図1　キツネメバルの年齢と成長の関係

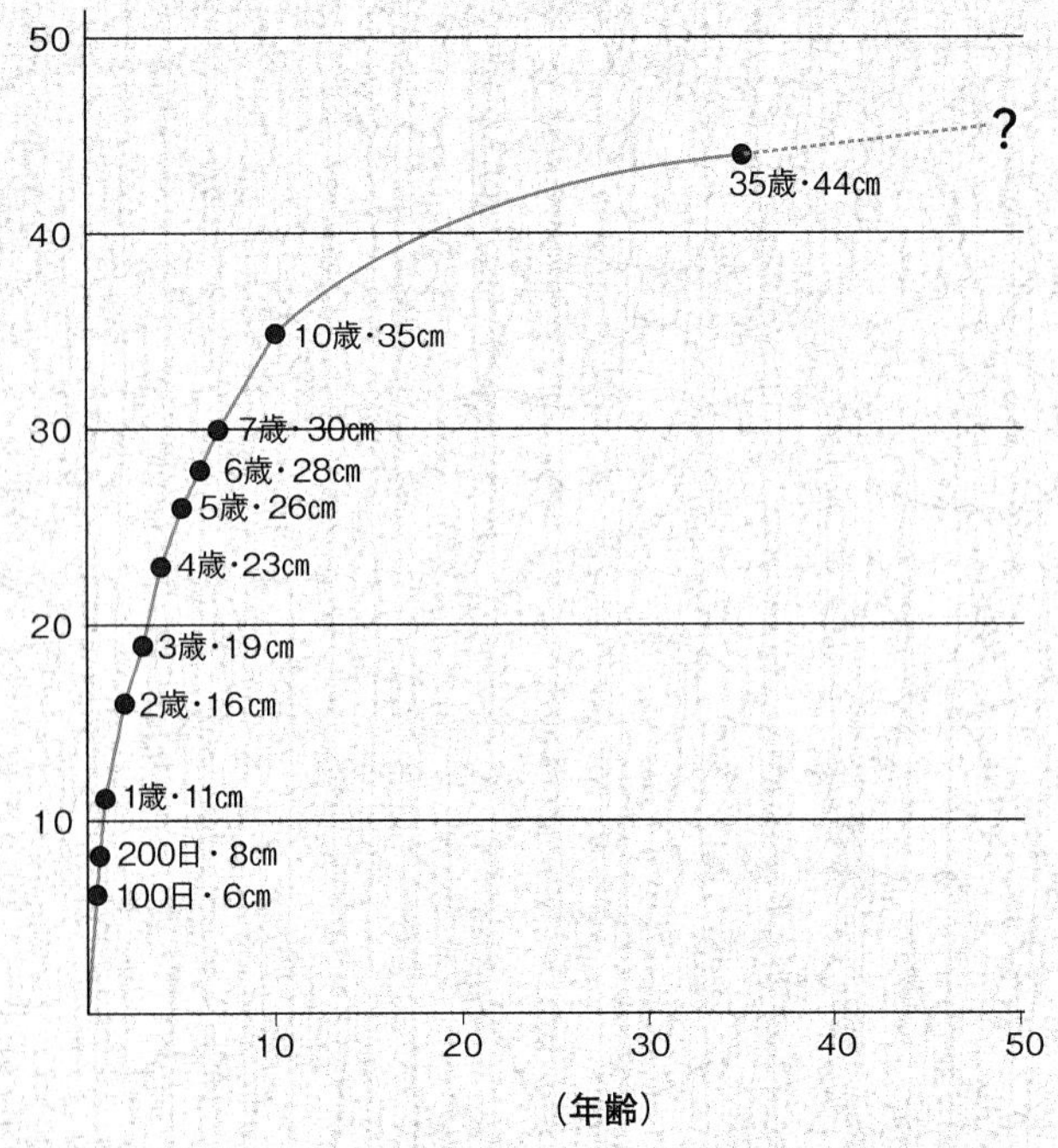

1歳までは飼育下での数値。2歳以降は島牧沿岸での耳石の輪紋調査による

50cmに育つには50年以上も!?

キツネメバルの成長については、5〜6月に仔魚として生み出され、その後はクロソイやウスメバルの稚魚と同様に、流れ藻に隠れながら沿岸を漂流する。4〜5cmに成長すると、岸近くの岩場などを隠れ家として、あまり動かないで生活する。全長20cm以上になると、多くは水深数m〜100mの岩礁域に生息する。島牧沿岸では、性成熟する年齢および全長は、メスで満6歳・29cm、オスで満4歳・24cmと推定されている。

飼育下では出産後100日で全長6cm、200日で約8cm、1年で約11cmになる。島牧沿岸での耳石の輪紋調査による年齢と全長は、満2歳で16cm、3歳で19cm、4歳で23cm、5歳で26cm、6歳で28cm、7歳で30cm、10歳で35cm。最高齢は35歳で44cmと、極めて長命である。

全長では、約50cmになることが知られているが、これが何歳かは、調べられたことがないそうである。10歳から35歳までの25年の全長差は11cmだから、平均すると1年に0・44cm成長していることになる。50cmと44cmの差は6cmだから、0・44cmで割ると、約13・6年である。であれば、50cmのマゾイは約48・6歳となるが、歳をとるほど成長が遅いようなので、実際はもっと上の50歳以上なのかもしれない。あくまでも想像である。

他のソイ類と比べた成長度合いでは、クロソイよりも遅く、シマソイとほぼ同じだが、ウスメバルやエゾメバル（ガヤ）よりも早い。

島牧沿岸での漁獲は、全長20cmから本格化し、全長24cm前後のものが中心。漁期は3〜6月と10〜12月で、盛期は4月と11月。マゾイは性成熟が遅い魚である。島牧沿岸に限らず、漁でも釣りでも一度も産卵に参加しないうちに獲られてしまう魚が多いのではなかろうか。

マゾイは味がよく、刺し身でいただくとたいへん美味

種苗生産は人工授精も活用

キツネメバルの種苗生産は1983（昭和58）年に福島県で始まり、1996（平成8）年には

島牧村や羽幌町で試験的に行なわれた。道総研栽培水産試験場でも2006(平成18)年から種苗生産技術開発に着手し、生産された稚魚を同年から放流している。

近年では、2016(平成28)年から2020(令和2)年の5年間の放流数は2～5万尾／年となっている。放流魚に付けられた外部標識やDNA分析によって、放流効果を確かめている。試験サンプルのうち放流魚の割合が数%～40%台まで確認されている。

放流の最終的な目的は、新たに放流しなくとも自然再生産によって資源が維持されることである。キツネメバルは成長が遅いため、放流効果が見えづらいので、自然再生産への寄与については、まだ不明というが、その可能性は高いと考えられている。

このほか、島牧漁協でも種苗が生産されており、平均80㎜サイズで10万尾を島牧海域に放流している。道外では、青森県の栽培漁業振興協会でも種苗の生産を行なっており、2020(令和2)年度は4万3000尾を生産している。

種苗生産は、オスとメスの親魚を水槽に入れ、自然交尾させて産卵を待ち、仔魚を得るという手法が長く用いられてきた。しかし、飼育下ではオスがあまり成熟せず、なかなか交尾を行なわないことから、仔魚の確保が不安定だった。

そのため、現在はオスに成熟を促進するホルモン剤を投与して精子を採取し、メスに用いる人工授精技術も取り入れられている。人工授精は2017(平成29)年頃に技術が確立され、種苗生産に利用されるようになった。島牧漁協では2018(平成30)年以降、現在まですべて人工授精に由来する種苗が生産されている。道総研栽培水産試験場では、年により、自然交尾と人工授精の両方が活用されている。

人工授精の過程では、オス、メスの判定が必要となる。クロソイ、エゾメバルではオスの生殖突起により、比較的明瞭にオス、メスの判別が可能だ。キツネメバルにも生殖突起はあるのだが、クロソイなどより明瞭ではなく、同様の方法でキツネメバルでのオス、メスの判別を試みたところ、誤判定が非常に多く発生したことから、外部形態からのオス、メスの判別は困難と判断されている(ただし、1kgを超える大型魚の場合のみ、オスが見分けられることはある)。そのため、キツネメバルのオス、メス判定は、成熟したメスに特異的な血中因子を利用した判別技術が開発されている。

つまり、釣り人が釣りあげるようなサイズでは、出産時期の腹がパンパンな魚体でもない限り、外見からのオス、メスの区別は難しいようだ。

ちなみに、シマゾイについてはオス、メスの判別については調べられたことがないので、分からないそうだ。

寄生虫について

そもそも、キツネメバルが栽培漁業の対象魚種になったのは、クロソイなどに寄生する「ごま」(リリアトレマ・スクレヤビニのメタセルカリア幼生)がいるのは非常にまれだということ。そのため、刺し身用食材として活魚や鮮魚での流通が中心となるので、単価がクロソイより高い。しかも味がよく、生態的にも定着性があるということが理由である。

なぜ、キツネメバルには「ごま」がまれなのか。道総研中央水産試験場でも研究したことがあるが、クロソイに入る前の宿主の特定はできなかった。エサだけでは説明できない事例もあるという。なぜクロソイに多く、キツネメバルには少ないのかは、現在も分かっていない。エサのなかでクロソイは食べるが、キツネメバルは食べないものがあるためか、あるいはそれ以外の理由によるのか。非常に興味深いところだ。ちなみに、筆者は日本海側で、けっこうな数の「ごま」が入ったエゾメバルを釣った経験がある。

キツネメバルの放流効果を高めるために種苗の成長を促進したり、活力を向上させたりする研究も行なわれている。つまり、大きくて元気な稚魚のほうが生き残る確率は高いというわけだ。研究では、キツネメバルの飼料にタウリンを強化したところ、成長が促進され、活力も向上したという。人間が飲む栄養ドリンクのようで面白い。実際に、タウリンを添加した配合飼料も市販されているそうだが、少々高価であることと添加量が不明であるとの理由で、道内では使われていないそうだ。

大型のマゾイは水深のある磯であがっている

取材協力：地方独立行政法人　北海道立総合研究機構　水産研究本部　中央水産試験場 資源増殖部、同　栽培水産試験場　栽培技術部

参考・引用資料：『北海道水産現勢』(北海道水産林務部)、『漁業生物図鑑　新　北のさかなたち』(北海道新聞社刊)、『北海道の魚類　全種図鑑』(同)、川崎琢真(2018)『クロソイ人為繁殖および新規貝類養殖技術開発に関する研究、48』、道総研栽培水産試験場(経常研究・平成28～令和元年)『キツネメバル種苗生産の安定化に向けた繁殖制御技術開発』、同(経常研究・平成18～22年度)『人工種苗の質的向上に関する研究』、『北海道栽培漁業振興公社、事業計画書(令和元、2年度)』、『秋田県栽培漁業協会 事業計画書(令和元年度)』、青森県栽培漁業振興協会HP

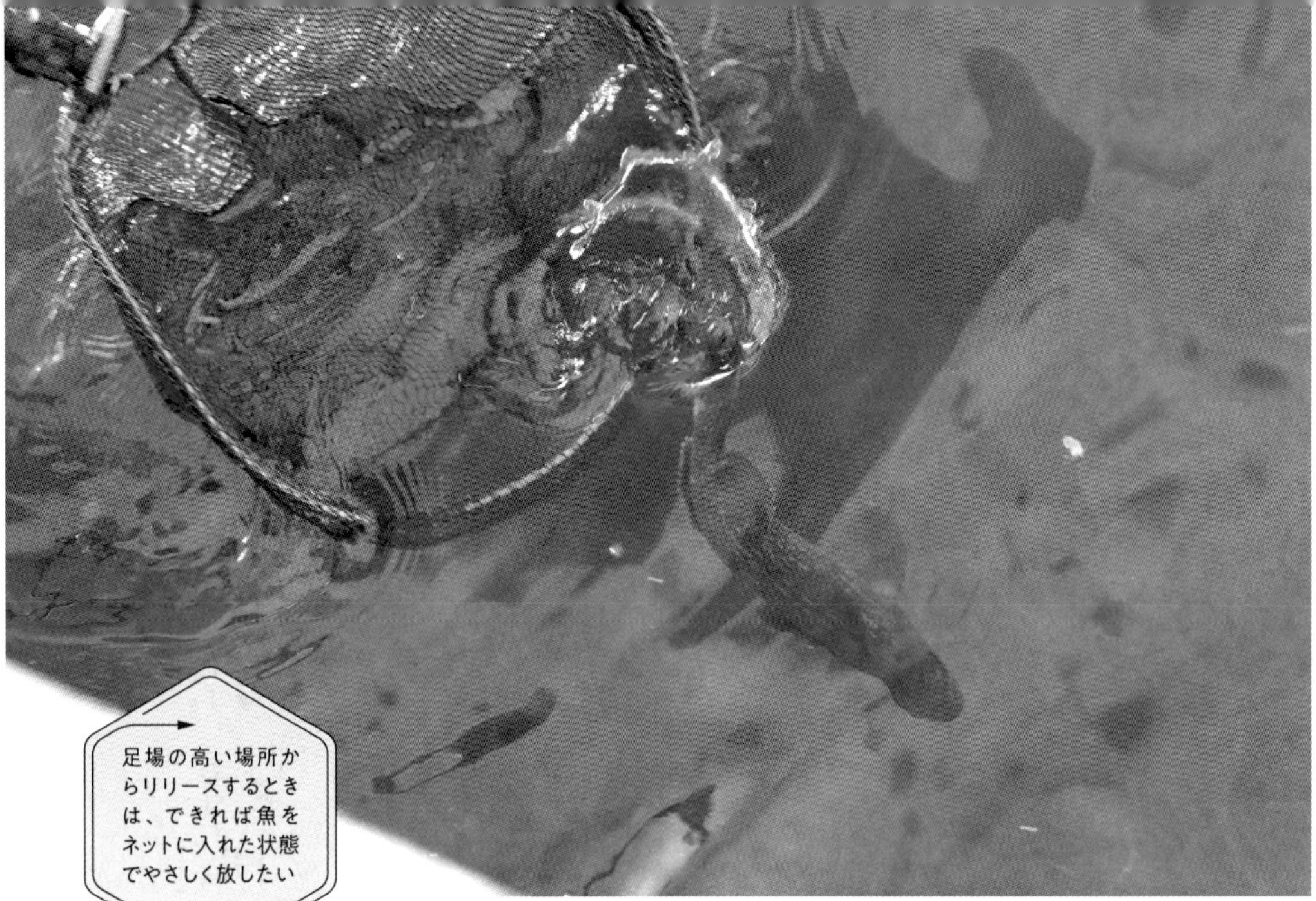

足場の高い場所からリリースするときは、できれば魚をネットに入れた状態でやさしく放したい

Advertising Index（50音順）

2023年5月10日　初版発行

編　者　つり人社北海道支社
発行者　山根和明
印刷所　図書印刷株式会社
発行所　株式会社つり人社

［本社］
〒101-8408
東京都千代田区神田神保町1-30-13
TEL.03-3294-0781/FAX.03-3294-0783

［北海道支社］
〒003-0022
北海道札幌市白石区南郷通13丁目南5-16南郷サンハイツ401
TEL.011-866-7331/FAX.011-866-7335

乱丁・落丁などがありましたら、お取り替えいたします。
ISBN978-4-86447-714-7　C2075

つり人社ホームページ

https://tsuribito.co.jp/

本書は新規に制作した記事に加え、北海道の釣り総合誌『North Angler's』と『新版 根魚北海道』に掲載した記事を再編集したものを含みます。取材の大半は2020～2023年にかけて行なっていますが、各情報は変更される場合があります。釣り場で立ち入りに関する規制が出ている場合は、その指示に従ってください。

NorthAngler's COLLECTION

根魚釣り北海道

ロックフィッシュをルアーで釣る!

Epilogue

釣り場でのNG行為!
- ●ゴミの**ポイ捨て**はダメ
- ●**立入禁止**の場所に入らない
- ●**迷惑駐車**は止めよう
- ●用を足すときは**トイレ**で
- ●とくに**早朝**や**夜間**は**静か**に

■港と磯という岸からの釣りを中心に、少し足を延ばして沖堤や磯周りを船からキャスティングでねらう。そんなスタンスで2014年、『根魚北海道』を刊行。お陰様で好評をいただき、2019年に続編を出しました。手軽に楽しめる反面、釣り方やリグは奥深く、底の見えない根魚の沼にハマってしまうアングラーは多いようです。10年近く前、本の制作にご協力いただいた人のなかには、メーカーのフィールドスタッフとして活躍している人もいて時代の流れを感じます。■この10年で根魚釣りはタックルもテクニックも大きく進化し、以前に比べて魚のヒット率は高くなったと思います。しかしながら根魚釣りが盛んな道央圏では「魚が少なくなった」との声が多々。本書では刊行当初からキャッチ&リリースを推奨してきましたが、今一度、私たちが愛してやまない「根魚釣りの未来」について考えるべきときかもしれません。そんな想いもあり、後半では人気魚種の資源量に関して言及しています。■もうひとつ、釣りジャンルにかかわらず、コロナ禍からよく話題に上るのが「釣り人のマナー」。とくに港はマナー違反から立入禁止の場所が増え、根魚釣りにも影響が及んでいます。漁業者の作業や近隣住民の邪魔にならないよう、駐車位置に配慮するのはもちろん、コンブ漁が盛んな地域ではコンブ干し場への進入にも気をつけたいもの。また釣り場を問わず、ライフジャケットの着用をお忘れなく。そして磯だけでなく港も悪天候時の釣りは控えましょう。周りのことを考えて安全に。そうすれば北海道の根魚釣りは、末永く楽しめはずだと信じています。（編集部）